SV

Peter Sloterdijk

Der Kontinent ohne Eigenschaften

Lesezeichen im Buch Europa

Suhrkamp

Der Text »Erste Eröffnungsrede: Ausreden, Nekrologe, Aprèsludes« ist eine bearbeitete Version der Antrittsvorlesung, die Peter Sloterdijk am Donnerstag, den 4. April 2024 am Collège de France gehalten hat und die von den Éditions du Collège de France 2024 unter dem Titel »Le continent sans qualités: des marque-pages dans le livre de l'Europe« als Einzelausgabe veröffentlicht wurde. Die digitale Ausgabe ist verfügbar als Freemium Open Access auf OpenEdition Books: https://books.openedition.org/cdf/156

3. Auflage 2024

Erste Auflage 2024
Originalausgabe

Umschlaggestaltung: Hermann Michels und Regina Göllner
Satz: Satz-Offizin Hümmer GmbH, Waldbüttelbrunn
Druck: CPI books GmbH, Leck
Printed in Germany
ISBN 978-3-518-43214-3

Suhrkamp Verlag AG
Torstraße 44, 10119 Berlin
info@suhrkamp.de
www.suhrkamp.de

Inhalt

Phorkyas:

Habt ihr Geduld, des Vortrags langgedehnten Zug
Still anzuhören? Mancherlei Geschichten sind's.

Chor:

Geduld genug! Zuhörend leben wir indeß.[1]

1 J.W. Goethe, *Faust. Der Tragödie zweiter Teil*, 3. Akt.

Erste Eröffnungsrede
Ausreden, Nekrologe, Aprèsludes

Unter all den Vorwürfen, die gegen das seltsame politische Gebilde namens Europa und seine Bewohner in jüngeren Tagen laut geworden sind – sie ergäben eine lange Litanei, wollte man sie vollständig hören –, dürfte der mildeste jener sein, wonach es durch seine telefonische Unerreichbarkeit auffalle. Man hat dem altgedienten, im November 2023 verstorbenen Politologen Henry Kissinger, einem vormaligen Außenminister der USA, das Scherzwort zugeschrieben, er wisse nicht, welche Nummer er wählen könnte, falls er Europa an die Leitung bekommen wollte. Die Geschichte ist zu gut erfunden, als daß man sie nicht gern weitererzählte, ungeachtet der Tatsache, daß Kissinger sich nicht erinnern konnte, dergleichen je gesagt zu haben. Er meinte, ein irischer Kollege sei es gewesen, der das Bonmot aufbrachte – was mit Rücksicht auf die etwas marginale Lage von Dublin nicht ganz unplausibel klingt. Gegen die Zuschreibung der Anekdote habe er, Kissinger, sich nie gewehrt, weil es doch eine »gute Geschichte« sei.

Der leise Tadel an der Entrücktheit Europas in eine noble Adress-Schwäche, die fast als Sklerose zu deuten wäre, kehrte im Herbst des Jahres 2012 wieder, als der Europäischen Union von der Kommission in Oslo der Friedensnobelpreis zugesprochen wurde. Man lobte die EU dafür, daß sie seit mehr als sechs Jahrzehnten für Frieden und

Wohlstand gesorgt habe, auch unter Nationen, die sich vormals gegenseitig für Erbfeinde gehalten hatten – das Lob verbarg ein leises Staunen darüber, daß moderne Staaten nebeneinander existieren können, ohne, wie in historischer Zeit üblich, pro Generation mindestens einmal übereinander herzufallen. Offenbar konnte man sich in der norwegischen Hauptstadt nicht entscheiden, an wen genau die gute Nachricht zu übermitteln wäre – vielleicht an das europäische Parlament? Dann wäre der Deutsche Martin Schulz der zuständige Empfänger des Anrufs gewesen. Oder man hätte es bei der Europäischen Kommission versuchen können, vertreten durch den Portugiesen José Manuel Barroso, eventuell auch beim Europäischen Rat – in diesem Fall hätte das Telefon des Belgiers Herman Van Rompuy klingeln müssen. In Oslo zog man es vor, niemanden zu informieren, angeblich, weil man nicht wollte, daß die Nachricht vorzeitig durchsickerte. Man verließ sich darauf, die Europäische Union, wenn sie sich schon kein Telefon für Überraschungsanrufe von außerhalb leiste, werde aus der Zeitung oder aus den Abendnachrichten rechtzeitig von ihrer Ehrung erfahren.

Ist Europas Erreichbarkeit schon auf der Ebene seiner höchsten politischen Vertretungen, um das mindeste zu sagen, etwas instabil, so verwundert es erst recht nicht, wenn Versuche, Europa auf Volksebene, sozusagen an seiner sozialen Basis, zu erreichen, fürs erste wenig erfolgversprechend scheinen. Ein Volk als ganzes beziehungsweise eine Bevölkerung, ob europäisch oder nicht-europäisch, ist naturgemäß nie dazu geeignet, unter einer postalisch oder telefonisch exakten Adresse erreicht zu werden. Man könnte sich, um dem abzuhelfen, auf ein statistisches oder besser ein aleatorisches Verfahren einigen, das geeignet wäre, die Bewohnerschaft dieser Weltgegend, dargestellt durch einen typischen Vertreter, an den Apparat zu bekommen: Stellen wir uns vor, es könnte gelingen, eine einzelne Person auszusondern, die imstande wäre, als *vox populi* für die Menge von ihresgleichen zu sprechen! Sie dürfte diese Rolle übernehmen, sofern sie all die Merkmale in sich vereinigte, die den »mittleren Europäer« des Jahres 2024 ausmachen, wie ihn Adolphe Quetelet (1796-1874), der belgische Meisterdenker der Mittelwerte, als die regional typische Version des *homme moyen* konzipieren würde, könnte er mit diesem Auftrag noch betraut werden. Durchschnittlich ist ein Individuum nicht, wenn es sich, wie Robert Musils Romanheld, in die Abgründe der Eigenschaftslosigkeit versenkt; die Verklärung in der Durchschnittlichkeit erlangt es, indem es die lokal und global relevanten Eigenschaften im Modus wohltemperierter Unauffälligkeit in sich vereinigt. Am mittleren Europäer steht nichts ab – von den Ohren bis zu den Ansichten und den Leidenschaften ist bei ihm alles auf Medianwerte abgerundet. Die gesuchte Person hätte den gemittelten Europäer zu verkörpern, von dem es in statistischen Jahrbüchern heißt, er konsumiere im Jahr 11 Kilogramm reinen Alkohol, 6,2 Kilogramm Brühwurst und 900 Gramm Honig, er leiste eine Lebensarbeitszeit von 35,9 Jahren, setze 0,75 bis 0,85 Nachkommen in die Welt, von denen inzwischen jeder zehnte in einem Ikea-Bett gezeugt wird, er lege im Jahr 12 000 Kilometer zurück, verursache 7,8 Tonnen CO_2 und wende 13 Prozent seines Budgets für Mobilitätskosten auf.

Nun müßte man bloß noch einen mit allen in Frage kommenden Kontaktdaten gefütterten Zufallsgenerator auftreiben, dem man die Aufgabe stellen dürfte, den mittleren Europäer aufzuspüren, ohne Zorn, Präferenz und Eifer. Man wählte für den Anruf am besten eine unverdächtige Tageszeit, um Personen mit der Neigung zu späterem Eintreffen in der wachen Welt nicht zu diskriminieren; auch Bürger, die durch die südeuropäische Siesta-Kultur geprägt sind, sollten nicht von vornherein benachteiligt sein. Es ist soweit, der Versuch wird gestartet, die elektronische Kugel rollt, sie ermittelt, desinteressiert und überpersönlich, binnen weniger Minuten aus dem Pool virtueller Erreichbarkeit einen von 450 Millionen Kandidaten. Irgendwo in der Eurosphäre klingelt ein Empfangsgerät. Der Benutzer hebt ab, und zu niemands Überraschung stellt er die naheliegenden Fragen, jenseits von Irritation und Neugier: Wer ruft an? Worum geht es denn? Man erklärt ihm, der Anruf komme von einem Büro außerhalb Europas, dort möchte man einen *Europäer* kennenlernen, einen wirklichen Europäer, einen normalen Bürger dieser Weltgegend, gewissermaßen repräsentativ für seinesgleichen, jedoch ohne offiziellen oder gar politischen Auftrag. Man würde gern eine Stimme aus der Bevölkerung des Kontinents hören, der seit den Tagen der Kolumbusfahrten die »Alte Welt« heißt, einen Einzelnen, mit dem man sich wie mit einem Exponenten der lokalen Mitte im günstigsten Sinn des Wortes verständigen könne, so unbefangen wie möglich, frei von Hintergedanken beliebiger Tendenz. Selbstverständlich würde man als erstes gern wissen, wer es sei, den anzutreffen man das Glück habe.

Geben wir dem Angerufenen einige Sekunden Bedenkzeit, in der er die Entscheidung trifft, in der Leitung zu bleiben oder aufzuhängen. In diesen Sekunden, so unsere Suggestion, öffnet sich eine Spalte im Inneren des alteuropäischen Gedächtnisraums – und verborgene, seit langem abgelegte Erinnerungen steigen auf. Der mittlere Europäer ahnt, man hat nichts Gutes mit ihm vor, wenn man so plötzlich und unvermutet ihn aus der Menge von seinesgleichen herausgreift. Ihm ist mit einem Mal zumute, als vernehme er dumpfe Geräusche aus einer fernen dunklen Höhle. Instinktiv begreift er: Wer dich so unerwartet anruft, um nach deiner Identität zu fragen, will dir ganz sicher eine Falle stellen. Wenn nach dir gesucht wurde, dann wahrscheinlich, um jemanden zu haben, an den man Vorwürfe richten kann. Man kontaktiert dich, um eine Adresse zu erhalten, an die sich Anschuldigungen zustellen lassen. Doch warum? Was könnte unsereinem vorzuwerfen sein? Wessen könnte man uns bezichtigen wollen? Nun ja, da draußen auf einer Insel voller Gefahren haben wir einen einäugigen Riesen betrunken gemacht, lange ist es her; ihn zu blenden war unser gutes Recht, denn wir wollten nicht wie einige unserer Gefährten in seiner Höhle zugrunde gehen. Gewiß, wir hätten nicht wenige bedenkliche Taten zu gestehen, die auf den Fahrten um die Welt von uns begangen wurden – wenn dies der Augenblick für Geständnisse wäre; davon jedoch kann hier nicht die Rede sein.

Wie soll der mittlere Europäer sich aus der Affaire ziehen? Vielleicht hat er eine homerische Erinnerung parat, und mit ihr die rettende Ausrede? Wie Odysseus könnte er antworten: Niemand ist mein Name! Ich heiße *Outis*. Tatsächlich, ich bin kein anderer als Niemand – »so nannten mich Vater, Mutter und all meine Gefährten«.[2]

Das älteste Lesezeichen im Buch »Europa«, von dem hier (und auf den kommenden Seiten) einige Kapitel aufgeblättert werden sollen, liefert den Hinweis auf die erste Ausrede, die ein später so benannter Europäer benutzte, um nach dem Zusammenprall mit der Zivilisation der Zyklopen die eigene Haut zu retten. Indem Odysseus der Rache Polyphems und seiner Verbündeten durch einen Namenstrick entging, lieferte er ein unvergeßliches Beispiel dafür, wie auch im frühen Europa, chinesischen Denkmustern vergleichbar, die List (*metis*, *mechané*) als Vorspiel zur diskursiven Vernunft – und als ihre ständige Begleiterin – die Bühne betrat.[3]

2 Homer, *Odyssee*, IX, 366-367.

3 Mit dem Fall Odysseus vor Augen könnte man die Geschichte des Denkens bei den Griechen ebenso gut als den Übergang von der *metis* (bzw. der *mechané*) zum *logos* darstellen, wie als den vom Märchen (*mythos*) zum rationalen Argument. *Polytropos, polymetis, polymechanos*, (der mit allen Wassern Ge-

Blickt man von einem heutigen Standort aus auf die Lage Europas im großen Ganzen, drängt der Eindruck sich auf, die Bewohner des Halbkontinents hätten seit einer Weile die List des Odysseus erneut angewandt, um sich nach der von ihnen ausgelösten Sequenz von Ereignissen, die man die »Weltgeschichte« nannte, in die Niemandsposition zurückzuziehen. Diesmal jedoch will die Allianz der Polypheme sich nicht noch einmal täuschen lassen. Auch wenn die Schiffe der Europäer sich in eigene Gewässer gerettet haben, setzen ihre Verfolger ihnen bis nach Hause nach. Mehr noch, die Angreifer, die gegen die Alte Welt einiges auf dem Herzen haben, die Erniedrigten und Beleidigten aus den verflogenen Zeiten okzidentaler Vormacht, rekrutieren ihren Nachwuchs inzwischen bei den Bewohnern des Niemand-Landes selbst und bei ihren amerikanischen Partnern. Während die mittleren Europäer zwischen Lissabon und Stettin sich zunehmend der Verniemandung überlassen, bilden ihre Feinde von Peking bis Ankara eine Polyphemische Internationale.

Im übrigen hieße es die europäische Situation verharmlosen, wollte man an ihr nur die Flucht in die Ausrede hervorheben, oder, um psychologisch zu reden: das Ausweichen vom Unbehagen in die Desidentifikation. Der Fall Europas nach seiner Herausrückung aus der politischen Mitte der Welt ist ernster als die Verlegenheit eines Bloßgestellten. Um es deutlich zu sagen: Viele Europäer haben aufgehört, sich für sich selbst zu interessieren; sie winken ab, wenn es gilt, aus den Resten des alten Kontinents ein neues Projekt zu formen. Sie würden, wenn sie könnten, sich selbst gegen irgendeinen Anderen austauschen – vielleicht so, wie Giorgio Agamben es im Sinn hatte,

waschene, der Fintenreiche, der Mann vieler Einfälle), sind einige der stehenden Beiwörter für den antiken Seehelden. Vgl.: Harro von Senger, *Strategeme I und II. Lebens- und Überlebenslisten aus drei Jahrtausenden: Die berühmten 36 Strategeme der Chinesen – lange als Geheimwissen gehütet, erstmals im Westen vorgestellt*, 2 Bände, Frankfurt a. M. 2003.

als er den Vorschlag machte, den *citoyen*, der durch das Recht seiner Geburt auf dem Boden einer europäischen Nation zum Träger unveräußerlicher Ansprüche wurde, durch die Figur des Flüchtlings zu ersetzen.[4] Es wäre leichtfertig, solche Äußerungen nur mit dem koketten Extremismus zu erklären, der sich im letzten Drittel des 20. Jahrhunderts durch das wiederauflebende Interesse an Fragen der politischen Theologie Gehör verschaffte. Man begreift, daß die subtile Europaverachtung, die in Agambens Sätzen zu bemerken ist[5], aus einer Verachtung älteren Ursprungs schöpft; sie war in spätantiker Zeit von den orientalischen Rändern der mittelmeerischen Welt in die Sphäre der christlichen Rechtgläubigkeit eingedrungen. In den Augen ihrer Vertreter war die Welt ein Ort, der keine Einwohner mit stärkeren Bleiberechten kennen sollte; allenfalls solle er das Nötige bieten, um Menschen auf der Durchreise zu beherbergen; Neugeborene wären hier folglich nicht anders als illegale Einwanderer zu behandeln, mögen auch die einen über diverse Mittelmeerrouten ankommen, die anderen durch das notorische Mutterportal. Was die Tiefe der Verachtung für europäische und allgemein weltliche Zustände angeht, kann sich Alain Badiou mit Agambens Vorliebe fürs Extreme messen – er meint das aktuelle Europa insgesamt in Langeweile versunken zu sehen, ja, er will in ihm nichts anderes erkennen als »ein flüchtiges Gefüge aus diversen Konservatismen«.

Äußerungen dieser Tendenz sind nicht erst von den 90er Jahren des 20. Jahrhunderts an im Umlauf, bereits in früheren Jahrzehnten waren ähnlich dunkle Töne zu hören gewesen. Aus dem Konzert der

4 Giorgio Agamben, »Jenseits der Menschenrechte«, *Jungle World* 27/2001, S. 27, unter: https://jungle.world/artikel/2001/27/jenseits-der-menschenrechte.

5 Seine Überlegungen gehen von Hannah Arendts Bemerkungen zur Judenfrage aus, in denen die Autorin die Juden als Paradigmen der Fremden inmitten europäischer Gesellschaften behandelt.

Absagen an die westliche Zivilisation zu beiden Seiten des Atlantiks sticht immer noch das im Winterheft 1967 der *Partisan Review* publizierte Diktum der jungen Susan Sontag (1933-2004) grell hervor: »Die weiße Rasse *ist* der Krebs der Menschheit.«[6] Da war es ausgesprochen und hingeschrieben, was in Kürze zu einem Leitmotiv okzidentaler Selbstverneinung avancierte – da war er gedruckt und in Umlauf gesetzt, der vom Geist der New Yorker Gnosis beflügelte Satz, den man im Quartier Latin nicht besser hätte formulieren können. Susan Sontags frivoler Ausspruch – der getragen war von der Gewißheit, die Übertreibung sei die Muttersprache genialer Mädchen – hat die Welt umrundet, er hat sich, vor allem im sogenannten Globalen Süden, zu einem stabilen Axiom der Leukophobie verfestigt – des Hasses gegen die Farbe Weiß –, auch dient er mittelbar als Codewort für judenfeindliche Regungen, weil man die Nachkommen Abrahams, Isaaks und Jakobs – die Rachels, Ruths und Mirjams inbegriffen – zumeist ohne weiteres dem genetischen Pool der Weißhäutigen zurechnet, ohne Rücksicht auf die philologisch und phänomenologisch bemerkenswerte Tatsache, daß die biblische *Genesis* keine Farbwörter kennt.

Die in Europa einheimische Europhobie, manchmal ermäßigt zur Skepsis gegen das Eigene, hatte nicht auf den Beistand von Intellektuellen der amerikanischen Ostküste warten müssen. Es war nicht nur das »Gespenst des Kommunismus«, das seit dem mittleren 19. Jahrhundert in der Alten Welt umging; ein noch unheimlicheres Gespenst, mit dem Namen »Dekadenz«, trieb zur selben Zeit in dieser Weltgegend sein Unwesen. Es präsentierte sich nicht ungern in nationalen Kostümen – wie bei Maurice Barrès (1862-1923), der sich

6 Susan Sontag: »What's Happening to America (A Symposium)«, in: *Partisan Review* 34/1 (1967), S. 57f.

über die *dénatalité* seines Landes ebenso viele Sorgen machte wie über die fortgehende Schwächung des »sozialen Bandes«, das er sich nur resolut national denken konnte. Gleichwohl trat der Spuk als übernationale Größe in Erscheinung. Über ethnische Grenzen hinweg artikulierte sich eine vage Dekadenzfurcht als Sorge über den vorgeblich allzu sichtbaren »Verfall« der oft mit »Rassen« gleichgesetzten Völker – einen fatalen Vorgang, den man zumeist auf schädliche Mischungen mit Fremdem und Fremden zurückführte. Die von skurrilen Theoremen beflügelte Sorge um die »gefährdete Substanz« stürzte sich in sinistre Spekulationen über die nicht mehr aufzuhaltende Ausbreitung von Geschlechtskrankheiten, Lungenleiden, Neurasthenien und weiblichen Widerspenstigkeiten, von denen die damals viel kommentierte Hysterie nur eine Vorbotin war. Ein unbestimmter Altersschwächeverdacht breitete sich über den Kontinent aus, die britische Insel nicht verschonend. Der *Fin-de-siècle*-Akkord aus schleichendem Lebensüberdruß und technischer Bravour verschaffte sich allenthalben Gehör; in ihm regte sich etwas von dem, was Nietzsche »neue Musik für neue Ohren« genannt hätte. Über der erstaunten Hauptstadt der Franzosen ragte der Eiffelturm empor, pünktlich zur Jahrhundertfeier der Französischen Revolution in Auftrag gegeben, als solle er das letzte Wort Europas sprechen, was sein konstruktives Wollen und Können betraf. In den Romanen der Zeit, etwa bei Joris-Karl Huysmans (1848-1907), dessen *À rebours* 1884 erschienen war, lernte man Männer kennen, die zu verfeinert waren, um eine Fahrt von zu Hause zum Bahnhof zu überstehen. Man leistete sich Kolonien und Migränen, indes man ahnte, beides würde früher oder später ausmünden in das, was man nicht anders als unhaltbare Zustände nennen konnte.

Der Ideenhistoriker Michel Winock (*1937) hat die Gewächshäuser der nationalen Ermattungen in Frankreich vor der Wende ins 20. Jahrhundert ausführlich beschrieben, die erotischen Versuchungen der »schwarzen Romantik« inbegriffen.[7] Es waren die scheinbar glücklichen Jahrzehnte, in denen Europa verstehen Frankreich verstehen hieß. Und doch: Hatte nicht der große Ernest Renan einem jungen Scharfmacher namens Paul Déroulède bereits um 1880 den Rat erteilt: »Frankreich liegt im Sterben. Junger Mann, stören Sie seinen Todeskampf nicht!«[8]

Bis 1914 trugen die Europäer ihr Unhaltbares vor sich her. Spätestens mit der Befreiung von Paris im August 1944 hatten sie die Vorräte ihrer anmaßenden Schwächen aufgezehrt. Und doch, bis heute fehlt es nicht an Nachzüglern, die sich darin gefallen, die dunklen Diagnosen von 1918 wie Nachrichten des Tages zu wiederholen – der erste Band von Oswald Spenglers *Der Untergang des Abendlandes* war in jenem Jahr erschienen; im übrigen hätte das Buch der Ansicht des Verfassers zufolge ebenso »Die Vollendung des Abendlandes« heißen können. In jüngerer Zeit betätigen sich eine Reihe von Autoren, nicht unbedingt solche ersten Ranges – von Jean-Marie Benoist über Henryk M. Broder bis Douglas Murray –, als Redner am offenen Grab Europas, wobei manche die Dahingegangene als Selbstmörderin[9] bezeichneten – man weiß nicht, ob vorwurfsvoll oder bedauernd. Der Romancier Michel Houellebecq ließ sich im Oktober 2018 den Preis der im belgischen Limburg ansässigen Oswald-Spengler-Gesellschaft verleihen – vielleicht in Würdigung seiner 1998 getätigten Äußerung, wonach der Okzident im Verschwinden sei, jedoch müsse sein Dahingehen eher als »eine gute Sache« aufge-

7 Michel Winock, *Décadence. Fin de siècle*, Paris 2017. Vgl. daneben auch: Mario Praz, *Liebe, Tod und Teufel. Die schwarze Romantik*, München 1981 [Orig. 1930].

8 »*La France se meurt. Jeune homme, ne troublez pas son agonie!*«

9 Douglas Murrays einschlägiges Buch beginnt mit dem Satz: »Europe is committing suicide.« Douglas Murray, *The Strange Death of Europe. Immigration, Identity, Islam*, London 2017.

faßt werden. Was beiläufig zeigt, wie in Frankreich, Belgien und einigen deutschen gestrigen Zirkeln der Deklinismus immer noch seinen Mann ernährt. Daß auch Michel Onfray als Epigone Spenglers »unserer judäo-christlichen Zivilisation« jüngst nachsagen konnte, sie sei »tot«, verwundert nicht wirklich. Immerhin bleibt zwischen einer Totsagung in Anwesenheit von Presse und Fernsehkameras und der Ausstellung eines Totenscheins durch Personal mit Leichenhallenerfahrung ein Unterschied, den man nicht ganz außer Acht lassen sollte.

Fassen wir uns kurz: Was wir hier aus Gründen praktischer Vereinfachung »Europa« nennen, stellt ein überaus kompliziertes, vielfach zusammengesetztes Gebilde von einiger zeitlicher Tiefe dar. Je nach Temperament und Schule läßt man es mit dem Sieg der Griechen in den Perserkriegen beginnen oder mit der Krönung Karls des Großen oder mit dem Ausgriff iberischer Seefahrer auf den Atlantik und der schicksalhaften Entdeckung seiner anderen Küste. Die Wortführer dieses politisch-zivilisatorischen Gebildes werden, wie eben bemerkt, seit einer Weile durch Ausreden auffällig, was ihre »Identität« betrifft, auch tun sie sich vielfach durch Nekrologe und Betrachtungen in aprèsludischer Stimmung hervor. Ja, dieses Merkmal läßt sich seit geraumer Zeit in die Bestimmung der »Sache selbst« einbeziehen.

Quasi definitorisch darf man sagen, daß das Europa, das wir auf Anhieb erkennen, sobald von ihm die Rede ist, in dem Moment entstand, in dem es begann, sich zu mißfallen. Wie unvermeidlich richtet sich hier der Blick zurück auf die vor Empörung vibrierenden Zeilen, mit denen der Ire Edmund Burke (1729-1797), der Stifter des modernen Konservatismus, die entwürdigende Behandlung der französischen Königin durch den Pariser Pöbel kommentierte. Wie anders hätte er seinen Befund vortragen sollen als im epilogischen

Ton und mit Verachtung für das, was sich im moralgetriebenen Schrecken angekündigt hatte, um wenig später in bourgeoiser Banalität zu enden?

> Aber die Zeiten der Rittersitte sind dahin. Das Jahrhundert der Sophisten, der Ökonomisten und der Rechenmeister ist an ihre Stelle getreten, und der Glanz von Europa ist ausgelöscht auf ewig.[10]

An dramatischen Worten hat es den Verfassern von Nachrufen nie gefehlt, auch nicht an gelehrten Diagnosen für die langen Krankheiten der Alten Welt. Vor allem von Nietzsches Befunden sind einige aktuell geblieben, wenngleich der forciert neo-aristokratische Ton seiner Urteile über die beginnende Massenkultur den meisten heutigen Lesern fremd geworden sein dürfte. Hellsichtig scheinen noch immer seine Aussagen, die den nach 1850 Gestalt annehmenden Zeitgeist betrafen. In den »positivistischen Systemen« jener Jahre, ob sie von Franzosen wie Auguste Comte oder Engländern wie John Stuart Mill und Herbert Spencer vorgetragen wurden, spüre man doch, so der Kulturpsychologe auf Sils-Maria-Höhe, sechstausend Fuß jenseits von Rentenreform und sozialer Frage, die Suche labiler Subjekte nach letzten Haltegriffen in der Sphäre des Tatsächlichen – getrieben von »Müdigkeit, Fatalismus, Enttäuschung, Furcht vor neuer Enttäuschung«, begleitet von demonstrativ ausgestellten Zügen wie »Ingrimm, schlechter Laune, Entrüstungs-Anarchismus«, »und was es alles für Symptome oder Maskeraden des Schwächegefühls gibt«.[11] Daher das Bonmot: »Der Mensch strebt nicht nach Glück –

10 Edmund Burke, *Betrachtungen über die Französische Revolution*, Frankfurt a. M. 1967, S. 129 f.

11 Friedrich Nietzsche, *Die fröhliche Wissenschaft*, KSA, Band 3, München 1980, § 347.

nur der Engländer thut das.«[12] In psychodynamisch dunklere Zonen reicht der in *Jenseits von Gut und Böse* getroffene Generalbefund über das zeitgenössische Dasein:

> Der Mensch aus einem Auflösungs-Zeitalter, welches die Rassen durcheinander wirft [an späterer Stelle heißt es: »der europäische Mischmensch«; P. Sl.], der als solcher die Erbschaft einer vielfältigen Herkunft im Leibe hat [...] ein solcher Mensch der späten Kulturen und der gebrochenen Lichter wird durchschnittlich ein schwächerer Mensch sein: sein gründlichstes Verlangen geht darnach, daß der Krieg, der er *ist* [seiner Teilhabe an einander widersprechenden Erbschaften wegen; P. Sl.], einmal ein Ende habe; das Glück erscheint ihm [...] vornehmlich als das Glück des Ausruhens, der Ungestörtheit, der Sattheit, der endlichen Einheit, als ›Sabbat der Sabbate‹, um mit dem heiligen Rhetor Augustin zu reden, der selbst ein solcher Mensch war.[13]

In diesen Sätzen scheint der Umriß des Nachkriegseuropäers auf, des damaligen wie des kommenden – indessen das Wort »Nachkrieg«, *après-guerre*, *post-war* etc. hier nicht nur den langen Frieden des *european way of life* meint, wie er sich nach 1945 verwirklichte und durch den Nobelpreis von 2012 gewürdigt wurde; es bezeichnet die vor langem – gewiß schon bald nach der Schlacht von Waterloo – begonnene innere Abrüstung von Menschen, die nicht mehr in eigener Person als Schauplätze von Prinzipienkämpfen und kollidierenden Weisen der Welterzeugung existieren wollten. Eher begnügten

12 Friedrich Nietzsche, *Die Götzen-Dämmerung, Sprüche und Pfeile*, KSA, Band 6, München 1980, § 12.

13 Friedrich Nietzsche, *Jenseits von Gut und Böse. Zur Genealogie der Moral*, KSA, Band 5, München 1980, § 200.

sie sich damit, in Zukunft und alle Zeit harmlos und gut zu sein. Mit dem demonstrierenden Finger deutete Nietzsche auf seinen Zeitgenossen, den eine unkompensierte Kriegsmüdigkeit befallen hatte. *Ecce homo europaeus*![14] Sein Profil war deutlich umrissen, lange bevor er in der zweiten Hälfte des 20. Jahrhunderts massenhaft in Erscheinung trat. Was der europäische Mensch – in Recheneinheiten Quetelets dargestellt – an erster Stelle für sich fordert, ist Urlaub von allem, was einmal eigene große Geschichte war. Nichts scheint ihm nötiger, als zwischen sich und die Tumulte seiner Vergangenheit den größten Abstand zu legen. Die »Posthistoire« genannte Epoche wurde von hochgradig europäisch empfindenden Autoren wie Arnold Gehlen (1904-1976), Vilém Flusser (1920-1991) und Jean-François Lyotard (1924-1998) ins Gespräch gebracht, um den kognitiven Bedürfnissen einer Population von Welt- und Selbstmüden entgegenzukommen. Es war, als ob von nun an der Satz gelten sollte: *On a raison d'être fatigués*. Namentlich Gehlen hatte in der »Nach-Geschichte« nicht weniger als eine Ära der »Kristallisation« erkennen wollen. Ihr Inhalt bestünde in den bunten Variationen invariabler Ergebnisse und in der fortgehenden Neu-Inszenierung von Stürmen, zu deren Austragung nicht mehr als Wassergläser und Parlamente nötig seien. Große Geschichte hatte es für Menschen gegeben, die sich in Heldenrollen einberufen ließen. Die Nachgeschichte feiert den langen Abschied von den Helden. Man hat diese Epoche, mit einer Wikipedia-würdigen Wendung, als »die Ausfahrt aus der Weltgeschichte in die Ferien« definiert. Sie ist im übrigen, unter dem Titel »Privatleben«, Europas erfolgreichstes Exportprodukt geworden – in allen Weltteilen wird es mit Eifer konsumiert. Zu seiner

14 In seiner autobiographischen Schrift *Ecce homo* von 1888 portraitierte Nietzsche sich selbst als den Dekadenten, den Migräniker, der den Geschmack an Krieg und Angriff dennoch nicht verloren haben wollte.

Ausbreitung trägt bei, daß überall, wie Nietzsche konstatierte, »immer schon eine neue Generation da ist, die sich *im Gegensatz* [...] fühlt«[15] – nicht nur zu den soeben ins Gestrige zurückweichenden Verhältnissen, sondern zu jeder Vergangenheit. Demnach wäre Europa nicht nur ein Produkt erfolgreicher »Verharmlosung« – ein deutsches Wort, dessen Sinn und Klang von französischen und britischen Ausdrücken wie *banalisation, minimalisation, trivialisation* nur unvollkommen wiedergegeben wird. Ginge es nach den Vorlieben der Europäer – und ihrer sensiblen Jugendlichen vor allem –, würde von höchster Stelle ein allgemeines Ernstfallverbot verhängt. Für sie kommt jeder reale Notstand einem Verfassungsbruch gleich, jeder Starkregen einem Anschlag auf die Menschenwürde. Nach ihrem scheinbar definitiven Eintritt in die Krieglosigkeit sind die Zimmertemperaturen der Europäer auf »verringerte Daseinsbewährung« eingestellt.

Es wäre ungerecht, den Europäern unserer Tage nachzusagen, sie hätten keine leitenden Ziele mehr. Ihr nicht erloschener Ehrgeiz besteht darin, dafür zu sorgen, daß der Unterschied zwischen Politik und Verwaltung beziehungsweise Demokratie und Versorgungswesen auch künftig sich von Jahrzehnt zu Jahrzehnt so verkleinert, wie man es von den 50er Jahren des 20. Jahrhunderts an bis zur Implosion des »Ostblocks« um 1990 erlebt und *cum grano salis* begrüßt hatte.

Der wachsenden sekuritären Ambition der Europäer haben sich nach dem 11. September 2001 unerwartete Hindernisse in den Weg gestellt – sie müssen hier nicht erörtert werden. Noch immer fällt es uns nicht leicht, zu erklären, woran wir mit uns selbst und dem Rest der Welt sind. Die superbe Formel »Rest der Welt« klingt im Mund von Europäern unserer Tage anachronistisch, auch etwas Bitterkeit schwingt noch mit: Der Eindruck läßt sich nicht abwei-

15 Friedrich Nietzsche, *Morgenröte*, KSA, Band 3, München, § 176.

sen, »Welt« ereigne sich seit längerem anderswo, und wir selbst seien in den Rest geraten.

Jacques Derrida hat sich in seinem Essay *Das andere Kap* (1992), der kurz nach dem Fall der Berliner Mauer anläßlich einer Tagung in Turin entstand, der Sorge gewidmet, ob nicht noch aus der Restlichkeit Europas – gleich ob man sie »Dezentrierung« oder »Provinzialisierung« nennen will – eine neue Monstrosität erwachsen könnte. Tatsächlich schien es einen Augenblick lang plausibel zu fragen, ob nicht »dem Westen« insgesamt nach dem Zusammenbruch der Sowjetunion neue Drachenköpfe sprießen würden.[16] Es war, als hörten wir eine strenge Mahnung, uns vor den Gedanken in acht zu nehmen, die sich in unseren Köpfen wie unvermeidlich regen mußten, nachdem der Koloß im Osten von seinen tönernen Füßen gestürzt war! Es könnten Drachengedanken sein, die im Hintergrund lauerten, um von der ersten Gelegenheit zur Wiederkehr Gebrauch zu machen. Derridas Warnung kam wie auf Zehenspitzen und wollte doch dringend wirken. Damit das Europa der Zukunft richtig begriffen werde, müsse man es wie mit abgeschnittenem Kopf denken. Der Drachenkörper von dereinst, zusammengesetzt aus einem Dutzend sogenannter Mutterländer mitsamt ihren kolonialen Extensionen, dieses monströse multi-imperiale Kompositum, das wir spätestens vom »afrikanischen Jahr« 1960 an[17], allerspätestens mit den Unterschriften von Evian im März 1962, die das Ende des Algerienkriegs bezeugten, abgestorben glaubten, sollte doch endgültig begra-

16 Jacques Derrida, *Das andere Kap. Die vertagte Demokratie. Zwei Essays zu Europa*, Berlin 2010 (zuerst 1992).

17 Im Jahr 1960 wurden 18 ehemalige Kolonien politisch unabhängig, darunter 14 vormals französische, zwei britische sowie jeweils eine belgische und italienische.

ben und unter einer massiven Platte versiegelt bleiben. Daß der Halbkadaver des imperialen Rußlands von den Konvulsionen des Wiedererwachens durchzittert werden könnte, nachdem er sich 69 Jahre lang unter sowjetischer Hülle totgestellt hatte, das durfte uns inmitten der Genugtuung über den Gang der Dinge ebenso wenig beirren wie der Triumphalismus amerikanischer Liberaler, die mit einem Mal den Weg zur alleinigen Weltherrschaft der Vereinigten Staaten frei sahen.[18]

Die Ideen, die im abgeschnittenen Kopf eines nicht mehr monströsen Europa aufkeimen sollten, würden ihre Kraft aus anderen Quellen ziehen müssen als denen der ersten Seefahrerzeit und ihrer Expansionsprogramme. Es läßt sich im kritischen Blick zurück nicht leugnen: In der Ära der nautischen Globalisierung hatte man allzu unbefangen aus christlichen Motiven und zivilisatorischen Phantasmen geschöpft, um für die Ambitionen europäischer Staaten die besten Plätze unter den Sonnen Amerikas, Asiens und Afrikas zu fordern. Das Papsttum höchstselbst, in exemplarischer Korruptheit verkörpert durch Alexander VI. (1431-1503) aus dem Haus der spanischen Borja, hatte die Aufteilung der Welt zwischen den Plünderer-Entdeckern aus Portugal und Kastilien mit dem Vertrag von Tordesillas im Sommer 1494 abgesegnet. Wir wissen, daß sich die Folgen dieser Aufteilung nach einer Serie von Unruhen konsolidierten[19]; seit den Tagen Simón Bolívars sucht das südliche Amerika, das man oft das lateinische nennt, einen *modus vivendi* jenseits der Kolonialität, obgleich sein »Befreier«, der *Libertador*, unter dem Eindruck der Ideen von

18 Francis Fukuyama, *Das Ende der Geschichte. Wo stehen wir?*, Hamburg 1992.

19 Mit dem Vertrag von Madrid 1750 gerieten einige Gebiete, in denen Indios-Reduktionen spanischer Missionare lagen, unter portugiesische Herrschaft – mit dem Erfolg, daß brasilianische Goldsucher und Sklavenjäger (Bandeirantes) ihre Fangzonen in bisher geschützte Gebiete ausdehnten.

1789 und im Fahrwasser der Aktionen Napoleons fast ausschließlich in europäischen Kategorien agierte. Es wäre zu früh für die Behauptung, das südliche Amerika lebe jenseits des antieuropäischen Ressentiments – wer Beispiele für dessen Fortleben sucht, braucht nur die Zeitungen vom Tage zu öffnen.

Was das politisch auf sich selbst reduzierte Europa als Kontinent ohne Kolonien angeht, wird niemand behaupten, daß die alternativen Quellen zur Stunde besonders kräftig fließen. Warum ihr Zufluß nicht notwendigerweise versiegen wird, läßt sich gleichwohl erklären. Der abgeschnittene Kopf hat sich innerhalb einiger Jahrzehnte – von oben her und ohne spezifische Energie von unten – mit einem komplizierten, doch nicht mehr monströsen Körper aus 27 Organen verbunden – noch sucht man Namen und Begriffe, um das Unding zu bezeichnen, für das es in der Geschichte politischer Großkörper kein Vorbild gibt. Noch immer haben diverse Versuche, dem Novum eine Kontur zu geben – etwa seine Bestimmung als »stille Macht«[20] –, zu keinen überzeugenden Ergebnissen geführt. Derridas Meditationen von 1990, unter dem Eindruck des Neuen im Osten entstanden, lesen sich heute als Meisterwerk der Undeutlichkeit – es bildete den Versuch, hypothetische Imperative und preziöse Konjunktive als formale Garanten der historisch gebotenen Umsicht und Vorsicht zu präsentieren. Derrida gehörte zu den Denkern, die im Ernst zu glauben schienen, von einem übereilten Wort aus dem Mund eines Philosophen könnten – wie Beispiele aus dem 19. Jahrhundert gezeigt hatten – auf dem Umweg über ideologische Multiplikatoren und passende machtpolitische Konstellationen erneute Großkriege,

20 Tzvetan Todorov, *Die verhinderte Weltmacht. Reflexionen eines Europäers*, München 2003 [Orig.: *Le Nouveau désordre Mondial*, Paris 2003].

ja Weltkriege ausgehen. Er wählte die Tonart eines Sicherheitsberaters für ein Phantom, das seine Verkörperung nur zögernd erstreben sollte. Im guten wie im schlechten Sinn bleiben Derridas gewundene Ausführungen und seine etwas schalen Spiele mit den Wörtern Kap, Kapital und Kapitale von zeugnishaftem Wert für die Verlegenheiten dieser Region, die aus der Sequenz des Doppelkrieges von 1914 bis 1945 als eine gebrochene Größe hervorgegangen war. Derrida stellte die rhetorische Frage:

> Hat es […] Europa jemals gegeben? Wir gehören jedoch zu jenen jungen Menschen, die sich im Morgengrauen schon alt und müde von ihrem Lager erheben. Wir sind bereits erschöpft.[21]

Demnach lebten wir in dem stark kompromittierten Teil der Welt, wo jedem Versuch des Neubeginns die Lasten einer überschweren Geschichte zuvorgekommen sind. Wer sich in solcher Lage der Aufgabe, Europa neu zu denken, zuwendet, muß wissen, es wird darum gehen, Begriffe für ein politisches und kulturelles Novum zu bilden, dessen Existenz unter großteils noch unbekannten Vorzeichen steht: Begriffe für einen Kontinent ohne Eigenschaften.

Von einer halben Milliarde Menschen bewohnt und als Zufluchtsort unzähliger potentieller Zuwanderer begehrt, sucht er seit dem Ende des Zweiten Weltkriegs nach einer neuen Bestimmung für sich und seine Völker, die man vorsichtshalber »Bevölkerungen« nennt, damit ihnen ihre *populus-* oder *demos-*Eigenschaften nicht zu Kopfe steigen. Ihm ist in der Gestalt der *Europäischen Union* eine politische Improvisation gelungen, die in den Drehbüchern der Weltgeschichte nicht

21 *Das andere Kap*, a. a. O., S. 11.

vorgesehen war. Der Quasi-Kontinent hat einen politischen Großkörper geschaffen, der ungeachtet seines Umfangs weder die Gesinnungen noch das Gebaren eines Imperiums an den Tag legt. Seine Hauptstädte mögen alle Vorzüge urbanen Lebens aufweisen, sie haben die phallische Strahlkraft aufgegeben, die vormals den Metropolen kolonienbildender Mächte zukam. Sie ziehen Touristen an, ohne Sendestationen größerer Missionen zu sein. Die Bewohner Europas honorieren den Zustand ihrer askriptiv zugeteilten neuen Europäität durch die hartnäckige Gewohnheit, den Wahlen zum europäischen Parlament zur Hälfte fernzubleiben – nur Belgier und Luxemburger votieren bei Europawahlen so fleißig, als ob es nationale Abstimmungen wären. Und obschon die Bürger des neuen Konstrukts durch ihre Mitgliedschaft in dem schwer begreiflichen Großgebilde in klarer Mehrheit auf der gewinnenden Seite stehen, fällt es sehr vielen noch schwer, das Abstraktum mit den Affekten auszukleiden, die einer gefühlten Heimat entgegengebracht würden. Darin spiegelt sich die Tatsache wider, daß das postimperiale Europa, das von den 50er Jahren des 20. Jahrhunderts an in den dürftigen Umrissen eines Verbandes für die Interessen der Bergbauindustrien, Montanunion genannt, aufgetaucht war, von Anfang an ein Projekt besorgter, hoffnungsstarker und weitblickender Eliten war. Deren Nachfolger wollen sich noch immer – obwohl Bergbau inzwischen eher eine un-europäische Tätigkeit geworden ist – in ihrem Glauben nicht beirren lassen, die Mehrheiten würden folgen, sobald die Vorteile des neuen *modus vivendi* allgemein spürbar würden.

Man muß befürchten, Dostojewskij sei es gelungen, den zeitgenössischen Menschen dieses Erdteils unter der Optik des orthodoxen Christentums dank einer plötzlichen Intuition zu definieren, als er in seinen *Aufzeichnungen aus dem Kellerloch* – jener grausamen Novelle von 1864, die das Ressentiment auf die Bühne der Weltliteratur katapultierte – den Protagonisten sagen ließ, der Mensch sei ein zweibeiniges undankbares Tier.[22]

Der durchschnittliche Europäer von heute, der mit seinem nicht immer unberechtigten Groll gegen die oft undurchsichtigen, nahezu extraterrestrischen Vorgänge in Brüssel und Straßburg vor sich hin lebt, ohne die Prämissen seines Daseins zu bedenken, ist die Inkarnation der Undankbarkeit – sofern sie bedeutet, in der Drift quasi-posthistorischer Befindlichkeiten zu treiben und nicht zu wissen, geschweige denn wissen zu wollen, aus welchen Quellen der gegenwärtige *modus vivendi* hervorgegangen ist. Allzu oft ist der Europäer von heute der Endverbraucher eines Komforts, von dessen Entstehungsbedingungen er nicht mehr den geringsten Begriff hat. In seinem von Erinnerungslücken perforierten Dasein ist der Satz des Stephen Daedalus wirklich geworden: »Geschichte ist der Albtraum, aus dem ich zu erwachen versuche.«[23]

Wir wollen im folgenden den Versuch machen, dem Geist der Undankbarkeit ein wenig das Wasser abzugraben. Dabei gehen wir von der Annahme aus, Undankbarkeit sei nur ein Synonym für Unbelesenheit und ein heilbares Symptom derselben. Wir definieren Europa hier als ein Buch, das von denen, die es angeht, zu wenig gelesen wird, und in dem seine Hasser nur blättern, um ihre Anklagen zu dokumentieren. Die anschließenden Kapitel sind als Lesezeichen in einem Band von nahezu entmutigendem Umfang zu verstehen. Sie heben darin einige Stellen hervor, indem sie bei einem zerstreuten Publikum für die markierten Seiten um eine Minute Aufmerksamkeit bitten.

22 Vgl. Fjodor Dostojewskij, *Aufzeichnungen aus dem Kellerloch*, Frankfurt a. M. 2024, S. 34.

23 James Joyce, *Ulysses*, Berlin 2022 [1975], S. 48.

Zweite Eröffnungsrede
Lateineuropa
Der Kontinent, das *imperium* und seine Übertragungen

Eine Erdgegend wie Europa einen »Kontinent« zu nennen scheint fürs erste eine sprachliche Konvention ohne Risiko zu sein. Sie profitiert von dem seit dem 18. Jahrhundert eingeschliffenen Irrtum von Kartenzeichnern und Geographen, zusammenhängende Landmassen als Kontinente zu bezeichnen, als ob die ausgedehnten Festlandböden Behälter wären, die das, was in ihnen liegt und auf ihnen errichtet wird, zu »Inhalten« machten. Seit der durch die Fahrten von Kolumbus und Magellan eröffneten planetarischen Moderne sollten wir wissen, warum das Verhältnis von Inhalt und Behälter sich umgekehrt darstellt. Die effektiven Behälter, die den Namen *continens*, »das Zusammenhaltende«, verdienen, sind die globalen Meere, die man nach dem griechischen Weltfluß *okeanos* benannte, indessen die großen Landmassen, richtig verstanden, nicht Kontinente, Behälter, *container* sind, sondern Inhalte, *contents*, vom Meer umspülte Zusammenhänge aus Böden und Populationen.

Suchen wir für den Inhalt »Europa« nach geeigneten Bezeichnungen, so stoßen wir auf ein ausweichendes Phänomen, dem man vergebens eine »Identität« anzuheften versucht. Was ist denn Europa? Hat dieses Gebilde ein Wesen, einen Kern, eine Substanz? Die verneinenden Antworten auf die oft gestellten Fragen sind zu zahlreich, um sie im einzelnen zu rekapitulieren. Ist Europa, abgesehen davon, daß es den als eigenen Kontinent mißverstandenen westlichen Anhang der asiatischen Landmasse bildet – aus der Sicht Valérys deren agiles »Vorgebirge«, in Derridas Augen das »andere Kap«, nach der Auffassung des Slawophilen Danilewski nicht mehr als ein konfuses Aggregat aus Halbinseln –, dennoch irgend etwas Reales, woran man seine Bestimmung festmachen könnte? Wir möchten uns hier – nach mehr als einhundert Jahren kontroverser Reden über die »Natur«, das »Wesen«, die »Substanz«, die »Grenzen«, die »Mission«, die »Bürde«, die »Passion« oder das »Erbe« Europas zu einem strikt pragmatischen Zugang bekehren. Statt essentialistische Phantome zu jagen, begnügen wir uns mit der Frage: Was tut Europa, wenn es am meisten bei sich selbst ist? Dies kommt der Frage gleich, ob es etwas gibt, woran man Europäer erkennt, sobald sie sich als typische Agenten ihres kulturellen Pols verhalten?

Kurzum, wir bekennen uns zu der Notwendigkeit, daß, wenn man von Europa reden will, ein Übergang vom essentialistischen oder substantialistischen zum dramaturgischen oder szenographischen Denken zu vollziehen ist. Was man Intelligenz oder »die Fähigkeit, zu verstehen«, nennt, bezieht sich von alters her nicht nur auf Zeichen, Wörter und Sätze, wie es unter modernen Sprachphilosophen *common sense* wurde, es bezieht sich seit jeher auch auf Gesamtlagen aus bedeutungsgeladenen Situationen, die man unter Theaterleuten »Szenen« nennt. Intelligenz zeigt sich nicht zuletzt in der Fähigkeit, in Szenen zu lesen oder Lagen zu erfassen. Europa dramaturgisch und szenisch zu denken – das impliziert die Aufgabe, einen privilegierten Ort innerhalb dieses Weltteils zu bezeichnen, in dem das Drehbuch und die Regieanweisung für das später Folgende aufgesetzt wurden.

Wenn wir im Folgenden vom »Buch Europa« sprechen und ankündigen, in ihm sollten einige Lesezeichen eingelegt werden – und dies, wie man sehen wird, bevorzugt an wenig gelesenen Stellen –, sollten wir uns über die Metapher des Buchs verständigt haben. Bücher und Kulturen haben das Merkmal gemeinsam, daß in ihnen das »Umblättern« und die Fortsetzung von Lebensweisen in folgenden Generationen formale Äquivalente bilden. Zwischen Kulturen und Büchern bilden die Modi des Lesens beziehungsweise die Formen des Re-Inszenierens eine dritte Größe. Sie sorgen dafür, daß es zu Wiederaufführungen früherer, zu »Stücken« geronnener Elemente einer Kultur kommen kann. Re-Inszenierungen bilden die aktive Mitte zwischen dem Umblättern und der Fortpflanzung. Der nächsten Seite entspricht die nächste Generation.

Vergegenwärtigen wir uns für einen Augenblick die Bedeutsamkeit der Geste des Umblätterns für das historische Bewußtsein im allgemeinen, ja für den Sinn von Kohärenz und Reihenfolge überhaupt. In seiner 1975 publizierten Erzählung »Das Sandbuch« (*»El libro de arena«*) hat der argentinische Dichter Jorge Luis Borges den Albtraum jedes Historikers geschildert, mehr noch den eines jeden Menschen, der sich der Ordnung der Dinge unter dem Gesetz des Nacheinander vergewissern möchte.

Eines Tages klingelt es an der Tür des Erzählers, ein Fremder nordländischen Aussehens stellt sich vor mit dem Anliegen, Bibeln zu verkaufen – er habe aber noch ein anderes heiliges Buch in seinem Besitz, das für einen Liebhaber vermutlich von Interesse sei. Der Bibelhändler fügt hinzu, er habe das Buch in Indien bei einem Unberührbaren, der nicht lesen konnte, im Tausch gegen einige Rupien und eine Bibel erworben. Tatsächlich findet sich auf dem Buchrücken die Inschrift *Holy Writ* und der Name des Verlagsorts: Bombay. Der Vorbesitzer habe behauptet, das Buch heiße das »Sandbuch«, weil weder dieses Buch noch der Sand Anfang und Ende hätten.

Der Erzähler berichtet nun, er sei bei seinen Versuchen, die erste oder die letzte Seite des Werks aufzuschlagen, mehrmals gescheitert:

Es blieben zwischen dem blätternden Finger und dem Buchdeckel stets ein paar Seiten, die aus dem Buch hervorzuquellen schienen. Als der Erzähler es irgendwo in der Mitte aufschlägt, erscheint auf der linken Seite die Paginierung 40514, rechts gegenüber steht die Zahl 999. Blättert er um, zeigt sich auf der folgenden Seite eine achtstellige Zahl. Es erweist sich als unmöglich, eine einmal geöffnete Seite wiederzufinden.

Dem Ausruf des Erzählers: »Das ist nicht möglich«, erwidert der Verkäufer mit leiser Stimme:

> – Das ist nicht möglich und dennoch ist es so. Die Zahl der Seiten dieses Buchs sind exakt unendlich. Keine ist die erste, keine die letzte. Ich weiß nicht, warum sie auf so willkürliche Art numeriert sind. Vielleicht um auszudrücken, daß die Elemente einer unendlichen Reihe auf absolut beliebige Weise beziffert werden können.
>
> Dann fügte er, als ob er nachdächte, hinzu: – Wenn der Raum unendlich ist, sind wir an einer beliebigen Stelle im Raum. Wenn die Zeit unendlich ist, dann sind wir an einer beliebigen Stelle in der Zeit.[24]

Wie kaum eine andere Geschichte weist das böse Märchen vom Sandbuch auf das humane Interesse an der Endlichkeit hin. Nur in endlichen Verhältnissen läßt sich sinnvoll von Reihenfolgen, Konsequenzen und Proportionen sprechen; sie bilden die Grundfiguren dessen, was gegeben sein muß, damit die wohltätige Fiktion von der Erzählbarkeit einzelner Lebensgeschichten und umgreifender Kollektivgeschichten in Kraft bleibt. Das Sandbuch bedeutet die

24 Jorge Luis Borges, »Das Sandbuch«, in: ders., *Spiegel und Maske. Erzählungen*, Frankfurt a. M. 2022, S. 184.

Unmöglichkeit, eine Geschichte zu erzählen; es impliziert die Vergeblichkeit jedes Versuchs, mit Hilfe des Lesezeichens eine bestimmte Seite wiederzufinden.

Man sollte hier wohl daran erinnern, daß in der antiken Gattung der *bioi* die europäische Utopie des »Seins zum Buche« aufgetaucht war. Sie spiegelte sich in der von Plinius dem Jüngeren geprägten, von den Humanisten des 16. Jahrhunderts gern zitierten Devise des Lebens im Licht der Bemerkenswürdigkeit: *aut scribenda agere aut legenda scribere.* »Man handle so, daß es sich lohnt, es aufzuschreiben, und man schreibe so, daß es sich lohnt, es zu lesen!«

Wird Europa als »Buch« vorgestellt, ist *eo ipso* ein geskriptetes Produkt gemeint. Als gültiges Skript zeichnet es den Vorgängen, von denen es handelt, mehr oder weniger feste Plätze in einer nicht umkehrbaren Zeitreihe vor. Manche Skripte jedoch – auch das hier besprochene – weisen die Merkwürdigkeit auf, daß, wer sie liest, es unversehens riskiert, in eine Neuauflage einbezogen zu werden, und dies nicht bloß zufällig. Sie werden verfaßt, um dem Leser mit einem resoluten *tua res agitur!* – es geht um dich selbst! – die Illusion der unbeteiligten Lektüre zu rauben.[25]

Was die Härte von Machtgebilden im politischen Raum mit der Sphäre des Buches verbindet, ist das, was man die symbolische Funktion nennt. Als *soft-power*-Gebilde gehören Bücher der Dimension der Zeichen an. Der Primus unter den Zeichen ist der Befehl, der im Modus Imperativ übermittelt wird. Während Bücher als Agenten sanfter Gewalt Vorschläge machen, die angenommen oder

25 Vgl. Friedrich Nietzsche, *Die Geburt der Tragödie aus dem Geiste der Musik*, KSA, Band 1, München 1980, Abschnitt 15. Über die Götterkämpfe des griechischen Theaters: »Ach, es ist aber der Zauber dieser Kämpfe, daß wer sie schaut, sie auch selbst kämpfen muß.«

mißachtet werden können, gehen von den Mächten der harten Gewalt Befehle aus, die mit Sanktionsmacht unterlegt sind. *Imperare* bedeutet in der Sprache der Römer herrschen. Der Imperativ ist das grammatische Sediment der Erfahrung, daß befehlende und motivierende Kräfte – als zielsetzende Stimmen und richtunggebende Signale – in der Welt sind. Sie bilden die Brücke von den Worten zu den Taten und den Tatsachen. *Imperium* nannte man seit den Tagen der Republik die zeitlich und räumlich präzis beschränkte Befehlsgewalt des Oberkommandeurs römischer Truppen. *Imperium* hieß schließlich der Gesamtraum, in dem von Rom ausgehende Befehle befolgt werden mußten. Aus dem Befehl über Truppen war mit der Zeit die Zentralmacht in der *res publica* geworden, kulminierend in der Figur des Imperators. Nach dem Sieg Octavians im römischen Bürgerkrieg nannte man die höchsten Befehlsgeber die Caesaren, weil der junge Mann im Testament von Gaius Julius Caesar als dessen namentragender Erbe adoptiert worden war. Aus dem Eigennamen ging ein Allgemeinbegriff hervor.

Das originale Stück, um dessen Wiederaufführung es in »Europa« gehen wird, heißt *imperium romanum*. Im Heldenepos Vergils ermahnt der Vater des Aeneas den »frommen« Sohn, der ihn in der Unterwelt aufsucht, um sein Mandat zu erhalten, er möge, »als Römer« *ante litteram*, immer bedenken, die Völker durch seine *Befehlsmacht* zu lenken.[26] Europa verstehen bedeutet daher zunächst: die Meta-

26 Vergil, *Aeneis* VI, V. 851 f. *Tu regere imperio populos, Romane, memento / haec tibi sunt artes, pacique imponere morem, parcere subiectis et debellare superbos.* »Denk daran, Römer, die Völker durch deine Befehlsmacht zu lenken, denn dies sind deine Künste, um friedlich für gute Sitte zu sorgen: die Unterworfenen zu schonen und die Hochmütigen niederzuwerfen.« In der klassischen »Weissagung nach dem Ereignis« wird Aeneas vorwegnehmend als Römer angesprochen, obschon die Gründung der Stadt noch in ferner Zukunft liegt. Aeneas ergreift nach der Landung auf italischem Boden die Herrschaft

morphosen eines Gebildes verstehen, in dessen Zentrum die imperative Funktion Roms am Werk blieb.

Um es ohne weitere Herleitung zu statuieren: Aus dramaturgischer Sicht ist Europa das Wirkungsgebiet von Re-Inszenierungen römischer Befehlssysteme. Aus diesen sind – mit einer Verspätung von eintausend Jahren und mehr – die neuzeitlichen europäischen »Staaten« hervorgegangen, zumeist als »Nationalstaaten« aufgemacht, mit der Helvetischen Konföderation als bedeutsamer Ausnahme. Sie stellen politische Systeme dar, die dazu verurteilt sind, früher oder später auf ihre Weise zu erfahren, was schon in alten Tagen das römische Dilemma war: die imperiale Überdehnung – wobei sich zeigt, daß auch Nationalstaaten für Überdehnungen anfällig sind. Von der Augustus-Zeit an war das italische Kernland befugt, befähigt, willens und genötigt, über Probleme zu entscheiden, die es sich infolge seiner hybriden Ausdehnung nach Syrien, Palästina, Ägypten, Nordafrika, Spanien, Gallien, Germanien und Südbritannien zugezogen hatte. Das Konzept »Imperium« implizierte auf der Höhe seines Erfolgs das Programm »Befehl ohne Grenzen«, von dem man ohne Erläuterung versteht, warum es an sich selbst scheitern mußte.

Es erübrigt sich hier, die hundertmal erzählte Geschichte vom Untergang Roms und seiner Aufspaltung in den weströmischen Verfallsraum und die tausendjährige oströmische Verfallsverlängerungszone zu rekapitulieren. Für die Geschichte des Weltteils, der später Europa heißen würde, ist hier nur die Verschiebung des Motivs der befehlenden Gewalt nach Norden und Westen von Bedeutung.

Sollte man sagen, wann und wo das Europa, in dem wir noch immer leben, entstanden ist, ist auf eine Szene zurückzugehen, deren

in der Stadt Lavinium; sein Sohn Ascanius gründet die Stadt Alba Longa (am Albaner See) um das Jahr 1152 v. u. Z. Rom selbst datiert seine Gründung auf das Jahr 753 v. u. Z.

Vergessenheit im starken Widerspruch steht zu ihrem Reichtum an Folgen, den symbolischen wie den faktischen: Ambrosius (339-397), der Bischof von Mailand, hatte im Jahr 390 dem Kaiser Theodosius den Zutritt zur Kirche dort verweigert, weil dieser noch nicht Buße getan hatte für das Massaker von Thessaloniki (in der römischen Provinz Macedonia), das man ihm zur Last legte – in jener Stadt waren, wie es hieß, Tausende Besucher des Hippodroms auf kaiserlichen Befehl hin von gotischen Truppen niedergemetzelt worden, nachdem eine aufgebrachte Menge einen beliebten Wagenlenker, der festgesetzt worden war, mit Gewalt hatte befreien wollen – Theodosius hatte die Unruhen der Massen persönlich genommen und als Aufstand gegen seine kaiserlichen Würden gedeutet. Die Urszene Europas bezeugt Europas Besonderheit: Von Anfang an macht sich die Spaltung der obersten Autoritäten geltend. Politische und geistliche Macht, obschon zumeist aufeinander angewiesen, sprechen in dieser Weltgegend nie ganz die gleiche Sprache. Die Lehre Augustins von der »*civitas Dei*«, die dem irdischen Staat bis zum Ende der Zeit gegenüberstehe, sollte nur wenig später die Dualität von politischer und spiritueller Macht für die kommenden anderthalb Jahrtausende befestigen.[27] Was Europäer für ihre »Freiheit« halten, resultiert aus ihrem verlegen machenden Privileg, zu jeder Zeit zwei Herren dienen zu dürfen – dem Kaiser und Gott beziehungsweise dem Vaterland und der Wahrheit. Ambrosius hatte die Möglichkeit, die später Europa hieß, in die Welt gesetzt, als er auf seiner Pflicht beharrte, den Kaiser einen Sünder zu nennen. Der Kaiser seinerseits hatte dieser Möglichkeit erlaubt, Wirklichkeit zu werden, indem er sich dem Ritual der Buße unterzog, das nur als hohles Theater zu bezeichnen ein modernes Mißverständnis wäre. Die im monistischen Klima des spä-

27 Augustinus' Schrift *De civitate Dei contra paganos* entstand zwischen 413 und 426.

ten 19. Jahrhunderts überlebenden Reste des europäischen Vorrechts zu dualem Gehorsam wollte Lenin – als Vordenker moderner Halbbildung in Religionsdingen – mit seinem Diktum: »Freiheit ist ein bürgerliches Vorurteil« endgültig aus der Welt schaffen.

Um in den pragmatischen Horizont des historischen Phänomens Europa einzutreten, hat man sich, wie erwähnt, mit dem dramaturgischen Konzept des *re-enactment* vertraut zu machen. Das alte, von Rom und seinem Nachleben inspirierte Europa, aus dessen Vergessenheit das aktuelle, das »neue Europa«, das tendenziell in Berufseuropäer und Europagleichgültige gespaltene Großkonstrukt unserer Tage hervorgeht, ist in dramaturgischer Sicht nur als ein Stadium in einem weitgespannten Re-Inszenierungsgeschehen zu begreifen. Über lange Spielzeiten hin – Historiker nennen sie »Epochen« – wußte es sich mittels immer neuer Aufführungen in Kraft und Geltung zu halten. Es blieb auf dem Spielplan nicht zuletzt deswegen, weil seine Hauptakteure, die deutschen Kaiser, die Könige von Portugal, Spanien, Frankreich und England, die Zaren und zahlreiche andere Spieler auf den Brettern der großen Welt kaum je wirklich begriffen, in welchem Stück sie mitwirkten – doch strebten sie nach der Ehre und dem Vorzug, es mit Gottes Zustimmung spielen zu dürfen. Europas Fürsten waren über mehr als tausend Jahre hin fast ausnahmslos Somnambule, die über Schlachtfelder und durch Paläste wandelten, angeführt von Karl dem Großen, um auf der Weltbühne feierliche Wortfolgen eines anonymen Verfassers mit italischen Wurzeln zu rezitieren – stets in der Überzeugung, Dinge zu vollbringen, die den Absichten des Himmels gefällig und dem Wohl ihrer Völker dienlich waren.

Man könnte das Alte Europa aus szenographischer Sicht als einen puren Drehbucheffekt bezeichnen. Das »aufgeführte« Europa lieferte den Beweis, daß es sich selbst wahrmachende Drehbücher gibt –

Dramen ohne einzelne Verfasser, die durch kongeniale Dramaturgen von Jahrhundert zu Jahrhundert reanimiert und von Fürsten, Politikern und Demagogen mit wechselhaftem Glück neu verkörpert werden konnten.

Es fehlt, trotz zahlloser Versuche, noch immer an einer Darstellung der Geschichte Alteuropas, die seiner dramaturgischen Wahrheit über die gesamte Strecke seiner Aufführungen entspräche. Immerhin, was den Zeitraum vom 5. bis zum 15. Jahrhundert angeht, waren die Anknüpfungen der europäischen Mächte an römische Modelle zu offenkundig, um nicht ins Auge zu fallen – obgleich sie zumeist mehr symbolische als machtpolitische Bedeutungen besaßen. Das Wort *imperium* bezeichnete lange Zeit eher einen Baldachin aus sakral aufgeladenen Konzepten von Einheit und Allgemeinheit als eine institutionalisierte Größe.

Vom 15. Jahrhundert an hingegen wandelte Europa sich in politischer Hinsicht zu einer amphibischen Größe: Seine Dramaturgen, die Könige, die Minister, die Feldmarschälle nahmen seither den Gedanken, wonach »sein« befehlen können heißt, in zweifacher Weise tätig auf: Nach innen hin verstanden sie ihn als den Auftrag, eine *res publica* nach römischem Muster, neuerdings »Staat« genannt, zu bilden, mit einer Hauptstadt (*urbs*), die alles ringsum (*orbis*) energisch ordnet, nach außen hin als die Aufgabe, ein »Mutterland«, eine *madre patria*, zu sein, das die häusliche Macht durch nautisch-militärisch erschlossene Kolonien ergänzt, großer Entfernungen ungeachtet. Imperialität bedeutete nun von neuem und mehr denn je: Befehlskompetenz – gleich, ob es um nähere oder fernere Angelegenheiten ging. Nach innen erzeugte sie zivile Untertänigkeit durch Rechtsprechung, Bürokratie, Heereswesen und Regelungen für Maße, Gewichte, Brücken und Straßen; nach außen Subalternität durch Zwang zur Mitarbeit an Fremdenherrschaft und zur Duldung von Extraktionen, mit denen sich die Idee der Steuer, das heißt das Prinzip der »legitimen

Plünderung« (Thomas von Aquin) einer Bevölkerung auf externe Untertanen ausdehnte. Das antike Muster der mutwilligen Überdehnung kehrte bei den Modernen wieder: Gewiß, daß Senat und Volk von Rom vor der Kaiserzeit imstande waren, ihre inneren Angelegenheiten mit den gegebenen Mitteln zu regeln, ist wohl als Leistung eigenen Rechts zu würdigen, stellt jedoch keinen Anlaß zu Verwunderung dar; aber daß bei den großen *munera*, den vom Staat und von Mäzenen finanzierten Kampfspielen, den römischen Massen Ägyptens Getreide gespendet werden konnte und daß man im Colosseum bei sogenannten *venationes* (Jagden) afrikanische Wildtiere vor johlenden Mengen abschlachtete, ist ohne das Phänomen *imperium* nicht zu erklären. In Effekten dieser Art – wie auch in der dauerhaften Stationierung römischer Legionen an den Außengrenzen des Reichs – wurde seine Bedeutung als »Befehlenkönnen in die Ferne« massiv konkretisiert.

Um das Phänomen Europa zu verstehen, muß man also beobachten, wie sich am Ende des Mittelalters die Kristallisation von Staaten auf »eigenen« Territorien zugleich mit den Vektoren des Befehlens in die Ferne entfaltete – beginnend mit den Ausgriffen Portugals auf westafrikanischen[28], bald danach indischen Boden. Auch die Territorien der späteren europäischen Nationen sind als Räume innerer Imperialität angelegt.[29] Den Nationalstaat Spanien wird es erst nach langen

28 Howard W. French, *Afrika und die Entstehung der modernen Welt. Eine Globalgeschichte*, Stuttgart 2023.

29 In welchem Maß die Entwicklung der frühen Königsherrschaften auf europäischem Boden, aus denen die Nationalstaaten hervorgingen, gewaltgeprägt war, illustriert der britische Historiker Robert Bartlett in seinem Werk *The Making of Europe. Conquest, Colonization and Cultural Change 950-1350*, London 1993 [deutsch: *Die Geburt Europas aus dem Geist der Gewalt 950-1350*, München 1996].

Feldzügen gegen die maurischen Fürstentümer geben, die sich bis ins 15. Jahrhundert auf iberischem Boden behaupteten. Das Land, das Frankreich heißt und seit 1792 darauf beharrt, als Nation *une et indivisible* zu sein, konnte eines Tages nur unter der Voraussetzung existieren, daß Befehle aus der Île de France in Rouen, Dijon, Bordeaux, Montpellier und Ajaccio befolgt werden – was gelegentlich einen Albigenserkrieg, eine Vernichtung des Templerordens, eine Belagerung von St. Michel, eine Vertreibung der Protestanten, eine Annexion Korsikas und eine pädagogische Kampagne zur Ausrottung der Dialekte nötig machte. Der Zug zur Ausdehnung und die Tendenz zur Überdehnung sind den neuzeitlichen Nationen zu früher Stunde inhärent.

Sucht man nach Zeichen, die als authentische Alt-Europa-Marker gelten dürfen, sind zwei Indizien zuerst ins Auge zu fassen, die vom 5. Jahrhundert an vorherrschend blieben: *Imperialität* und *Latinität.* Ein reichliches Jahrtausend lang bleiben die beiden Marker fest aneinander gebunden – sie prägen das, was Historiker *formaliter* das »Mittelalter« genannt haben.[30] Nachdem das Schwergewicht des römischen Erbes infolge der diokletianischen Herrschaftsteilungen (mit dem prekären Vierkaisersystem) um das Jahr 300 und der theodosischen Neugliederung des Reichs nach 395 sich in den graecophonen Osten verlagert hatte, wo es in feierlicher Stagnation bis in die Mitte des 15. Jahrhunderts überdauerte, kam in den nordwestlichen Reichsfragmenten eine neuartige Dynamik von Re-Inszenierungen durch nicht-römische Völker in Gang. Bei ihnen wurde der latinophone Grundton vorherrschend. Das »alte Europa« – das ist dem-

30 Ernst Robert Curtius, *Europäische Literatur und lateinisches Mittelalter*, Bern/München 1967 [1948]. Kritisch gegen das Konzept »Mittelalter«: Bernhard Jussen, *Das Geschenk des Orest. Eine Geschichte des nachrömischen Europa 526-1535*, München 2023.

nach nichts anderes als die Zone, deren Regenten und politische Köpfe entweder eigenmächtige Reichsübertragungen inszenierten oder Schauplätze für solche Übertragungen schufen – zumeist lateinkirchlichen Pfadabhängigkeiten folgend. Die eisenzeitlichen Moorleichen aus den dänischen Fundstätten von Tollund und Grauballe oder die volkstümliche Gletscherleiche von Meran (»Ötzi«) waren zu Lebzeiten nie »Europäer« gewesen – sie hatten von den späteren politischen und kulturellen Verhältnissen im Süden ihres Lebensraums noch keinen Begriff.

Gibt man die Merkmale Imperialität und Latinität als Suchkriterien vor, werden spontan die dramaturgischen Effekte sichtbar, die bei den Wiederaufführungen des Reichs über eine Zeitspanne von nahezu anderthalb Jahrtausenden zum Zuge gebracht wurden. An erster Stelle ist hier die Übertragung des Weströmischen Reichs auf die frühe lateinchristliche Kirche zu nennen. Für diesen Vorgang ist der Ausdruck *translatio* in der Sache zu schwach: Die *ecclesia triumphans* der nach-constantinischen Ära war nicht nur als Nachahmerin, besser: als geistliche Konkubine des *imperium* ins Geschäft gekommen. Im späteren 4. Jahrhundert war sie längst zu seinem Klon, seinem Doppelgänger, seinem besseren Selbst herangewachsen. Dies zeigte sich nicht nur in den Abmessungen der Bistümer, die in der Regel den Grenzen der römischen Verwaltungsdiözesen folgten; auch die christlichen Priestergewänder, die bis heute die katholische Haute Couture prägen, verdankten sich der Übernahme römischer Beamtenroben, die bei Staatsliturgien getragen wurden. Die Kirche lieferte dem politischen Apparat seine *raison d'être*, seine Legitimität und die Vorwände seines heilen Gewissens. Nicht ohne Grund hat Jacob Burckhardt über den Bischof Eusebius von Caesarea (ca. 260-340), den Verfasser einer ersten Kirchengeschichte und der großartig tendenziösen *Vita Constantini*, bemerkt, der Mann sei der erste von Grund auf unredliche Historiker der europäischen Überlieferung gewesen –

man würde seine Funktion heute als die eines Chefideologen bezeichnen; Franz Overbeck fügte hinzu, der Lobredner Constantins habe sich vor allem als »Friseur an der theologischen Perücke des Kaisers« hervorgetan.[31]

Vor diesem Hintergrund wird die von älteren Historikern gepflegte Fiktion eines »Untergangs des Römischen« Reiches um das Jahr 500 auf zweifache Weise gegenstandslos: Während es in seiner östlichen Sphäre noch ein Jahrtausend lang Bestand hatte – das Schlüsseljahr seines Endes ist 1453 –, durchlief es im latinophon überformten Westen einen Gestaltwandel, der es nahelegt, weniger von einem Untergang als von mehreren Übergängen zu sprechen. In dramaturgischer Sicht ist das Römische Reich bis heute nicht »untergegangen«. Es hat sich, von einigen Intervallen markiert, auf anderen Territorien in Form mehr oder weniger pathetischer Selbstzitate wiederholt. Unter dem Namen der römisch-katholischen Kirche führt es ein ins spirituelle Register transponiertes Nachleben bis heute. Während des Pontifikats des Mönch-Papsts Gregor VII. (1073-1085) nahm Rom sogar den weltherrschaftlichen Vorrang für sich in Anspruch, als ob nur die Kirche die gemeinsame Matrix aller Macht, der weltlichen wie der geistlichen, sein dürfte. Doch möge man angesichts solcher Prätentionen nicht vergessen: Im milden Schatten des Papsttums, das bis zur Reformation und darüber hinaus das Seine auch im weltlichen Sinn zu hüten verstand, wuchsen die Freiheiten der Künste, der Berufe und des *bene vivere* in den Städten nördlich des Kirchenstaats heran, deretwegen Italien Europas erste Liebe werden konnte. Den Titel *pontifex maximus*, den Julius Caesar und die Caesaren nach ihm *ex officio* trugen, reklamieren seit Leo dem Großen, dessen

31 Franz Overbeck, *Kirchenlexicon, Materialien. »Christentum und Kultur«, Werke und Nachlaß*, Band 6.1, hg. v. Barbara von Reibniz, S. 246, Stuttgart 1996.

Pontifikat von 440 bis 461 reichte, die Inhaber des Heiligen Stuhls bis heute.[32]

Die kirchliche Hyper-Übertragung des virtuellen Reichs im Modus *civitas Dei* als Matrix der folgenden Anschlüsse an römisches Erbe vorausgesetzt, entstanden im europäischen Nordwesten unter merowingischem und karolingischem Vorzeichen weitläufige Ansätze zu Reichs-Parodien, die eines Tages mehr als bloße Imitationen sein wollten. Das Karlsreich des frühen 9. Jahrhunderts betrat die Bühne als die dynamisierte Kopie eines Machtgebildes, das im Osten, der islamischen Bedrängung ungeachtet, merkwürdig zeitenthoben in sich zu ruhen schien. Unter den ottonischen Kaisern wurde die Idee der *translatio imperii* mit »staats«propagandistischem Nachdruck ins Feld geführt. Das *Heilige Römische Reich* erwies sich als eine mit Gottes Hilfe beweglich gewordene Sache – sie inkarnierte sich nun, ohne Heilsverlust und ohne Abzug an Erhabenheit, *in finibus Germanorum*. Als sakraler Mutant kehrte das Reich wieder inmitten von Stämmen, die durch kriegerische Bravour, Taufe und Anfänge von Latein reichsfähig geworden waren. Die Schlacht auf dem Lechfeld im August 955, mit der die europäische Seßhaftigkeitskultur dem auf Plünderung spezialisierten Reiternomadentum der Ungarn das Genick brach, ist als Schlüsselmoment dieses Geschehens anzusehen.[33] Mit diesem Sieg festigte Otto der Große (912-973) seinen Anspruch, das Römische Reich als ein Gebilde politischer Heilsträchtigkeit zu erneuern. Daß nach dem Dahingang des Kaisers ein ottonischer

32 Auf welche Weise das Papsttum selbst vom 11. Jahrhundert an zu revolutionärer Intensität gelangte, wird sich zeigen, wenn wir im übernächsten Kapitel unter der Anregung von Eugen Rosenstock-Huessy ein Lesezeichen bei der langen Sequenz der »europäischen Revolutionen« einlegen.

33 Zwei Generationen nach der Lechfeldschlacht gewann Ungarn mit Stephan I. (1000-1038) seinen ersten christlichen König, 1083 heiliggesprochen.

Prinz eine byzantinische Prinzessin namens Theophanu heiraten konnte, die infolge des frühen Tods ihres Gatten[34] sieben Jahre lang (984-991) als Kaiserin des ostfränkischen Reichs amtierte, machte evident, wie die imperiale Seelenwanderung die dynastische Ebene der okzidentalen Sphäre erfaßt hatte. Als Herrscherin signierte die vom orientalischen Migrationshintergrund verklärte Dame ihre Urkunden mit dem robusten generischen Maskulinum *Theophanus gratia divina imperator augustus.* Ihr Namenszug verdeutlichte: Das römische Reichsheil hatte sich im europäischen Nordwesten definitiv re-territorialisiert. Ihr Sohn, Otto III. (980-1002), der Ministrant der Endzeit, war ganz von seiner apostolischen »Mission« durchdrungen, als er zwischen Posen, Aachen und Rom als Legat des Heiligen Geistes hin und her eilte, einem wiedergekehrten Paulus vergleichbar.[35]

Es sollte weitere zwei Jahrhunderte dauern, bis in der Architektur des Westens der Zwang zum Zitieren der Römer durch eine neue Bauweise gelockert wurde: Die französische Gotik, mit der königlichen Nekropolis von Saint-Denis beginnend, erbrachte den Beweis, daß eine Größe namens Europa von nun an auch in der Sprache der Dombaumeister existierte. Europäische Deklinationen der Imperialität unter katholischem Vorzeichen gelangten zu neukühnen architektonischen Formen. Gotische Kirchtürme erhoben sich als Zeiger, um zu demonstrieren, wie europäische Bauherren auch andere als horizontale Expansionen ins Auge faßten. Hugo von Sankt Viktor (1097-1141) setzte die Analogie der vertikalen Erhebung zwischen doktrinalen und architektonischen Gebäuden schon voraus, wenn er statuierte:

34 Otto II., der 973 den Thron bestiegen hatte, starb 983 28jährig in Rom.

35 Eugen Rosenstock-Huessy, *Out of Revolution. Autobiography of Western Man*, Eugene 1969 [1938], S. 504. [Alle Zitate übersetzt von P. Sl.]

> Dies ist die ganze Gotteslehre, dies ist das ganze geistige Bauwerk, und so viele Sakramente es beherbergt, so viele Stockwerke ragt es in den Himmel.[36]

Es ist nicht unsere Aufgabe, das langsame Drama der Translationen über die karolingischen, ottonischen, salischen, hohenstaufischen Etappen bis in die Epoche der Habsburger und ihres spanischen Flügels erzählerisch auszubreiten. Hierzu hat die akademische Mediävistik der mittel- und westeuropäischen Länder das Wesentliche offengelegt. Sie setzte den Akzent zumeist und zu Recht auf den Umstand, daß die Kronen von Kaisern oder Königen um das Jahr 1000 überwiegend titularische Bedeutungen besaßen, indes die effektive Befehlsgewalt der Fürsten an den Grenzen ihrer Hausmacht endete. Doch auch die Kaiser und Könige des Westens wurden durch die stetige Präsenz von Klerikern in eine quasi-byzantinische Atmosphäre sakraler Ferne emporgehoben, der keine machtpolitische Wirklichkeit entsprach. Es dauerte Jahrhunderte, bis aus dem Patchwork zahlloser Domänenwirtschaften und lokaler Adelshaushalte eine legale Person vom Typus Staat hervorging. Dies hatte unter anderem die Umwandlung der königlichen Schatulle (*fiscus*) in den Staatstresor zur Voraussetzung, ein Vorgang, der nicht ohne theologisch-juristischen Kommentar bleiben durfte. Dessen Deutlichkeit haben auch die Finanzminister republikanischer Tage nicht viel hinzuzufügen: *ubi ergo est fiscus, ibi est Imperium.*[37] Als Schutzherren der Kirche fungierten die apostolischen Kaiser über Jahrhunderte hinweg wie die prophetischen Platzhalter einer Staatlichkeit, die erst kommen sollte.

36 Zitiert nach ebd., S. 548.

37 Ernst H. Kantorowicz, *Die zwei Körper des Königs. Eine Studie zur politischen Theologie des Mittelalters*, München 1990, S. 195.

Mit seinem Werk über die Donau hat Claudio Magris einige von den kontinentalen Wirkungen der Reichsausdehnung geschildert, indem er in die Fülle ihrer kulturellen Biotope am Rand des Stroms eintauchte[38], der gleichsam zu einem anderen Tiber wurde. In von ferne analoger Weise beleuchten die Bücher Fernand Braudels die reichen mediterranen Dimensionen römischen Nachlebens in der Blütezeit Spaniens.[39] Dem österreichischen Historiker Alexander Randa (1906-1975) verdankt man ein gelehrtes Buch: *Das Weltreich. Wagnis und Auftrag Europas im 16. und 17. Jahrhundert*, das den Gegenstand in einiger Ausführlichkeit behandelt – doch ist vom Geist des Postkolonialismus darin noch keine Spur zu bemerken. Es widmete sich den Anfängen der zweiten Translationsphase, die durch die Spannungen der post-kolumbischen Situation und das Erwachen nationalstaatlicher Impulse eingeleitet wurde. Hier erfährt man, wie Portugiesen und Spanier das Ihre zu dem riesenhaften politischen Gebilde beitrugen, das der Autor mit einer suggestiven Wortprägung das »katholische Commonwealth« der Neuzeit nennt[40] – obschon die Sache als solche, nicht nur aus heutiger Sicht, eine Unzahl düsterer Gegebenheiten umfaßte. Es war der seefahrerisch engagierte Südwesten Alteuropas, in dem sich die künftig prägenden Mächte der Reichsübertragung artikulierten. Die iberischen Fürsten waren die ersten, die damit zu rechnen hatten, daß die Erde rund, das Weltall unendlich geworden war. Insbesondere die »katholischen Könige« betrieben nach innen hin – nach der Zurückdrängung der maurischen Kultur – Anstrengungen zur Errichtung eines homogenen Flächenstaats auf fiskalpolitischer und nationalsprachlich geeinter, ten-

38 Claudio Magris, *Donau, Biographie eines Flusses*, München 2007 [1988].

39 Fernand Braudel, *Das Mittelmeer und die mediterrane Welt in der Epoche Philipps II.*, Frankfurt a. M. 1998.

40 Alexander Randa, *Das Weltreich. Wagnis und Auftrag Europas im 16. und 17. Jahrhundert*, Freiburg 1962.

denziell nach-lateinischer Basis[41], nach außen durch die Etablierung von Kolonialverwaltungen, gestützt auf Vizekönigtümer und konsolidierte nautische und administrative Routinen. Noch immer bilden die Indien-Archive von Sevilla das geheime Gedächtnis der ersten europäischen Moderne. Wer von der Ausstrahlungsmacht spanischer Muster sich eine Vorstellung machen will, sollte sich daran erinnern, daß Oliver Cromwell (*1599), der Führer der puritanischen Revolution in England und Namensgeber des »Commonwealth«, im Jahr 1658 in der Westminster Abbey nach spanischem Zeremoniell zu Grabe getragen wurde, mit einem Aufwand an Feierlichkeit, der von den Obsequien Philipps II. im Jahr 1598 abgelesen worden war.

Als okkulte Kulmination iberischer Weltideen dürften die geschichtstheologischen Spekulationen des portugiesischen Jesuiten, Brasilien-Missionars und Diplomaten António Vieira (1608-1697) gelten, der, von der Vier-Reiche-Lehre des Buchs Daniel ausgehend (nach welchem man die Herrschaft Roms als das letzte Reich vor dem Kommen des Gerichts deutete), ein Fünftes Reich (*Quint-Empire*) entwarf, das – wie anders als unter portugiesischer Führung? – Weltreich und endzeitliche Geistkirche in einem verkörpern sollte.[42]

Es erübrigt sich hier, die weiteren Bahnen der Reichsübertragung bis in neuere und neueste Zeit nachzuzeichnen. Fast überall ging das

41 Der spanischen Sprachpolitik verdankt sich die erste nationalsprachliche Grammatik Europas: 1492 erschien die kastilische Grammatik des Antonio de Nebrija. Der spanischen Fiskal- und Geldpolitik schuldet Europa das Phänomen des Staatsbankrotts; er wurde allein im 16. Jahrhundert drei Mal deklariert: 1557, 1575 und 1596.

42 Die Idee des Fünften Reichs macht die Figur des Katechon – des »Aufhalters des Endes« – überflüssig, jene Fiktion aus dem Fundus der Geschichtstheologie, die Carl Schmitt für seine improvisierte Überinterpretation des »Dritten Reichs« mißbrauchte.

Motiv der Imperialität, kaiserlich oder königlich, dem der Nationalität voraus; die »Nationalisierung der Massen« war das Werk des 19. Jahrhunderts.[43] Europas Landkarte hatte sich erst zu jener Zeit in ein explosives Konglomerat aus zehn gereizten Nationalimperialismen verwandelt, das von Lissabon bis Moskau reichte – aufgeladen mit Spannungen, die für mehr als einen großen Krieg ausgereicht hätten. Zwar hatte sich nach dem Wiener Kongreß das von Metternich und Castlereagh entworfene Modell der Pentarchie (Fünfherrschaft) eingespielt, das als das »Europäische Konzert« dank einer Serie von Gipfelkonferenzen einen Großteil des 19. Jahrhunderts hindurch wirksam blieb. Seine Aufgabe bestand darin, die interimperialen Beziehungen zwischen den Großmächten Österreich, England und Rußland sowie zwischen den nervösen Halbgroßmächten Frankreich und Preußen zu balancieren. Indessen blieben nicht wenige andere Staaten keineswegs ohne eigene imperiale Interessen, beginnend mit den nautischen Pionierstaaten Portugal, Spanien sowie den Niederlanden, die zuerst überseeische Kolonialreiche errichtet hatten, bis hin zu Dänemark, Belgien und Italien, mit deren späten, aber umso deutlicheren Nachforderungen gerechnet werden mußte. Nach der Gründung des Deutschen Reichs 1871 mit einem preußischen Kaiser an der Spitze vermehrten sich im Europäischen Konzert die Mißtöne. Infolge von Bismarcks Entlassung 1890 durch Wilhelm II. nahm die Dissonanz überhand; das Türkeiproblem, unter dem Titel »Orientalische Frage« nahezu ein Jahrhundert lang obsessiv verhandelt, machte die Verstimmung vollständig.

In welchem Maß das imperiale Motiv das nationale prägte und überschattete[44], verrät unter anderem die noch zu Beginn des 20. Jahr-

43 George L. Mosse, *Die Nationalisierung der Massen. Von den Befreiungskriegen bis zum Dritten Reich*, Frankfurt a. M./Berlin/Wien 1976.

44 Ausnahmen bildeten die neuen Balkanstaaten und die des Nordens, insofern ihre Nationalismen vorwiegend selbstzentriert und ohne größere reichs-

hunderts erhobene Forderung des österreichischen Sozialisten Otto Bauer (1881-1938), die bisherigen habsburgischen Länder, vierzehn an der Zahl, als die »Vereinigten Staaten von Großösterreich« zu reorganisieren – als ob man die Gründung der USA durch die dreizehn abtrünnigen Kolonien auf alteuropäischem Boden nachspielen könnte.

Wenn die Ära der Nationalismen des 19. Jahrhunderts sich unter Historikern und beim gebildeten Publikum einen schlechten Ruf erworben hat, so an erster Stelle deswegen, weil das Nationalmotiv auf dem Höhepunkt seiner Wirksamkeit begreiflicherweise nicht nur emanzipatorische Kräfte freisetzte. In den führenden Staaten Europas hatten die nationalen Ambitionen, wie angedeutet, den imperialen Imperativ weitgehend absorbiert. Im Blick auf die britische Insel beruht diese Beobachtung auf schlichtester Evidenz. Was Frankreich betrifft, hatte die revolutionsstolze Nation in der Ära der Dritten Republik (1871-1940) das Nötige getan, um zur größten Imperialmacht der Welt nach England heranzuwachsen. Und kaum war Deutschland national geeint, meinte es auch schon, einen Rest der afrikanischen Beute für sich fordern zu müssen, obgleich Bismarck vergeblich versichert hatte, Deutschland sei »saturiert«.

Aus kulturgeschichtlicher Sicht umspannt die ältere Geschichte Lateineuropas die Schicksale dessen, was man nicht anders als den politischen Klassizismus nennen kann. Er präsentierte sich, wo auch immer er zum Zuge kam, im erhabenen Dialekt des Romanismus. Er hinterließ seine Signaturen in Aachen, Goslar, Wien und Paris ebenso deutlich wie später in Lissabon, Madrid und anderen Metropolen.

bildende Ambitionen blieben – sofern man die panserbischen Impulse als ein Kuriosum der politischen Pathologie auf dem Balkan (kondensiert in der Amselfeld-Neurose) beiseite läßt.

Seine höchste – und anfangs am wenigsten erwartbare – Kulmination erlangte er in der britischen Hauptstadt: London erhob sich nach dem Sieg der britischen Flotte über die spanische Armada im Jahr 1588 zum Rom eines atlantischen und pazifischen Großreichs unter anti-katholischem Vorzeichen. Reinhold Schneider hat das von London regierte Machtgebilde in seinem opus magnum *Das Inselreich, Gesetz und Größe der britischen Macht* 1936 so einfühlsam portraitiert, als ob er seinem entgleisenden Fürsten Heinrich VIII. persönlich die Beichte abgenommen hätte.

England verdeutlichte seine imperiale Prätention, als es den Gedanken der Herrschaft, von alters her an Territorien gebunden, auf die Meere ausdehnte: Kaum je zuvor hatte eine Monarchie geglaubt, die Wellen regieren zu können. Auch der Perser Xerxes I., der das Meer bei den Dardanellen zu 300 Peitschenschlägen verurteilt hatte, weil es seine Pläne zum Bau einer Brücke behinderte, konnte das freie Gewässer nur für bestrafbar, nicht für beherrschbar halten. Als maritimer Imperialismus jedoch vollzog der britische Ausgriff vom 17. Jahrhundert an eine *translatio imperii* in ozeanische Dimensionen. Am Höhepunkt seiner Ausdehnung zu Beginn des 20. Jahrhunderts umschloß das *Empire*, gegründet auf kanonenbestückter Marine, kohlegetriebener Industrie und dem *code of conduct* des Gentleman-Kolonialismus, ein Viertel der bewohnten Erde. Anti-romanisch seiner Selbstauffassung nach, geriet es zur stärksten Ausprägung alteuropäischer Imperialität. Daß die Stadt London nach dem großen Brand von 1666 die St Paul's Cathedral als stattlichste Kirche der christlichen Welt, den Petersdom zu Rom ausgenommen, wiederherstellen ließ, fügt sich ins Bild britischen Auftretens auf der globalen Bühne. Die beiden Triumphbögen, der Wellington Arch und der Marble Arch, nach dem Sieg britischer Waffen und britischen Geldes über Napoleon errichtet, verliehen den Prätentionen der Insel die letzte Deutlichkeit. Zu ihren provokativen Effekten, die man ebenso ihre Tragödien nennen kann, gehörte, daß es in Paris, Moskau, Wien und Berlin die Rivalitäten weckte, die sich im Weltkrieg manifestierten.

Was die imperialen Gebilde des Kontinents betrifft, kam den französischen Ambitionen vom 17. Jahrhundert an eine eminente Rolle zu. Zwar vermochte die Königsherrschaft Frankreichs nicht in die römisch-caesarische Linie einzutreten, die durch das Reich der Habsburger okkupiert war, doch gelang es ihm, zuerst durch Ludwig den Heiligen im 13. Jahrhundert, dann durch Philippe le Bel, Henri Quatre sowie die großen Kardinäle des 17. Jahrhunderts, vollends durch Louis Quatorze, ein hochenergisches Profil ausgreifender Imperialmacht in der Nachfolge des biblischen David-Königtums auszubilden. Ludwigs solares Programm läßt sich bis zu der Strahlenkrone Konstantins des Großen zurückverfolgen – sie schmückte dessen im Mai 330 geweihte Statue auf dem Konstantin-Forum in der Nova Roma genannten Stadt Byzanz; in ihren Strahlen waren, wie die Legende versichert, Nägel vom Kreuz Christi eingeschlossen.

Nach den Ereignissen von 1789 nahm die *nation soleil* die Programmatik der Herrschaft aus einem leuchtenden Zentrum in ihr globales Missionsverständnis auf. Als der Konvent am 25. September 1792 die Formel proklamierte, die französische Republik sei als politische Größe *une et indivisible*, wurde die von den Königen eroberte und in Versailles kondensierte innere Imperialität der Nation nach Paris zurückgeholt. Was man eines Tages *le mal français* nennen wird, machte sich nach der »Reichsübertragung« von Versailles in die Metropole mit jedem Jahrzehnt stärker bemerkbar. Von den Königen hatte Paris nicht nur die Banalisierung des Adels geerbt, es übernahm von ihnen auch die bis heute nicht ausreichend kompensierte Entkräftung der Regionen.

Napoleon Bonaparte vollzog schließlich die Konversion von der biblischen Monarchie zum Caesarismus römischen Stils, als er bei seiner Krönung in Notre-Dame de Paris am 2. Dezember 1804 sich beeilte, die fromme Krone gegen den vorchristlichen Lorbeer zu tauschen; ebenso, als er per Dekret vom Februar 1806 der siegreichen Armee von Austerlitz die Rückkehr nach Paris unter einem *Arc de Triomphe* versprach. Daß er seinen 1811 geborenen Sohn aus der Ehe mit der Kaisertochter Marie-Louise von Österreich zu einem »König von Rom« machen wollte, blieb angesichts des weiteren Gangs der Dinge ein Detail am Rande.

Was Moskau betrifft, gefiel es sich vom 16. Jahrhundert an in dem von einem Mönch namens Filofei lancierten Gedanken, ein »drittes Rom« zu verkörpern. Wenn es zu Beginn noch mit religiösen Akzenten hervortrat, wurde es bald danach nur noch vom zwanghaften Elan einer so maßlosen wie grobschlächtigen Großreichsbildung getrieben. Bei circa einhundertfünfzig unterworfenen Stämmen und Nationalitäten ließ der imperiale Imperativ nur sich mit den Mitteln der Zwangsrussifizierung geltend machen. Im Westen reichten die Ausgriffe der moskowitischen Zentralgewalt bis Finnland, Polen und zu den baltischen Ländern, im Osten, nach stetiger Expansion, die mit der Gründung der westsibirischen Stadt Tjumen im Jahr 1586 begann, bis in die von Moskau neuntausend Kilometer entfernt gelegene Stadt Wladiwostok (»Beherrsche den Osten«), 1860 gegründet, die eines Tages zur Zielstation der transsibirischen Eisenbahn wurde. Wenn Karl Kraus das Österreich seiner Zeit als die »Versuchsstation des Weltuntergangs« bezeichnen konnte, wäre ganz Rußland in der Zeitspanne von Peter dem Großen bis Putin als ein Experiment der Flucht aus der Unregierbarkeit in die Despotie zu deuten.

Auch kleinere Länder wie das 1830 geschaffene Belgien wollten sich bei dem Drama der Reichsbildungen im Modus späterer Translationen nicht mit Statistenrollen begnügen. Nach wie vor gehören die Aktivitäten der belgischen Krone im Kongo zu den dunkelsten

Kapiteln europäischer Kolonialpraxis. Schließlich meldete auch Italien, aus dem seit dem 5. Jahrhundert der Geist der zentralen Reichsbildung gewichen war, um dem Pluralismus der Stadtkulturen Platz zu machen, wie in letzter Minute sein Recht auf Ausdehnung wieder an, etwa mit Ansprüchen auf Libyen, bis schließlich unter Mussolini das ferne Äthiopien der *Italia Imperiale* einverleibt werden sollte.[45]

Was schließlich den ominösen nationalen Sozialismus der Deutschen anbelangt, der von 1933 bis 1945 den längst verlorenen Traum vom »Reich« erneut realisieren wollte, war an ihm nicht nur die Verwendung der Dreizahl suspekt. Das hohle neue Gebilde war durch den Gang der Dinge nach 1806 von der Linie der authentischen, an Rom angelehnten Reichsgeschichte abgeschnitten. Um so mutwilliger waren seine Ideologen, Hitler und Rosenberg allen voran, entschlossen, die europäische Antike insgesamt im Sinn des Ariertums umzudeuten. Was demonstrierte, daß nicht nur einzelne Werke, sondern zuweilen ganze Zivilisationen Fälschern in die Hände fallen. Und obschon in den früheren Translationen des Reichs Elemente von willkürlicher Aneignung nie gefehlt hatten, erbrachte erst der Nationalsozialismus an der Macht den Beweis, daß zu allem entschlossene Annexionisten imstande sind, eine ganze Antike zu entstellen.[46]

45 *Out of Revolution*, a.a.O., S. 623: »Yet Mussolini is a Roman emperor in every respect except the name.«

46 Johann Chapoutot, *Le nazisme et l'Antiquité*, Paris 2012 [deutsch: *Der Nationalsozialismus und die Antike*, Darmstadt 2014]. Daß eine Fälschung der Antike nicht nur mit Hilfe der Rassenideologie erfolgen konnte, zeigt der Fall Carl Schmitts: Für ihn bedeutete Rom ausschließlich das caesarische Imperium – als ob es nie ein republikanisches Rom gegeben habe (jenes, durch das die Französische Revolution sich inspirieren ließ); auch als Sitz des Papstes war Rom dem Verteidiger der Diktatur nur insoweit willkommen, als er sich den Papst als den eigentlichen Caesar zurechtdachte – hierin dem ka-

Wendet man sich den noch immer akuten Phänomenen in der Kette der *translationes imperii* zu, zeigt sich vollends, daß das klassische Europa weder ein Territorium noch eine effektive Glaubensgemeinschaft darstellte, schon gar nicht jenen oft gehässig so bezeichneten »christlichen Club«. Die Frage nach seinen Grenzen ist darum fast so abwegig wie die nach seiner »Identität«. Als das machtpolitisch reelle Europa kann nur der jeweils aktuellste Träger des genannten politisch-dramaturgischen Programms verstanden werden. Die Europäer vom Dienst waren jeweils immer wieder andere Akteure, ob sie sich Ambrosius von Mailand oder Karl Martell oder Charlemagne nannten; ihre Namen lauteten später Otto II., Gregor VII., Karl V., Oliver Cromwell und Ludwig XIV. Auch Napoleon I. und Queen Victoria trugen sich in die Liste ein – letztere nach 1876 als »Kaiserin von Indien«, als hätte der britische Caesarismus, am überfüllten kontinentalen Europa vorbei, zu später Stunde die Evasion nach Asien bevorzugt.[47]

Vom Beginn des 20. Jahrhunderts an wurde die aktuelle Aufführung des Stücks von einem Akteur übernommen, der aus einem Seitensproß britischer Herrschaft hervorgegangen war: den Vereinigten Staaten von Amerika. Ohne die inhärente Neigung des Skripts zur Loslösung vom Ort der ersten Aufführung wäre dieser Vorgang unmöglich geblieben. Der dramaturgische Befund läßt keine Zweifel

tholisierenden Atheisten Charles Maurras verwandt. Vgl.: Richard Faber, *Lateinischer Faschismus. Über Carl Schmitt, den Römer und Katholiken*, Hamburg 2021 [2001]. Im übrigen waren auch den Ideologen des Sowjetsystems rassistische Spekulationen nicht fremd; unter Stalins Schirmherrschaft bemühten sich nicht wenige Akademiker um den Nachweis, daß bei allen Pioniertaten der Menschheit Slawen und Russen ihre Hand im Spiel hatten.

47 Nicht ganz sollte vergessen werden, daß Mehmet II., der Eroberer (1432-1481), nachdem er im Mai 1453 die Stadt Konstantinopel eingenommen hatte, sich *Ḳayṣer-i Rūm* nannte, als wollte auch der Sultan in die Nachfolge der Caesaren eintreten.

zu: Wer die Stadt Washington unter Aspekten politischer Urbanistik betrachtet, erkennt auf der Stelle, wie sehr das Dekorum des alteuropäischen imperialen Klassizismus sich auch dort zur Geltung brachte, kulminierend in der 1863 vollendeten Erhöhung der Kapitolkuppel. Die Hauptstädte der übrigen Bundesstaaten wetteiferten mit Washington in der Errichtung von kapitolförmigen *State Houses.* Schon in dem 1782 kreierten Staatswappen der USA kehrte die Figur des Adlers wieder, der von antiker Zeit an imperiale Souveränität symbolisierte. Er war den Römern als Vogel Jupiters heilig gewesen, ausgestattet mit den Blitz- und Donnerkeilen der von oben dreinschlagenden Macht, die nach Montesquieu die Exekutive heißen sollte. Unter den Aquila-Feldzeichen marschierten die römischen Legionen, bei ihnen schworen sie ihre Eide. In der Sitzstatue des zwischen 1915 und 1922 geschaffenen Lincoln Memorial stützt der verklärte Präsident seine Hände zur Linken und zur Rechten auf zwei römische Rutenbündel (*fasces*), die von alters her als Zeichen der ausführenden Gewalt fungierten. Mit der Errichtung dieses Denkmals im Schatten des Ersten Weltkriegs legten die Notablen der amerikanischen Hauptstadt offen, daß sie jetzt bereit waren, die Rolle eines vierten Roms zu übernehmen. Ohne Zweifel nahm die Außenpolitik der USA – eines Landes, das man zu Recht als *île-continent* charakterisierte – im Lauf des 20. Jahrhunderts imperialistische Züge an, während sein Drehbuch im 19. noch überwiegend durch die Ausdehnung nach Westen bestimmt war. Die scheinbar unbewohnte Weite, die bis zum Pazifik reichte, diente den Bewohnern der Gründerstaaten und den Strömen von Neuankömmlingen aus der Alten Welt als Raum der Kolonisierung in einem inneren Außen.

Diese Überlegungen, wenn auch nur rhapsodisch und mit fragwürdiger Eile vorgetragen, machen auf eine äußerst ironische Konsequenz aufmerksam. Ihnen zufolge liegt das Momentum des politisch-dramaturgisch aufgefaßten Phänomens Europa seit geraumer

Zeit nicht mehr in dem geographischen Erdteil gleichen Namens! Das agierende Europa, um nicht das amtierende zu sagen, befindet sich nach 1945, seiner Inszenierungslogik gemäß, auf der anderen Seite des Atlantiks, genauer: an der Ostküste der USA. Daß die Kommandos für die nordatlantische Welt seit 1945 im wesentlichen aus einem romanisierenden Gebäude, das sich »Kapitol« nennt, kommen, ist keine abseitige Laune der politischen Stilgeschichte. Das Faktum bezeugt die epochenübergreifende Stabilität des imperialen Dekorums; in ihm lebt die antike Rhetorik des staatlich Erhabenen auf neuzeitlichem Boden fort.[48]

Kommentatoren und Leitartikler europäischer Herkunft haben sich angewöhnt, die Ironie des Befundes zu kaschieren, indem sie sich oft des Palliativausdrucks »der Westen« bedienen; er unterstützt den Vorsatz, die Alte Welt und die USA in einer inklusiven Formel zu summieren. Der antikisierende Terminus »Westen« (*occident*), mit seinen pseudo-geographischen, am Sonnenlauf abgelesenen Nebentönen, wird gern gewählt, um die Suggestion zu stützen, Europa sei weiterhin als regieführende Größe bei der Re-Inszenierung seines aus dem römischen Altertum übernommenen Skripts im Spiel. Indes ist ohne Mühe zu erkennen, daß für die Bewohner der Alten Welt Verhältnisse eingetreten sind, die man in der Sprache von Theaterleuten »postdramatisch« nennt. Nicht selten geht man hierzulande ins Theater, um sich unter der Anleitung von Künstlern wie Samuel Beckett, Robert Wilson und Christoph Marthaler davon zu überzeugen, daß auf eine irgendwie interessante Weise nichts mehr passiert. Die große Politik ist über die Alte Welt hinweggegangen. Die Anrufung früherer Größe bewirkt nichts mehr. Mit dem allzu

48 Heiner Mühlmann erläutert das Konzept des Dekorums sowie die neurorhetorischen Prinzipien des hohen Stils in seiner Schrift: *Die Natur der Kulturen. Eine genetische Theorie der Kulturen*, Wien/New Yorck 1996.

deutschen Ausdruck »Abendland«, der seit den Tagen Oswald Spenglers virulent blieb und in den Festansprachen von Christdemokraten der 60er Jahre und der Europa-Propaganda Otto von Habsburgs ein Nachleben fand, lockt man auch auf dem Boden der wiedervereinigten Bundesrepublik Deutschland keinen Hund mehr hinter dem Ofen hervor. Reste imperialer Glut findet unter europäischen Aschen niemand mehr. Die Inszenierungsmacht liegt auf der anderen Seite des Atlantiks. Alle Versuche, uns, die Europäer dieser Tage, *via* NATO und mit Hilfe von Freihandelsverträgen in den »Westen« hineinzurechnen, fallen in die Kategorie der »Überwölbungen«. Von ihnen weiß man nicht erst seit dem Hinweis des Anthropologen Helmuth Plessner, daß sie zum Einstürzen bestimmt sind.

Wer mit Büchern und Staaten Erfahrungen gesammelt hat, weiß, eine Ironie kommt selten allein. Es scheint seit einer Weile, mit der Westübertragung des europäischen Skripts über den Atlantik sei es nicht ganz getan. Nachdem Rußland um 1990 die sowjetische Agenda fallenließ, die es fast sieben Jahrzehnte lang zuerst mit ideologischem Ernst und dann, nach Stalins Tod, mit dem Gestus entkernter Größe vor sich hergetragen hatte, wurde die Ironie auch von der östlichen Flanke der Alten Welt her aktiv. Infolge der Implosion des zum Staatenbund aufgeblähten Komplotts, das sich Union der sozialistischen Sowjetrepubliken genannt hatte, konnte es nicht ausbleiben, daß Moskau, vom Maskenzwang des kommunistischen Universalismus befreit, sein nach dem 16. Jahrhundert verfaßtes Drehbuch von der Übertragung Roms in die Gegenden der *rus* wieder aus den Schubladen holte. Der Name Putin steht seither für das Kuriosum, daß in Europas immer fernerem Osten ein re-russifiziertes Nationalimperium wiederauftaucht, das – translationsbedingt – aus der Nachfolge des dritten Roms – seine erbitterte Gegnerschaft zu der postimperialen Staatengemeinschaft namens Europa erklärt, sekundiert vom Moskauer Patriarchen, der, ohne Angst vor Anachronismen, auf die päpstliche Funktion verweist, indem er deren römische Ausübung verwirft, um sie für den rechtgläubigen Heilsstandort Moskau zu reklamieren. Die schiefe Front zwischen dem Fake-Imperium Rußland und dem noch unverstandenen nach-imperialen politischen Großgebilde im Westen namens Europäische Union wartet auf eine adäquate Analyse.[49]

Zur Stunde besitzt die Propaganda der russischen Seite zwei strategische Vorteile: Zum einen kann Europa noch keine Führung mit hegemonialem Profil erzeugen, nicht zuletzt wegen der unvermeidlichen Diskretion des deutschen Auftretens; zum anderen können russische Agitatoren die Labilitäten der post-imperialen Europäer ausnutzen, um ihnen vorzuwerfen, was vor mehr als einhundert Jahren deren eigene Sorge war: ihre vorgebliche »Dekadenz«, die sich gegenwärtig vor allem in der Lizenzierung gleichgeschlechtlicher Ehen verrate. Die Wahrheit ist, daß Rußland selbst seit langem viele Gründe hat, sich in den dekadent genannten Zuständen seiner westlichen Nachbarn zu spiegeln. Seine wirkliche Lage ist sehr viel schlimmer, als das präpotente Agieren seiner Regierung vermuten ließe. Infolge seines Rückfalls in seine inhaltlose Imperialität manövrierte es sich in eine Lage, durch die es sich zum Paria unter den Nationen stempelt. Die versuchte *retranslatio imperii* ins postsowjetische Moskau verschafft ihren Dramaturgen keinen Glanz – es

49 Für die westliche Seite bietet Luuk van Middelaar, *Vom Kontinent zur Union. Gegenwart und Geschichte des vereinten Europa*, Berlin 2016, die beste Exposition; für die östliche Martin Schulze Wessel, *Der Fluch des Imperiums. Die Ukraine, Polen und der Irrweg in der russischen Geschichte*, München 2023. Jean-François Colosimo ordnet in seiner Studie *Occident, ennemi mondial n°1*, Paris 2024, das Agieren Putins ein in einen weiteren Horizont neo-imperialer Regungen; solche seien außer in Rußland auch in China, in der Türkei, im Iran und in Indien zu beobachten; dabei spielt jedesmal die Instrumentalisierung der Religion bzw. des Nationalismus als Hilfsmittel der machtpolitischen Mobilmachung eine wesentliche Rolle.

bringt sie in die Position eines Vasallen Chinas. Auf lange Zeit wird der Angriff gegen die Ukraine dem Ansehen Rußlands Schaden zufügen – er stellt dessen Selbstachtung immer mehr auf die Grundlage der gewollten Selbsttäuschung. Figuren wie Putin, Lawrow und die oligarchische Galerie können bis auf weiteres nur noch Partnerschaften der Verkommenheit pflegen – Namen wie Nordkorea, Syrien und der Iran sind dafür exemplarisch. Es wäre für die Welt im ganzen verhängnisvoll, hielte China diesen Club der Unfrequentierbaren nicht auf Abstand.

Oft kommen Ironien nicht nur nicht allein, zuweilen erzeugen sie Fußnoten, die mit dem Text überliefert werden. Als sich die Briten im Juni 2016 bei einem ohne Not anberaumten Referendum mit knapper Mehrheit für den Austritt aus der Europäischem Union entschieden, votierten sie letztlich dafür, kein Mitglied in einem Club sein zu wollen, der Mitglieder wie sie aufzunehmen bereit war. Seine Angehörigen auf dem Kontinent waren und bleiben offensichtlich entschlossen, ihre imperialen Vergangenheiten durch Zustimmung zu einem dezidiert neuartigen post-imperialen *modus vivendi* hinter sich zu lassen. Das Referendum des dümmlich silbensparend so genannten *Brexit* machte etwas sichtbar, was ohne den Vorgang nicht so deutlich geworden wäre: Die britische Art, von verjährten Ansprüchen auf Weltherrschaft zurückzutreten, wollte sich auch nachträglich von den kontinentalen Bekundungen eines solchen Verzichts unterscheiden. Es gibt offensichtlich mehr als eine Version des Bewußtseins, nicht mehr Herr der Dinge zu sein. Wenn Briten resignieren, möchten sie mit den Verlierern auf dem Kontinent nicht verwechselt werden. Denn was ist Europa, bei tiefstehender Sonne gesehen, anderes als ein Club aus Nachfolgern gedemütigter Imperien? Auch die *renuntiatio ab imperio* folgt einem Skript, das nicht an ein für allemal gegebenen Territorien haftet.

Lektion eins
Die Grande École der Welt
Europa als Lernzusammenhang:
Aus dem Buch der Steigerungen

Europa – aber wo ist es? Wie soll es sich verstehen, sobald es einer ergiebigen Spur zu seinen Quellen folgt? Wir müssen wohl zugeben, daß das bisher Gesagte nur die gewissermaßen grobstofflichen Aspekte der europäischen Kultur, ihres historischen Gepräges, ihrer Machtprogramme, ihres imperialen Gerippes betrifft. Besser: Es beschreibt ihr politisches Exoskelett, falls man Imperien mit Insekten vergleichen dürfte. Bei diesen wird die Stabilisation der Tierkörper durch äußere Panzerungen geliefert. Für politische Anatomen mögen solche Analogien von Interesse sein, für Theoretiker, die nach dem *punctum saliens*, dem Vitalitätszentrum von Kulturen, besser nach den bewegenden Vokabularen und formenden Grammatiken lokalen Lebens fragen, reichen Regieanweisungen für die Haupt- und Staatsaktionen rigider politischer Hypersubjekte nicht aus. Wäre Europa nur ein Programm für die Operationen riesiger Käfer, die sich als Imperien oder Staaten ineinander verkrallen, dürften wir das Sujet früher oder später an die höhere Biologie abgeben.

Um über Europa so zu reden, daß mehr sichtbar wird als nur die Kontur einer von Rom ausgehenden Macht- und Weltidee, die sich in mehrfachen Brechungen neu verwirklicht hat, muß man sich in den Regungsherd seiner Sprachen versetzen. Was man heute leichthin Europa nennt, als wäre es inzwischen wirklich zu jener kompakten Größe geworden, die Napoleon auf dem Gipfel seiner Macht schon beinahe ganz in der Hand zu halten glaubte, war in seinen frühen Anfängen eine Polyphonie von weit verstreuten lokalen Idiomen, die nur einen gemeinsamen Zug aufwiesen: Indem sie gesprochen wurden, bewiesen sie, daß im Inneren der Sprachkreise, ob man sie Stämme oder Völker nennt, reale Lebenserfolge erreicht wurden. Sie zeigten sich in den mehr oder weniger glückenden Übergaben von vollständigen Lebensform-Programmen *alias* »Kulturen« auf folgende Generationen. Völker sind Erfolgsräume von Sprachen, Sprachen ihrerseits sind Ausbreitungseffekte, die sprechende Populationen in ihren Erfolgsphasen begleiten. Systemtheoretisch ausgedrückt stellen Zusammenhänge dieses Typs das dar, was man »einfache Reproduktionen« nennt. Ihr starkes Merkmal zeigt sich in ihrer Fähigkeit, die drei primären Felder der kollektiven Lebenstüchtigkeit – die Pfeiler des klassisch verstandenen »Realitätsprinzips«, um mit Sigmund Freud zu reden – erfolgreich zu bewirtschaften: Ernährung, Fortpflanzung und bewaffnete Selbstbehauptung.

Wir wissen aus den üblichen Geschichtserzählungen, daß das romanische Europa seit Caesars gallischen Expeditionen sich als Erfolgsraum der Latinität über die regionalen Sprachzonen legte. Dergleichen vollzog sich nicht nur in den Gebieten, wo importiertes Latein unter Mitwirkung von Substratsprachen zu romanischen Volkssprachen mutierte – wie in der Provence, in Spanien, in Portugal, auf Sardinien, in Rumänien, in einigen helvetischen Enklaven, vor allem auch in der Zone der nordfranzösischen *langues d'oeil*[50], wo sich die romanisierten Gallier auf der Ebene der alltäglichen Rede gegen das Idiom der fränkischen Herrenschicht durchsetzten, der sie ihren

50 Harri Meier, *Die Entstehung der romanischen Sprachen und Nationen*, Frankfurt a. M. 1941.

bis heute gültigen, seit jeher irreführenden Namen verdanken, gleichsam als die »Indianer« unseres Erdteils. Zwischen Neapel und den Alpen zerfiel das Lateinische über volkstümliche Zwischenstufen in ein Idiom, das man nach Dante, Petrarca und Boccaccio das Italienische nannte. Mutationen dieses Typs geschahen überall, wo getaufte Fürsten germanischer, gallischer, angelsächsischer usw. Provenienz klug genug waren, sich mit einer Elite aus lateinkompetenten »Ministern«, subalternen Imperium-Verstehern und organisatorisch begabten Klerikern zu umgeben. Die Latinität gewann mit den frühen hohen Lehranstalten, den *universitates studiorum*, eine Wirksamkeit, die der Errichtung eines Imperiums auf der Ebene der Bildung gleichkam; die *translatio studii* hatte bis ins 18. Jahrhundert Bestand, als die Hohen Schulen von den Volkssprachen erobert wurden. Doch noch in der ersten Hälfte des 20. Jahrhunderts konnte nicht als gebildet gelten, wer nicht Latein gelernt und geübt hatte. Auf den frühen Universitäten und den Kathedralschulen, vom 15. Jahrhundert an auch an den wiedergegründeten Akademien[51], vollzog sich ein Prozeß, den man am besten als eine ursprüngliche Akkumulation des Redenkönnens über Gott, die Welt und die Rechte beider Sphären umschriebe. In diesen Bereichen wurde rede- und schriftfähig, wer imstande war, sich die Elemente der lateinischen Syntax – die energischen Gerundive und absoluten Ablative inbegriffen – sowie die vom Stoizismus und anderen griechischen Relikten angereicherten Wortschätze des Christentums und des römischen Verwaltungsdenkens anzueignen.

51 Karlheinz Stierle, *Das lebendige Wort. Begegnungen mit der Antike*, Baden-Baden 2020, S. 35-48. [»Die Akademie. Ein Geschenk Griechenlands an das künftige Europa«]

Wenn es ein Geheimnis Europas gibt, verbirgt es sich in Vorgängen, die über die Ebene einfacher Reproduktionen hinausreichen. Um einen Begriff von den Tendenzen zu gewinnen, die im 14. Jahrhundert einsetzten und in ihrer Summe das bewirken, was den eurogenen Prozeß, das europäische *empowerment* ausmacht – mit Folgen, die bis in die Gegenwart und ohne Zweifel auch weiter wirken –, muß man sich mit der eigentümlichen Lerndynamik befassen, die sich vom Spätmittelalter an in den europäischen Systemen der Wissenszirkulation Geltung verschaffte – über die eingeschliffenen Bahnen des Sieben-Künste-Systems hinaus.[52] Der Sachverhalt als solcher ist unbedingt staunenerregend; er verdient es, in einer lapidaren These statuiert zu werden: Es ist als eine zivilisationsgeschichtliche Tatsache hinzunehmen, daß in Europa – und nur in Europa – zu jener Zeit ein »Prozeß« (wir werden den Ausdruck präzisieren müssen) eingesetzt hat, den man, ob man will oder nicht, als einen inzwischen mehr als sieben Jahrhunderte übergreifenden *Lernzusammenhang* mit stark selektiven *und* intensiv kumulativen Effekten charakterisieren muß. Er geht weit über das hinaus, was die Historik der *Annales*-Schule mit ihrem Fokus auf langfristigen Traditionen auf der Ebene von genealogischen und sakralen Praktiken zu studieren sich vorgenommen hatte. Europa bildet hinsichtlich seiner langfristigen Lerndynamik eine kognitionsgeschichtliche Singularität – ihr hat auch China, die Hauptweltmacht der Selbststabilisierung durch Imitationslernen – nichts Gleichwertiges entgegenzusetzen. Es war Europas diskreter Meisterdenker, der tschechische Reformator Johannes Amos Comenius (1592-1670) aus der Bewegung der Böhmischen Brüder, der in der Mitte des 17. Jahrhunderts die basale Wahrheit dieses Kontinents in der Sentenz resümierte: Die ganze Welt ist eine

52 Ernst Robert Curtius, *Europäische Literatur und lateinisches Mittelalter*, Bern/München 1967, S. 46-70.

Schule, und alle Menschen sind in ihr durch den Umgang (*coetus*) von Lernenden und Lehrenden vereinigt.[53] In dem Diktum fehlt nur der Hinweis auf die diachrone Dimension des Schulzusammenhangs – die Schule selbst nimmt die Ausmaße eines epochenübergreifenden Gewebes an. Wenngleich die Webmuster sich ändern und diverse Paradigmen des Wissens und Könnens einander ablösen, ja, einander widersprechen, der Nexus des Lernens, Erprobens, Forschens und Übens im ganzen besteht durch die Wandlungen hindurch fort. Im wesentlichen Punkt übertrifft Comenius den Drama-Denker Shakespeare, wenn dieser den Melancholiker Jacques in *Wie es euch gefällt* sagen läßt, die ganze Welt sei eine Bühne, und alle Männer und Frauen bloße Schauspieler.[54] Nein, auch Schauspieler sind als verkleidete Versionen von Lehrern und Schülern zu durchschauen; eine Gesellschaft aus bloßen Mimen, Rollenspielern und Simulanten würde allenfalls die Kunst, sich gegenseitig zu unterhalten und zu täuschen, vervollkommnen, sie brächte das Lernen für eine erweiterte, bereicherte und tiefer verstandene Welt um keinen Schritt voran.

An dieser Stelle legen wir unser erstes Lesezeichen in ein frühes Kapitel des Buchs Europa ein. Um von dem umwälzenden Lernzusammenhang, der diese Weltgegend einzigartig machte, einen vorläufigen Begriff zu gewinnen, erweist es sich als nützlich, auf ein Kapitel in Jacob Burckhardts Werk *Die Kultur der Renaissance in Italien* zurückzugehen. Es trägt die Überschrift: »Der moderne Ruhm«.[55] Burckhardt schildert einen Vorgang, den man im Blick

53 Johann Amos Comenius, *Der Weg des Lichts. Via lucis.* Eingeleitet, übersetzt und mit Anmerkungen versehen von Uwe Voigt, Hamburg 1997, S. 21f. Vgl. Peter Sloterdijk, *Du mußt dein Leben ändern. Über Anthropotechnik*, Frankfurt a. M. 2009, S. 552-562.

54 William Shakespeare, *Wie es euch gefällt*, II, 7.

55 Jacob Burckhardt, *Die Kultur der Renaissance in Italien. Ein Versuch*, Frankfurt a. M. 2018 [1860], S. 82ff.

auf die Folgen das »Petrarca-Paradigma« nennen sollte. Im April des Jahres 1341 wurde in der Person des Dichters Francesco Petrarca (1304-1374) (fast) erstmals ein bürgerlicher Zeitgenosse mit der Billigung des Königs von Neapel, Robert von Anjou, durch einen römischen Senator in Anlehnung an ein Ritual der römischen Kaiserzeit, auf dem Kapitol zum *poeta laureatus* gekrönt – ein Ereignis, das bis ins 18. Jahrhundert an Höfen und Hochschulen vielfach kopiert wurde. Später zogen Dichter und Virtuosen es bekanntlich vor, die unsichtbaren Kronen der Genialität zu tragen. Die römische Szene von 1341 machte offenkundig, daß eine Epoche angebrochen war, in der die akklamierten Fürsten der symbolischen Sphäre fähig wurden, neben die Oberhäupter der Dynastien zu treten.

Aus heutiger Sicht läßt sich das Außerordentliche des Vorgangs systemtheoretisch würdigen: Die wirkliche Neuzeit begann, wie Burckhardt zeigte, mit der Modernisierung der Zelebrität. Man kann sie als Ingangsetzung eines Wachstumszyklus begreifen, in dem ein erstes, wie auch immer gewonnenes Reputationskapital weitere Reputationsgewinne generiert. Die neuen Stars der Gelehrsamkeit, der Dichtung, der Rhetorik, der bildenden Künste und der Musik stifteten den Anfangsimpuls eines Zusammenhangs, den man noch nach siebenhundert Jahren als ein komplexes Kontinuum europäischer Individualitätskultur identifiziert. Petrarca ist der erste moderne Mensch, wie Burckhardt zu Recht betonte, sofern er auf einer jener Zelebritätswellen reiten konnte, die sich bis heute, vielfach amplifiziert, in weltweiten Dimensionen eigenmächtiger denn je entfalten.[56] Wenn Charlie Chaplin gelegentlich bemerkte, man kenne seinen Namen in Weltgegenden, in denen man von Jesus Christus noch nie etwas gehört habe, redete er als ein Erbe des Petrarca-Ef-

56 Karlheinz Stierle, *Francesco Petrarca. Ein Intellektueller im Europa des 14. Jahrhunderts*, München 2003.

fekts. Die frohe Botschaft der Neuzeit heißt: Du mußt nicht adlig geboren sein, um Ruhm zu gewinnen! Zeichne dich durch Talente und Werke aus! Sorge dafür, daß du für deine Taten und Schriften Beachtung findest, und du stellst dich neben die Könige, und wer weiß, ob nicht über sie! Als Greta Garbo, genannt »die Göttliche«, 1941 im Alter von 36 Jahren den Entschluß faßte, ihre Karriere zu beenden, lieferte sie den Beweis, daß auch die Geste der Abdankung nicht länger den gekrönten Häuptern vorbehalten war.

Wenn es etwas gibt, was den Wandel der Weltverhältnisse in der beginnenden modernen Epoche exemplarisch ausdrückt, dann diese römische Episode aus der Mitte des 14. Jahrhunderts. Modern nennt man zu Recht die Zeiten, in denen die Karten der sozialen Mobilität neu verteilt werden. Wer den Triebkräften der neuen Unruhe auf den Grund geht, entdeckt ein Prinzip, dessen Effektivität bis heute kaum je angemessen artikuliert, geschweige denn zu Ende gedacht wurde. Der Erfolgswirbel um den Namen des Dichters Petrarca verdeutlicht einen Zusammenhang, auf den drei Jahrhunderte später der eben erwähnte europäische Ur-Didaktiker Comenius mit seiner Ontologie des »Seins zur Schule« explizit aufmerksam machte. Er beruht auf einem Effekt von unerschöpflicher Tragweite, der allen neueren Lerntheorien zugrunde liegt und ohne den keine plausible Kulturtheorie mehr denkbar sein wird: Wo Gelerntes und Erreichtes im Milieu des Wissens und Könnens genug verankert sind, um vorbildlich zu wirken, und bekannt genug, um zitiert zu werden, dockt Hinzugelerntes sichtlich leichter an. Wo eine erste Exzellenz erreicht worden ist, können weitere Auszeichnungen wie unbemüht folgen. Auf Petrarcas Erfahrung angewendet, bedeutet das: Sobald ein ausreichend hoher Zelebritätserfolg aufgetreten ist, steigt die Wahrscheinlichkeit, daß zusätzliche Rühmungen sich an die vorangehende anschließen.

Es ist das 14. Jahrhundert – mit seiner innovativen Zelebritätsökonomie, die erstmals soziale Mobilität über Ständegrenzen hinweg annonciert –, in dem jener diskret revolutionäre Effekt auftritt, der im Lauf der Zeit die Gesamtheit aller sozialen Lebensbereiche, später nicht selten »Subsysteme« genannt, durchgreifen wird. Der amerikanische Soziologe Robert K. Merton (1910-2003) hat ihn in einer Publikation aus dem Jahr 1968 den *Matthäus-Effekt* genannt.[57] Er bezog sich, in scheinbarer Harmlosigkeit, zunächst nur auf die selbstverstärkenden Effekte von Zitaten in wissenschaftlicher Literatur. Ein Gelehrter, dessen Name und Werke des öfteren zitiert werden, zieht, vor allem am Anfang seiner Ausstrahlung, wie unvermeidlich weitere Zitierungen auf sich; man kann geradezu von einem Kometenschweif nachfolgender Bezugnahmen sprechen. Merton spielte auf das Evangelium nach Matthäus an, in dem Jesus – im Zusammenhang des Gleichnisses von den Talenten, das den Drohreden über das Jüngste Gericht vorangeht – die provokante Äußerung getätigt haben soll:

> Alles soll dem gegeben werden, der hat, und er wird Fülle haben; und dem, der nicht hat, dem soll genommen werden, was er hat. Und der schlechte Knecht soll in die Dunkelheit draußen verstoßen werden; dort wird Klagen und Zähneknirschen sein.[58]

57 Robert K. Merton, »Der Matthäus-Effekt in der Wissenschaft«, in: ders. (Hg.): *Entwicklung und Wandel von Forschungsinteressen*, Frankfurt a. M. 1985, S. 147f.

58 Evangelium nach Matthäus 25,28f. Der »schlechte Knecht« ist jener, der das ihm anvertraute Vermögen vergrub, statt es »superlukrierend« zu vergrößern. Im übrigen sollte klar sein, daß es im Talente-Gleichnis nicht um Geldwerte geht, sondern um Anteile am Reich Gottes, die sich durch die Intensität des Glaubens vermehren. In der Psychoökonomie Alteuropas taucht das »Glauben« als Paradigma der Tätigkeiten auf, die auf Selbststeigerung angelegt sind. Alle Bibel-Zitate folgen, wenn nicht anders vermerkt: *Neue Jerusalemer Bibel*, Freiburg im Breisgau 1985.

Hat man den Theologen die Sorge um die Bereinigung des Ärgernisses überlassen, das die für moderne Ohren, und nicht nur für sie, etwas »unkorrekt« klingenden Aussagen erregt haben mögen, ergibt sich für den religiös unbefangenen Leser eine stimulierende Lektion. Da man Jesus nicht ohne weiteres als Stichwortgeber für neo-liberale Herzlosigkeit oder für *The-winner-takes-all*-Effekte in Anspruch nehmen wird, ist anzunehmen, er habe von etwas ganz anderem gesprochen.

Es ist tatsächlich dieses ganz Andere, was jedem angemessenen Verständnis neuerer Weltzustände vorangestellt werden muß. Indem Jesus betonte, daß dem, der hat, gegeben werde, artikulierte er *implicite* jenes Prinzip, das dem Petrarca-Effekt innewohnte und im starken Schulgedanken des Comenius wieder zur Sprache kam: Auf der europäisch organisierten Schule des Lebens wird letztlich nur ein Hauptfach gelehrt, es nennt sich »Erfolg«; die Nebenfächer tragen diverse Namen, um vielfältige Pfade zu Titeln, Diplomen und Magisterien zu bezeichnen. In der Sache jedoch ist hier alles Lernen Erfolgslernen. Es vollzieht sich nicht selten als ein Steigerungslernen, das traditionell mit Worten wie »*askesis*«, »Disziplin« und »Exerzitium« wiedergegeben wird, modern mit dem Terminus »Training«. Wo Erfolgsträger in der Mehrzahl koexistieren, fordern sie sich zu Wettbewerben heraus, aus denen reziprok steigernde Wirkungen hervorgehen können. Comenius geht so weit zu sagen, die Welt im ganzen lasse sich »nicht zu Unrecht als ein *Haus der Disziplin* bezeichnen«.[59] Der Denker der didaktischen Praxis war der erste, der Europa, hier schlicht »die Welt« genannt, als eine Echokammer des generalisierten Lehrens und Lernens deutete.

Sobald Lehrerfolge sich auf höherer Stufe stabilisieren, entsteht durch die erhobene Position des Lehrers gegenüber dem Schüler

59 Comenius, a. a. O., S. 22.

die Lehrbefugnis an Einrichtungen, die man Schulen – ursprünglich: Orte der Muße – nennt. Wo sie kunstgerecht ausgeübt wird, treten Schulbildungseffekte an den Tag, die gelegentlich weit tragen. Die von Platon in Athen gegründete Akademie hatte, mit kürzeren Unterbrechungen, mehr als 900 Jahre lang Bestand – sie wurde aufgrund der Bigotterie des Kaisers Justinian im Jahr 529 geschlossen, um erst nach dem Untergang von Byzanz in der Mitte des 15. Jahrhunderts an Zentren wie Rom, Florenz, Neapel und Venedig als ein Ort der Intelligenzkollekte zu neuem Leben zu erwachen.

Nur weil der erfolgreich gewordene Erfolg in Europas Institutionen zur Überlieferung kognitiver, technischer und artistischer Kompetenzen zwischen dem späten Mittelalter und der Neuzeit und bis in die Gegenwart führend wurde, konnte es dazu kommen, daß die Kette der Überlieferungen in diesem Weltteil trotz großer Krisen nie mehr ganz abreißen mußte – wobei das Wort »Kette« wohl eine zu robuste Metapher für subtile Vorgänge anbietet. Um sich ihr einzufügen, hatte ein Novize bereit zu sein, sich am Stand der Kunst und der Künste zu orientieren. Das schloß die Zumutung ein, sich vom Können und Wissen der Meister demütigen zu lassen. Wo die Bewunderung die Demütigung überwog, wurde der Aufblick zum Vorbild als Ansporn wirksam. Freilich ist die Figur des Meisters, in der sich ein Quantum kultureller Autorität, das heißt: erwiesenes Können mit Lehrbefugnis, kondensiert, auch außerhalb Europas in mehrfachen hochkulturellen Ausprägungen bezeugt, vor allem im asiatischen Raum, namentlich in China, wo Lehrer traditionell Objekte der Verehrung waren, und in Indien, wo eine nicht immer diskrete Gurukratie von alters her in Blüte steht. Weder in China noch in Indien sind Organismen der Könnenskultur entstanden, die sich mit der permanenten Revolution des kritischen Geistes in Europa vergleichen ließen.

Europas wichtigste psychokulturelle Erfindung ist demnach nicht der Lehrer, gleich ob er *didáskalos*, *magister*, *doctor*, *maître*, *maestro* oder *Professor ordinarius* heißt, also jene Figur, die willens ist, ihr *savoir enseigner* und *savoir faire* in Schülern zu reproduzieren, sondern der Student, bei dem es gelingt, Demut und Ambition gleichzeitig zu aktivieren. Während Demut ohne Ambition Subalternität ergibt, führt Ambition ohne Demut in den kulturbetrieblichen Narzißmus, wie ihn höfische Gesellschaften als Hochgefühlsensembles schon zu mittelalterlicher Zeit unter der Parole »Freude des Hofes« pflegten; in frühmodernen Tagen setzte er sich im geselligen Treiben selbstbegeisterter Eliten fort. Von der *fête impériale* der Ära Napoleons III. bis in die Partykultur postmoderner Endverbrauchercliquen von London, New York und Dubai geben in den populären Medien jene Zirkel den Ton an, die sich selbst dazu gratulieren, so außerordentlich zu sein, wie sie zu sein glauben.

Wo Ambition, Demut und Talent zusammenfanden, traten die von Nietzsche beschworenen »guten Europäer« in Erscheinung – eine minoritäre Gruppe seit jeher. Sie waren es, die seit mehr als einem halben Jahrtausend folgenreiche Versuche unternahmen zu begreifen, wie Optimierungen beim Regieren von Staaten ins Werk zu setzen wären – was nach opferreichen Durchgängen von Versuch und Irrtum mit diversen Staatsformen das gefährdete Gesamtkunstwerk des demokratischen Institutionensystems heutiger Tage ergab. Es waren gute Europäer, die bei der Produktion von Werkzeugen und Waren Optimierungen erreichten, die Unzähligen zugute kamen, sei es auf dem Weg über Märkte oder durch staatliche Umverteilungen. Gute Europäer waren es, die zeigten, wie zu verfahren sei, damit es bei der Gestaltung des Rechtswesens vorangeht, um die für die sensible Intelligenz von alters her peinliche Lücke zwischen der faktischen Rechtsgewalt und den Idealen der Gerechtigkeit zu verkleinern. Es waren gute Europäer am Werk, um die neueren, von der Akademie-Idee beseelten Einrichtungen des Forschens und Lernens zu stiften: etwa jene, die in Francis Bacons *Nova Atlantis*, 1643, unter dem Namen *Haus Salomonis* entworfen wurde, und all die anderen, die von Marsilio Ficino bis hin zu Leibniz als institutionelle Größen wirklich wurden. Ähnliches gilt für die Organisation allgemeiner Wohlfahrt, die durch Bemühungen um das sozial Bestmögliche angetrieben wird, gleich ob es aufgrund christlicher und philanthropischer Motive geschieht oder unter dem Antrieb sozialistischer Postulate. Die guten Schüler Europas machten es sich zur Gewohnheit, das Gewohnte zu rezipieren, um darüber hinauszugehen. Dennoch ist zuzugeben, daß in dem dunklen 14. Jahrhundert[60] und in der Epoche der Eroberungen vom 16. Jahrhundert an schreckliche Abkömmlinge der entstehenden Nationen in Erscheinung traten; sie bewirkten Effekte, die an Grausamkeit den asiatischen Despotien nicht nachstanden. Was ihre Skrupellosigkeit angeht, wird sie dokumentiert in den Archiven, die sich der wachsenden »Universalgeschichte der Niedertracht« angliedern. In weltgeschichtlicher Sicht wurden die Untaten europäischer Agenten an den äußeren Fronten allein vom muslimischen Sklavenhandel übertroffen, von dem in der westlichen Hemisphäre noch immer kaum bekannt ist, in welchem Umfang und von welchen Routinen religiös bemäntelter Inhumanität getragen er sich von der Mitte des 7. Jahrhunderts an bis ins frühe 20. Jahrhundert entfaltete.[61]

Was in all den weit auseinanderliegenden Sphären der lernenden Disziplinen und der bewahrenden Transmissionen durchweg die Ober-

60 Barbara Tuchmann, *A Distant Mirror. The Calamitous 14th Century*, New York 1978 [deutsch: *Der ferne Spiegel, Das dramatische 14. Jahrhundert*, München 2010].

61 Tidiane N'Diaye, *Der verschleierte Völkermord. Die Geschichte des muslimischen Sklavenhandels in Afrika*, Reinbek 2010 [Orig.: *Le génocide voilé. Enquête historique*, Paris 2008). Manfred Pittioni (Hg.), *Muslimische Sklaverei. Ein »vergessenes« Verbrechen*, Berlin/Münster 2018.

hand gewann, ohne daß die Akteure selbst es erfassen konnten, ist der anfangs aphoristisch und assoziativ so genannte Matthäus-Effekt. Übersetzt man ihn aus der Sphäre gleichnishafter Rede in die analytische Diskussion, treten die Umrisse eines Phänomens hervor, das erst um die Mitte des 20. Jahrhunderts zu seiner logisch, technisch und prozeßtheoretisch korrekten Definition fand. Man spricht seither vom positiven *feedback*, anders ausgedrückt: von der Selbstfütterung von Prozessen durch ihre eigenen Ergebnisse.[62] Was man gemeinhin für Soziologie, Politologie, Volkswirtschaftslehre, Humanwissenschaften und deren Gegenstände hält, bedeutet aus systemischer und prozeßlogischer Sicht vor allem das Feld der Studien über rückkopplungsbasierte Zirkularitätseffekte in sozialen Systemen. Vor zweihundert Jahren wurde in Hegels *Wissenschaft der Logik* (1812-1816) ein erster Versuch vorgelegt, jenen Vorgängen auf den Grund zu gehen, bei denen Wirkungen die Rolle ihrer eigenen Ursachen zu übernehmen scheinen; in Hegels Vorschlag freilich blieb der Anteil der Mystifikation zu hoch, um allgemein zu überzeugen. Die fruchtbaren Impulse der Dialektik, die das Sein in Ausdrücke des Werdens übersetzen wollte, wurden vom modernen Systemdenken aufgenommen, das, wie es scheint, bis auf weiteres die Höhe des rational Möglichen bezeichnet. Auf diesem Terrain spielte die Marxsche Analyse des Kapitalprozesses zeitweilig die Rolle eines Paradigmas für das Verständnis positiv rückgekoppelter Prozesse. Marxisten mit Sinn für die systemische Dynamik der Kapitalumläufe waren nicht bloß anmaßende Präzeptoren, wenn sie zeitweilig überzeugt waren, dem Rest der denkenden Welt einen Schritt voraus zu sein. Sie hatten wirklich eines der bedeutsamsten Exempel *feedback*-getriebener Abläufe vor Augen – denn was ist »Akkumulation von Kapital«

62 Jürgen Beetz, *Feedback. Wie Rückkopplung unser Leben bestimmt und Natur, Technik, Gesellschaft und Wirtschaft beherrscht*, Berlin 2021.

anderes als ebendies? Doch infolge ihrer Fixierung auf Vorgänge an der sogenannten ökonomischen Basis verkannten sie die Breite der Realitätsbereiche, in denen Rückkopplungseffekte zu endogenen Verstärkungen mit Modernisierungsfolgen führen, namentlich in den Sphären des staatlichen Handelns, der Wissenschaften, des Rechts, des Ingenieurwesens, der Heilkunde und der Künste.

Nach der Offenlegung der *feedback*-Dynamik erscheint alles, was man das Sein, die Realität, die Welt zu nennen gewohnt war, unter einem radikal veränderten Licht. Als Gesamtheit von Zuständen und Prozessen gliedert sich »alles, was der Fall ist« unter dem Licht der generalisierten Rückkopplungsanalyse in drei typologisch deutlich unterscheidbare Kreislaufzonen: Neben einfachen Selbsterhaltungskreisen (*circuli stabilitatis*), die man üblicherweise als »Natur« beziehungsweise als selbstregelnde Ökosysteme auffaßt, doch auch an den »traditionellen Gesellschaften« wahrnimmt, die über sehr lange Zeiträume der Versuchung durch Neuerung widerstehen, werden beim Studium komplexerer sozialer Phänomene zwei differenzerzeugende Dynamiken auffällig: solche die in Selbststeigerungskreise (*circuli virtuosi*) übergehen oder solche, die in Selbstschädigungskreise (*circuli vitiosi*) münden. Sie sind für die prozeßtheoretische – methodisch amoralistische – Interpretation von Steigerungen und Verfallstendenzen in kulturellen Komplexen zuständig. Auf diesem Feld konvergieren die Stimmen Nietzsches und Luhmanns; sie werden begleitet von Obertönen aus den Instrumentarien Hegels und seiner Nachfolger, ergänzt um den logischen Apparat, den man seit Norbert Wieners und John von Neumanns bahnbrechenden Studien die Kybernetik oder die »Wissenschaft der selbststeuernden Mechanismen« nennt.[63]

63 Werner Stegmaier, *Orientierung im Nihilismus. Luhmann meets Nietzsche*, Berlin/Boston 2016.

Zusammenhänge wie diese wären gebildeten Europäern unserer Tage eher geläufig, hätte sich nicht ein dissidenter Hegelschüler um die Mitte des 19. Jahrhunderts in die Lerngeschichte des Kontinents mit einer Intervention eingeschaltet, die ihrer Genialität zum Trotz aufs Ganze gesehen mehr emotionsgeladene Konfusionen, dogmatische Kurzschlüsse und politische Verzerrungen als haltbare Resultate bewirkte. Karl Marx war anfangs den empörerischen Hinweisen der französischen Frühsozialisten gefolgt, wonach das moderne Manufaktur- und Fabrikwesen in der Summe kaum mehr als einen Strukturwandel der Sklaverei bewirkt habe. Die direkte Ausbeutung von Leibeigenen unter dem Diktat von Grundherren sei letztlich nur durch die indirekte Ausbeutung proletarischer Arbeitskraft im Lohnsystem abgelöst worden. In der Folge gelang es dem Denker darzulegen, wie die Dynamik der jüngeren europäischen Zivilisation in zunehmendem Maß durch die Gesetzlichkeiten des von ihm bevorzugt untersuchten selbstverstärkenden ökonomischen Prozesses bestimmt wurde. Marx beschrieb ihn als den keineswegs unwiderstehlichen, zeitweilig krisenhaft stockenden Umlauf des Kapitals, das durch seine Metamorphosen in die Gestalten von Geld, Ware, Wissen und Maschine hindurch auf die Selbstverwertung des Werts zielt.

Marx blieb von den Schleifen, Amplifikationen und Krisen dieser Vorgänge so absorbiert, daß er sich damit begnügte, das Schema des positiven *feedback*, der »Selbstfütterung von Prozessen mit ihren Ergebnissen« beziehungsweise der Rückverwandlung von Wirkungen in Ursachen zweiter Stufe, exklusiv auf die Umläufe des »Hauptgeldes« im Industriesystem anzuwenden. Hierbei kamen wichtige Einsichten ans Licht, nicht zuletzt, was die »organische Zusammensetzung« des Kapitals betraf, bei dem die große Maschinerie und die Qualifizierung der »Facharbeiter« eine wachsende Rolle spielen. Tatsächlich hat die Dynamik der Kapitalzirkulation, zumal nach der Industriellen Revolution des späteren 18. Jahrhunderts, Wirkungen entfaltet, die man nicht anders als »weltbewegend« nennen kann. Vor allem die enge Verschaltung des britischen Kohlebergbaus und der nationalen Textilindustrie mit der Kraftmaschinentechnik – seit mehr als einhundert Jahren im Gang und gleichwohl im *Kommunistischen Manifest* von 1848 im Ton einer Prophetie formuliert – habe etwas bewirkt, was man als den Ernstfall des »sozialen Wandels« verstehen muß – er bildet nicht selten den Stoff, aus dem die Revolutionen sind. Die systemisch anspruchsvolle, wenngleich sehr problematische These aus dem ersten Band von *Das Kapital* (1867), wonach das kapitalisierte, in Warenform übersetzte Geld sich wie ein »automatisches Subjekt«[64] umwälze und dabei die »Produktionsverhältnisse« insgesamt mit sich reiße, vermochte durch eine Art von Plausibilität-auf-den-ersten-Blick Eindruck zu machen. Es ist unumgänglich, diese folgenschwere Stelle im Buch Europa mit einem Lesezeichen zu markieren. An ihrer Auslegung schieden sich vor über 150 Jahren die Geister des Sozialismus und des Liberalismus. In der ihm eigenen Zirkulation bewirkte das ominöse »automatische Subjekt« seine progressive »Ausbettung« aus der Bindung an die Gegebenheiten der Lebenswelten und zeigte die Neigung, seinen Eigensinn rücksichtslos gegen ältere »ständische und stehende«[65] Verhältnisse durchzusetzen. Während aber die liberale Seite den Glauben verteidigte, das entfesselte »Subjekt« sei durch die Macht des unternehmerischen Willens zu lenken, bekannte sich das sozialistische

64 MEW 23, S. 169: »Als das übergreifende Subjekt [...] bedarf der Wert vor allem einer selbständigen Form [...] und diese besitzt er nur im Gelde.« Vgl. Falk Wagner, *Geld oder Gott. Zur Geldbestimmtheit der kulturellen und religiösen Lebenswelt*, Göttingen 2019 [1984]; eine theologische Kritik des Geldpantheismus, die die Frage nach dem »wirklichen« Subjekt auf eine höhere Stufe hebt.

65 Vgl. MEW 4, S. 30: »Alles Ständische und Stehende verdampft.«

Lager zu dem Vorsatz, es unter den Primat der Partei, die immer recht hat, zu beugen.

Es liegt in der Natur des modernen »Weltzustands« – um Hegels täuschend harmlosen Ausdruck aufzunehmen –, daß die abstraktesten Gedanken mit den konkretesten Erfindungen in Resonanz treten: Im selben Jahr und Monat, im September 1867, in dem *Das Kapital I* bei dem Hamburger Verleger Otto Meissner erschien, ließ sich Alfred Nobel in Schweden ein soeben neu entwickeltes Nitroglyzerinprodukt patentieren. Es war ein kluger Einfall, es unter dem beruhigenden Namen »Nobels Sicherheitspulver« auf den Markt zu bringen. Der Erfinder auf dem Weg zum Ruhm war der Sphäre humanistischer Bemäntelungen nahe genug geblieben, zudem als Verkaufsleiter in eigener Sache ausreichend wendig, um dem verheißungsvollen neuen Stoff den hellenisierenden Titel »Dynamit« anzuheften. Die Nachfrage zeigte, daß die Erfindung in jedem Sinn des Worts »zeitgemäß« war. Mit einem Mal war ein Explosivstoff – in anderer Terminologie: ein »Produktionsmittel«, besser: ein hyperenergetisches Agens – in der Welt, der dem spätmittelalterlichen Regime des Schwarzpulvers ein Ende setzte. Der Gang der geschichtlich bewegten Zeiten gehörte von da an den Substanzen mit erhöhten Sprengwirkungen; sie kamen anfangs vor allem im Diamant-Bergbau und im alpinen Tunnelbau zum Einsatz. In der Schweiz verlieh man anarchistischen Attentätern im späten 19. Jahrhundert den sachlichen Namen *dinamitardi*; und wenn Nietzsche in *Ecce homo* 1889 notierte: »Ich bin kein Mensch, ich bin Dynamit«, zog er aus dem neuen Sprengmittel die metaphorisch unvermeidlichen Konsequenzen. Nach 1887 revolutionierte Nobels Patent Ballistit auch die Schußwaffen, ja, das Artilleriewesen und *eo ipso* den Krieg im ganzen, indem es den Staaten ein Destruktionsmittel von unbekannter Wirksamkeit in die Hände legte. Mit ihm erfuhr die moderne Technologie die definitive Wahrmachung ihres magischen Kerns. Von alters her wurde Magie als ein ständiges Nebeneinander von Herbeizaubern und Wegzaubern praktiziert. Nobels Erfindungen bewirkten Durchbrüche auf dem weiten Feld des Aus-der-Welt-Schaffens unerwünschter Objekte. Während Magie in archaischer Zeit als ein Verfahren mentaler Telemalignität praktiziert wurde, sprich: als Wirkung des Willens zur Schädigung in die Ferne (z. B. als Totbeten, als Verfluchen, als *in-effigie*-Töten), wird sie in modernen Waffensystemen als Explodieren, Vergiften, Verstrahlen etc. aus der Ferne operationalisiert.

Beim Flug der minervischen Eule über dem europäischen Gelände tritt ein zerklüftetes Gesamtbild vorantreibender und hemmender Kräfte hervor. Es konnte nicht ausbleiben, daß die synergetischen Effekte der Industriellen und der Französischen Revolutionen vom späten 18. Jahrhundert an eine Front von »Reaktionen« seitens des nun so genannten »Bestehenden« hervorriefen. Sie stellten unvermeidlich Newtons dritten Lehrsatz: *actio est reactio*, auf die Probe. Sie bündelten sich in der paradox modernen politischen Strömung, die man nach der Publikation von Edmund Burkes Schrift über *Die Revolution in Frankreich* (1790) den »Konservatismus« nannte. Es sind nicht zuletzt die immer wieder aufbrechenden konservativen Regungen, die für die permanente Revolution der *actio*-Seite zeugen; tatsächlich sammeln die Konservatismen seit mehr als zweihundert Jahren ihre Niederlagen. Die Frage, was es heißt, konservativ zu sein, wird von den Tagen Burkes an in jedem Jahrzehnt mehr oder weniger originell beantwortet. In ihrer Summe lassen die Vorschläge erkennen, wie eine »Reaktion« auf die Vorstöße der Aktion zu antworten pflegte: Sie paßte sich widerwillig an die neuen Gegebenheiten an, um vom Alten so viel wie möglich zu bewahren; doch nirgendwo war sie auf Dauer fähig, mit den Innovationsmächten Schritt zu halten. Man könnte Europa als den Ort in der Welt definieren, an dem das Ungleichgewicht zwischen den treibenden und den hemmenden Energien sich zuerst ins Grundsätzliche steigerte. Nicht zufällig geschah es im späteren 18. Jahrhundert, daß hier der Begriff »Evolution« in Gebrauch kam, der geeignet war, der Einsicht in die Dynamik asymmetrischer Neuentstehungen eine kognitive Form zu geben.

Die Verwertungsumläufe der konkurrierenden Kapitale wären ohne Zweifel nach wenigen Zyklen zum Stillstand gekommen, hätte ihnen nicht von seiten der nun so genannten »Produktionsmittel« ein ständiger Zustrom an Erfindungen mit der Tendenz zu erhöhter Wirksamkeit immer von neuem vorangeholfen. Es war das moderne Ingenieurwesen, das – nach einem glänzenden Präludium in der Renaissance, Kennwort: Leonardo da Vinci – vom 17. Jahrhundert an eine unabsehbare Welle aus selbststeigernden Praktiken in die Welt setzte. Die Erfindung der Erfindungskunst als regulärer Disziplin dank der Kollaboration von Genies und Ingenieuren erzeugte eine Springflut an Innovationen mit patentfähiger und nicht-patentfähiger Qualität. In der Flut der Einfälle trieben zahllose episodische Produkte ohne praktischen Nutzen mit dahin – gleichsam als *moments musicaux* der mechanischen Einbildungskraft, die sich selbst feiert, exemplarisch verkörpert in den ersten echten Automaten wie Jacques de Vaucansons *Mechanischer Ente* von 1738. Manche Zeitgenossen der beginnenden Ingenieurära gelangten zu dem aufheiternden Schluß, Erfindung und Zivilisation seien seit jeher Synonyme gewesen. Ein fortschrittsseliger protestantischer Pastor namens Gabriel Busch (1759-1823) gab zwischen 1805 und 1822 zu Eisenach und Wien ein *Handbuch der Erfindungen* in zwölf Bänden heraus, in dem die Menschheit als die gottähnliche Spezies der erfinderischen Geschöpfe gefeiert wurde.

Dem Unternehmen lag ein wenig bemerkter Wandel der Akzente

in der Lehre von der göttlichen Dreieinigkeit zugrunde. Hatte das spätmittelalterliche Christentum – nicht zuletzt infolge des um 1418 von Thomas a Kempis kompilierten Erbauungsbuchs gleichen Namens – die *imitatio Christi* und damit die Kunst des Leidens als höchste Qualität menschlichen Daseins gelehrt, so begann in den folgenden Jahrhunderten ein Lernzyklus für aktivistische Tugenden – er gipfelte in der Nachahmung der Schöpferkraft, man könnte geradezu von der *imitatio patris* sprechen. Hatte nicht Leibniz bemerkt, einen »schönen Roman« verfassen heiße den Schöpfer auf irdischer Stufe imitieren? Das wollten sich zahllose Nachahmer nicht zweimal sagen lassen. Im 20. Jahrhundert sind auch die Schneider gottähnlich genug geworden, um ihre neuen Kollektionen als »Kreationen« vorzustellen, erfinderische Köche stehen hinter ihnen nicht zurück.

Die Kerngruppe derjenigen, die der modernen Kreativität höhere Weihen gewähren wollten, votierten – auf den Spuren des kalabrischen Theologen Joachim von Fiore (1135-1202) – dafür, die neuere und neueste Zeit im ganzen zum Wirkungsgebiet des Heiligen Geistes zu erklären, eines Geistes, der, zumal nach der Französischen Revolution, bevorzugt unter säkularen Pseudonymen das Wort ergreift. Vom 18. Jahrhundert an verbündeten sich neuzeitliche Inventorik und organisierte Forschung zu jenem Effekt, den der Historiker Peter Burke jüngst als die »Explosion des Wissens« resümierte.[66]

Jenseits des modernen Erfindungswesens hatte eine Hyper-Innovation, ebenfalls im 17. Jahrhundert einsetzend und damals völlig unerwartbar, die neuzeitlichen Verhältnisse zu neuer Dynamik vorangetrieben. Mit dem intensivierten Abbau von Steinkohle in tiefliegenden

66 Peter Burke, *Die Explosion des Wissens. Von der Encyclopédie bis Wikipedia*, Berlin 2014.

Gruben – vom neu aufgetauchten Imperativ, Holz zu sparen, befeuert[67] – begann die Avantgarde der industrialisierenden Zivilisationen eine so grandiose wie fatale Affaire mit dem, was man später die »fossilen Energieträger« nennen würde. Daß hierbei die von Max Weber für das vorangehende Jahrhundert beschworene »protestantische Ethik« eine Rolle gespielt hätte, läßt sich bei noch so hoher Bewunderung für den großen Soziologen kaum noch behaupten. Zwei Jahre vor dem Erscheinen des ersten Bandes von *Das Kapital* proklamierte der britische Ökonom William Stanley Jevons in seinem Traktat *The Coal Question* (1865) in triumphalem Ton den Anbruch eines Zeitalters der Kohle – wobei er zugleich eine Warnung vor dessen möglichem Ende aussprach.[68] Er ahnte, es werde für England auf die Dauer nicht ausreichen, »eine Insel zu sein und Steinkohle zu haben«, um der kontinentalen Konkurrenz, zumal der methodisch organisierten deutschen, standzuhalten.[69] Und doch, für Jevons war die Kohle der wahre Souverän des modernen Lebens – sie ließ sogar das »automatische Subjekt« der Marxschen Analyse in die zweite Reihe treten. Ohne sie fiele »die Menschheit« umgehend ins Stadium archaischen Elends zurück – ein früher Beleg für die Rhetorik der drohenden Regression, deren sich die Verfechter des Weiter-so seither regelmäßig bedienen. Während aber die Kapitalanalyse die Sonder-

67 Seit den Tagen Peters des Großen war Holzexport eine der Hauptgeldquellen des russischen Staats; ein gut Teil des britischen Schiffsbaus im 18. Jahrhundert verdankte sich Holzimporten aus Rußland.

68 Pierre Charbonnier, *Abondance et liberté. Une histoire environnementale des idées politiques*, Paris 2020, S. 142f. Die Schreckensvision vom Ende der Kohle ist noch bei Max Weber präsent, wenn er im Schlußabschnitt seiner Protestantismus-Schrift prophezeit, die Einzelnen würden ins harte Gehäuse der modernen Wirtschaftsordnung gebannt bleiben, bis »der letzte Zentner fossilen Brennstoffs verglüht« sei.

69 Vgl. auch Paul Valéry, »Eine methodische Eroberung«, in: ders., *Werke*, Frankfurter Ausgabe, Band 7, Frankfurt a. M. 1995, S. 7-25.

stellung der »Ware Arbeitskraft« bei der Wertschöpfung hervorkehrte, machten Jevons' Überlegungen auf eine kulturrevolutionär wirksame Eigentümlichkeit der »Ware Kohle« aufmerksam. Aus der Kohle ließ sich ein mirakulöses Plus an »Mehrenergie« gewinnen – ein Ausdruck, der in der Literatur der Zeit nicht vorkommt. In der Sache beherrschte das Rechnen mit riesigen und ständig anwachsenden Mengen an verfügbaren Mehrenergien die ökonomische, technische und kulturelle Szene vom späten 18. Jahrhundert an. Der Tatbestand der »Ausbeutung« – der seit der Verbreitung sozial-egalitärer Ideen so sichtbar wie zur Empörung einladend geworden war –, wurde zunächst nur an den unbezahlten Mühen von Leibeigenen und Sklaven bemerkt, wenig später auch an der nicht selten unterbezahlten menschlichen Arbeitskraft im Fabriksystem. Für die massive Ausnutzung der später so genannten »Energieträger«, die besser »Mehr-Energie-Träger« hießen, blieb kaum ein Rest an Aufmerksamkeit übrig – von Jevons' auf dem Kontinent kaum beachteter Denkschrift abgesehen. Ohne die ständige Ausweitung von Mehrenergie-Effekten jedoch bliebe der Weltlauf im ganzen seit dem späteren 17. Jahrhundert völlig unverständlich, insbesondere beim Einzug der Kraftmaschinen in die Fabriken und nach der Umstellung der Seefahrt von Windkraft auf Kohlemotoren.[70] Mochte das unruhige Kapital durch seine um sich selbst kreisende Organisation die bürgerliche Gesellschaft gleichsam als deren »automatisches Subjekt« in Bewegung halten, die Kohle, als das effiziente energetische Subjekt der Moderne – nach 1900 ergänzt durch das Erdöl nach 1950 durch das Erdgas –, verlieh den Kraftumsätzen in den Sphären der Produktion wie des Konsums und des Verkehrs ihren unermüdlich voran-

70 Die Schiffe der White-Star-Linie, der die (1912 gesunkene) *Titanic* und deren Schwesterschiff *Olympic* (bis zur Verschrottung 1935 im Dienst) gehörten, besaßen Motoren mit einer Leistung von über 51 000 PS und verbrannten bis zu 640 Tonnen Kohle pro Tag.

treibenden Elan. Wenn die offensive Moderne die Sprachen des Optimismus, des Fortschritts, des Wachstumsvertrauens und der Abolition in bezug auf unwürdige Lebensverhältnisse bei Sklaven, nichtaristokratischen Frauen, Juden und Fremden sprechen konnte, dann nur, *all things considered*, weil der Zustrom der anonymen Kräfte aus der Tiefe der Erdvergangenheit solchen Forderungen eine wachsende Plausibilität – das heißt eine Aussicht auf Verwirklichung – verschaffte.

Schon früh wies das energetische Subjekt der Moderne – dem »automatischen« ähnlich – einen Zug ins Titanische auf. Er manifestierte sich in Riesenschiffen, bombastischen Weltausstellungen und hyperbolischen Türmen. In der Summe ihrer Auswirkungen inaugurierten die nicht-humanen Bewegungsquellen das pyromanische Zeitalter, das von Entgrenzung zu Entgrenzung eilt. Das Geheimnis ihrer Ausweitung lag in der abrupten Erschließung des »unterirdischen Waldes«[71]: Durch sie wurde die moderne Welt an die Quasi-Unermeßlichkeit der Energielager aus dem erdgeschichtlichen Altertum angeschlossen. Erst von da an ließ sich die Schranke der natürlichen Knappheiten, die das ältere Realitätsprinzip bestimmten, entscheidend durchbrechen: Hatte die unkorrigierbare Langsamkeit des Holzwachstums von alters her dafür gesorgt, daß ein Ast, ein Scheit nur einmal verbrannt werden konnte[72], war es plötzlich möglich geworden, ein Stück Holz, das, in Steinkohle verwandelt, aus der Tiefe der Zeiten aufstieg, Millionen Male zu verbrennen, da der »Nach-

71 Rolf Peter Sieferle, *Der unterirdische Wald. Energiekrise und Industrielle Revolution*, Lüdinghausen/Neuruppin 2021 [zuerst München 1982]. Sieferles Beobachtungen sind durch die Bemerkung zu ergänzen, daß ein gut Teil der fossilen Energielager nicht nur aus abgestorbenen Wäldern, sondern auch aus maritimen Organismen, vor allem Algen, hervorgegangen sind.

72 Dank der Erzeugung von Holzkohle ein zweites Mal.

wuchs« immer schon als sofort verfügbare Größe gegeben schien. Die neuartigen Erfahrungen von Entgrenzung und Enthemmung riefen eine bisher unbekannte Empfindung des Unheimlichen in der Zivilisation hervor; seine vorsichtige Bezeichnung hieß »Maßlosigkeit«. An anderer Stelle sprach man von der Wiederkehr der Titanen, das heißt jenes vor-olympischen Geschlechts, das nur aus Macht-, Kraft- und Gewaltgöttern bestanden hatte. Sensiblen Zeitgenossen drängte sich die Befürchtung auf, es habe eine Zeit begonnen, in der das Dasein der Menschen dem traumbefangenen Ritt auf dem Rücken eines Drachen gleicht.

Das in den Traditionen der Linken von Babeuf bis Lenin und Mao durchwegs überschätzte, nicht selten kultisch umworbene und überhöhte Proletariat hatte sich im *Manifest* von 1848 *de facto* und von Anfang an mit der Rolle von mehr oder weniger schlecht ernährten Assistenten der kohlebefeuerten Kraftmaschinen zu begnügen. Bei ruhigerer Betrachtung hätte man dies von Anfang an wissen können – doch über eine lange Epoche hin wurden die Akzente so stark auf die politisch-ökonomischen Phänomene gesetzt, daß die basalen öko-energetischen Einsichten fast ganz in den Hintergrund gerieten. Im übrigen hätte man nicht auf von Marx abhängige Analytiker der politischen Ökonomie warten müssen, um zu begreifen, daß es die selbstbezüglich intensivierte Inventorik war, die im Bündnis mit der von ihr beflügelten Kraftmaschinenökonomie das Gesicht der Welt vom 18. Jahrhundert an so radikal veränderte. Die auf Dauer gestellte Erfindungskunst schuf sich ihre akademischen Organe in Einrichtungen wie der 1794 gegründeten *École polytechnique* zu Paris sowie den technischen Hochschulen Deutschlands und der USA (Polytechnikum Karlsruhe 1825, *Massachusetts Institute of Technology* 1861).

Der Versuch marxistischer Theoretiker, die seit dem 17. Jahrhundert autonom gewordene Inventorik unter dem Begriff »geistige

Arbeit« in die Kategorie »Proletariat« zu inkludieren, verriet ihre Unfähigkeit und Unwilligkeit, die Eigengesetzlichkeit selbstverstärkender Prozesse der kognitiven und technischen Naturbemächtigung außerhalb der Sphäre von Kapitalumläufen zu begreifen. War hingegen zeitweilig von einem »intellektuellen Proletariat« die Rede, hatte man zumeist Akademiker im Sinn, die am Arbeitsmarkt vorbei studiert hatten und nach einem Grundeinkommen in politischen Agenturen suchten. Kurzum: Die im *Kommunistischen Manifest* von 1848 proklamierte Verdampfung des »Ständischen und Stehenden« ging keineswegs nur von den Rückwirkungen der ausgebetteten Geldbewegungen auf ihre Wirtsgesellschaften aus. Zudem, wenn die Verhältnisse verdampften, geschah dies zuerst in den »Sprachspielen« der Literatur, in den »Diskursen« der Volkstribunen und den futurischen Phantasien der Utopiker.

Wie das Petrarca-Phänomen hatte erkennen lassen, entwickelte bereits die Reputationsökonomie des Spätmittelalters eine Dynamik, die ohne lokale Matthäus-Effekte nicht zu verstehen ist. Ebenso entfaltete die moderne Inventorik eine durchaus eigensinnige selbstverstärkende Dynamik. Gleiches galt für eine Vielzahl moderner Praktiken und Disziplinen, deren Vollzüge durchwegs unter dem Diktat der Selbstintensivierung standen – vor allem für die organisierten Wissenschaften, das Medizinsystem, die Künste, doch auch für relativ späte Erscheinungen wie den Tourismus; es gilt vor allem für den nach 1900 in Europa endemisch gewordenen Sport, der durch seine doppelte Orientierung an Höchstleistung und Massenwirksamkeit dem Geist der selbstbezüglichen Intensivierung auf besondere Weise verpflichtet bleibt.

All dieser Hinweise ungeachtet, drängt die Vermutung sich auf, daß sich erst in der erweiterten Gegenwart die ganze Bedeutsamkeit der von positiven Rückkopplungen bestimmten Phänomene zu enthüllen beginnt. Seit dem mittleren 20. Jahrhundert vollziehen sich in den Sphären der Physik und der Kybernetik, die in angewandte *Künstliche Intelligenz* übergeht, Vorgänge von solcher Tragweite, daß man nicht umhinkommt, von einer integralen zivilisatorischen Revolution zu sprechen. Man muß darauf gefaßt sein, sie werde an Dramatik die heftigsten Effekte der Gutenberg-Ära übertreffen. Sie verwandelt *feedback*-befeuerte Lernprozesse, bisher menschengetragen, in die Autodidaktik von Maschinen. Man könnte den Vorgang als ganzen als eine zeitlich verdichtete Spiegelung europäischer Lernprozesse auf einer Hohen Schule studierender Geräte deuten. Mit ihr erscheint eine Unheimlichkeit zweiter Ordnung. Die Menschenwelt fühlt sich inzwischen nicht mehr nur von Gespenstern der Toten heimgesucht; sie wird künftig noch mehr von einem noosphärischen Spuk beunruhigt, bei dem selbstprogrammierende Geister ohne Präexistenz umgehen werden. Die Nicht-Gräber von morgen öffnen sich weiter als alle Gräber der Vergangenheit. Im Spuk aus der Zukunft könnte sich zeigen, wie der Geist des Noch-nicht viel mehr dystopische als eutopische Bedeutungen annimmt.

Was die Dimension selbstverstärkender Systemeffekte im Bereich des Politischen angeht, behauptet die Staatlichkeit der westlichen Welt – nach Vorspielen im »Herbst des Mittelalters« – seit der Mitte des 17. Jahrhunderts sich als eine massive Größe eigenen Rechts. Von den Tagen des irreführend so genannten Absolutismus an förderten die emergierenden modernen Staaten aufgrund ausgreifender Fiskalpraktiken und expandierender regelnder Gesetzgebungen – nicht zuletzt auf dem Feld der Maße, Gewichte, Währungen, Gebühren und Bußgelder sowie des Personenstands und der Namen – eine Vielzahl selbstverstärkender Effekte, aus denen die Bürokratie, das Schulwesen, das Justizsystem, das Verkehrswesen, die Regionalverwaltungen und der vielgliedrige Archipel der sogenannten Infrastrukturen hervorgegangen sind, bis hin zu den Polikliniken und den sozialen Diensten der Kommunen. Daß der Staat vom 20. Jahrhundert an im ökonomischen Bereich als größter Arbeitgeber fungiert, macht deutlich, wie auch auf diesem Feld dem gegeben wird, der hat. In Deutschland liegen staatliche Agenturen zur Zeit mit nahezu 5,3 Millionen Beschäftigten, davon 1,7 Millionen im Status von Beamten, weit in Führung (Zahlen von Juni 2023); in Frankreich steht einer von fünf Berufstätigen – ingesamt 5,6 Millionen – auf den Gehaltslisten der Republik. Die vom vulgarisierten Marxismus, namentlich von Lenin in Umlauf gebrachte These, wonach der moderne Staat letztlich nur das Exekutivorgan der kapitalbesitzenden Klasse sei, liefert nicht mehr als eine schale Ausrede für die Unfähigkeit von dogmatisch benommenen Intellektuellen, die eigensinnigen Selbstverstärkungskreise *feedback*-bewegter sozialer Systeme zu beurteilen. Diese Behinderung besteht fort, solange man an dem intellektuell ruinösen Schema festhält, nach welchem die Phänomene des »Überbaus« sich aus den Strukturen der »Basis« erklärten. Als Movens einer Bewegung, die nicht weniger als eine Weltrevolution bewirken wollte, inspirierten die Halbwahrheiten des Marxismus nicht nur die von Lenin, Stalin und Maoisten begangenen Menschheitsverbrechen, sie erwiesen sich zudem als eine epistemologische Katastrophe – sie förderten die Machtergreifung eines halben Wissens, das als ganzes gelten wollte.

Eines der Bewegungsprinzipien der neuzeitlichen staatlichen Sphäre war schon 1863 durch Adolf Wagner formuliert worden, als er sein Gesetz von der »überproportional wachsenden Ausdehnung der Staatstätigkeit« und ihrer Finanzen aufstellte. Es müßte ergänzt werden durch das Gesetz von der korrumpierenden Wirkung eines selbstbedienend verfestigten Parteienwesens. Zu betonen bliebe überdies die Beobachtung, daß der Gipfel der Korruption zumeist in Systemen mit einseitiger Parteiherrschaft erklommen wird.

Dem Wagnerschen Realismus in der Staatsfrage, zu seiner Zeit als »Kathedersozialismus« verspottet, hatten von Marx angeregte Intellektuelle ein Jahrhundert lang nichts Besseres als die Sottise über das finale Absterben des Staates entgegenzusetzen.

Den »eurogenen Prozeß« der Neuzeit beziehungsweise das europäische *empowerment* als einen jahrhunderteübergreifenden Lernzusammenhang zu charakterisieren bringt die Aufgabe mit sich, einen Strukturwandel des Lernens zu erläutern, der sich in einem langwierigen und weitgehend unprogrammierten Curriculum vollzog. In Europa setzte auf diesem Feld ein dramaturgischer Mechanismus ein, der das Verhältnis der lehrenden und lernenden Generationen untereinander modifizierte. Was man gemeinhin Modernisierung nennt, bezeichnet in kulturdynamischer Sicht die progressive Umstellung vom Lernen durch die Nachahmung des Alten und der Alten auf ein Lernen durch Nachahmung des Neuesten und der Neuen. Könnte man den ersten Modus mit dem Ausdruck »Tradition« – Weitergabe des Bewährten – umschreiben, dürfte man für den zweiten den Ausdruck »Mode« einsetzen. Damit wird nicht nur an die etymologische Verwandtschaft von Mode und Moderne erinnert; es entsteht zudem die Gelegenheit, den Mode-Charakter des Nachahmungsverhaltens im Bereich des Gleichzeitigen allgemein zu betonen. Der erweiterte Modebegriff umfaßt ja nicht nur Vorgänge, die das Selbstdesign moderner Individuen, insbesondere ihr Bekleidungsgebaren, betreffen; er bezieht sich auf alles, was ihre Ausstattung mit Vokabularen, Bekenntnissen, Lektüren, Hörgewohnheiten, Geschmacksvorlieben und Attributen der persönlichen Erhöhung betrifft. In gewisser Hinsicht ist die »Kulturgeschichte der Neuzeit« im ganzen eine einzige *querelle des anciens et des modernes*, nicht bloß im Sinn des Streits um den Vorrang der antiken Meister vor den Autoren der Gegenwart, wie er um 1700 von französischen Kritikern vom Zaun gebrochen wurde, die, als stolze Zeitgenossen des Sonnenkönigs, vor den Alten Griechenlands und Roms nicht mehr auf die Knie fallen wollten. Sie produziert die permanente Reibung zwischen dem Lernen an bewährten Modellen aus älteren Tagen und der Orientierung am Neuen, das, ohne historisch beglaubigt zu sein, durch eben seine Neuheit – und das in ihr enthaltene Versprechen der Verbesserung oder der erhöhten Belebung – Eindruck macht. Aus diesem Grund ist der Prozeß der Moderne im ganzen ohne die Dynamik des Neuheitslernens nicht zu begreifen. Schon gegen Ende des 18. Jahrhunderts hatte die Mode das Ansehen einer unentrinnbar befehlenden Größe erlangt; selbst Kant kam zu dem Schluß, es sei besser, ein Narr mit der Mode zu sein, als sich gegen sie zu stellen.[73] Ja, seit Kriterien wie Originalität, Unterhaltsamkeit, Überraschungswert und erhöhte Rentabilität in Führung gehen, gewinnt die Novität als solche den bevorzugten Rang. Neophilie wird zum bestimmenden Habitus der Gebildeten – man wittert überall »Revolution« und begrüßt sie oft unbesehen wie eine belebende Abwechslung. Seit den 20er Jahren des 20. Jahrhunderts traten selbst Konservative als Revolutionäre auf, um den Zug der Zeit nicht zu versäumen. Der ciceronische Lehrsatz *historia magistra vitae*[74] verlor nicht nur durch den zunehmenden Aktualismus, den Kult der Tagesneuheiten, sondern auch unter kultur- und lernsystemischen Aspekten seine Bedeutung; das Lehramt des Bewährten und Gewesenen unterliegt seither einer fortgehenden Schwächung.[75] Der Glaube, durch historisches Wissen ohne Schaden klug werden zu können, hat praktisch keine Anhänger mehr. Wer

73 Immanuel Kant, *Anthropologie in pragmatischer Hinsicht* (1789/1800), § 71.

74 Cicero, *De oratore*, Buch II, 9, 36.

75 Reinhart Koselleck, »Historia Magistra Vitae. Die Auflösung des Topos im Horizont neuzeitlich bewegter Geschichte«, in, ders.: *Vergangene Zukunft. Zur Semantik geschichtlicher Zeiten*, Berlin 2022 [zuerst Frankfurt a.M. 1979], S. 38f.

meint heute noch im Ernst, die »Geschichte« alias »Historie« sei nichts anderes als eine Sammlung von nachahmenswerten oder abmahnenden Beispielen?

Der Vorgang ist an der Wiederentdeckung der Anästhesie in der modernen Chirurgie exemplarisch zu erläutern: Nachdem am 16. Oktober 1848 am Massachusetts General Hospital zu Boston die erste Operation unter Äther-Vollnarkose erfolgreich durchgeführt worden war – die wirkliche Oktoberrevolution mit irreversibler Wirkung –, sprang die Kenntnis des neuen Verfahrens binnen weniger Monate in die Praxis zahlreicher Hospitäler in aller Welt über. Unter dem Eindruck der Schmerzausschaltung entstand nicht nur eine extensive operative Medizinpraxis, es entwickelte sich auch ein neuer Modus des Patient-Seins. Er prägt die neuere *conditio humana* wie kaum ein anderes Merkmal. Das Bewußtsein der Operabilität beziehungsweise der erträglichen Behandelbarkeit in Zuständen der physischen Krise verändert das menschliche In-der Welt-Sein von Grund auf. Keine andere Innovation demonstriert mit solcher Nachdrücklichkeit die Bekehrung der Modernen zum Lernen am Gleichzeitigen. Die plötzlich aufgetretene Kunstlehre der Anästhesie bezeugt den Triumph der »Mode«. Was Mode heißt, wäre demnach, sofern es dem kulturellen Lernen zuarbeitet, ein Sortierungsverfahren, das bei tausend Versuchen neunhundertneunzig Vorschläge aussondert, um zehn zu behalten; in funktionaler Sicht bedeutet sie eine Methode, zu neuen Klassikern zu kommen. Äther und Chloroform wurden zu chemischen Klassikern, in deren Nachfolge neue Substanzen wie Ketamin, Propofol usw. auftauchen konnten. Auch aus den Umdrehungen des vestimentären Karussells fielen einzelne Produkte ab, die ikonisch wurden; zehntausend Schnitte wurden vorgeschlagen, vergessen und irgendwann rezykliert; die Jeans und das kleine Schwarze stiegen zu allgegenwärtigen Archetypen auf. Wo die saisonalen Moden dem Lernen den Rücken kehren, wie in der Couture, der Kosmetik und in der Popkultur, feiern sie Variationen um der Variation willen. Dem ist die Bereitschaft der Vielen, raschem Wandel zu folgen, inhärent.

Das Modischwerden fast aller Dinge ist ursprungsverwandt mit der nach 1789 überall verspürten Beschleunigung der geschichtlichen Ereignisfolgen. Freilich, wo die Mode, als Nachahmung des Neuen und Unerhörten, politisch werden wollte, propagierte sie die Illusion, die Vorgänge in Frankreich zwischen 1789 und 1793 ließen sich binnen kurzem an anderen Schauplätzen Europas nachspielen, warum nicht auch in Südamerika oder überall sonst, wo Emanzipationen von überalterten Mächten auf der Tagesordnung standen. Es sollte sich zeigen, daß sogar bei Europäern ein volles Jahrhundert verging, bis sich der Geschmack an Republik und Demokratie popularisierte; Frankreich nahm sich Zeit für vier Rückfälle in die Monarchie, bevor sein republikanisches Stadium mit der Verfassung von 1875 stabilere Formen annahm. Man muß wohl zugeben, daß der Sieg der Mode über die Tradition, der die moderne Welt kennzeichnet, auf politischem Gebiet durch die Trägheiten des Realen stark moderiert wird. Es scheint sogar, die monarchische Tradition kehre heute oft im modischen Outfit der Diktaturen wieder.

Zum Verständnis dessen, was hier »Eurogenese« genannt wird, gehört unumgänglich eine Deutung des Sachverhalts, daß Europa in religionsstatistischer Sicht die »ungläubigste« Region der Welt darstellt. An Nachweisen hierfür fehlt es nicht. Die Literatur zu Themen wie Säkularisation, Glaubensverlust, Siegeszug des naturwissenschaftlichen Weltbilds, Individualisierung und Spiritualisierung des Religiösen, Laizismus und aktiver wie passiver Atheismus füllt Bibliotheken; jedes Jahrzehnt kommt ein Anbau mit zahllosen Regalmetern hinzu. Was auch immer angefügt wird, es dürfte nur wenige Äußerungen geben, auf die nicht der Schatten der Thesen aus Nietzsches »Lenzerheide-Fragment« vom 10. Juni 1887 fiele.[76] Wenn wir darauf verzichten, in dieses Dokument ein Lesezeichen einzulegen, so, weil das in ihm auftauchende Merkwort »europäischer Nihilismus« einen Impuls enthält, der über das Feld der hier unternommenen Überlegungen hinausschießt. Er mündet in die Uferlosigkeit kulturkritischer Polemik, bei der die Grenzen zwischen europäischer Selbstdiagnostik und europafeindlicher Haßrhetorik verschwimmen.

Hier soll es genügen, darauf hinzuweisen, daß ein umfassender Lernzusammenhang wie der im bisher Gesagten angedeutete zugleich nur als das stille Drama eines großen komplementären Verlernens verstanden werden kann. In ihr werden neben den Massiven des Erworbenen und Beibehaltenen – ob man sie mit Hegel »objektiven Geist« nennt oder mit Simmel als das Massiv der »Kultur« definiert oder mit Foucault und Derrida als »Archive« bezeichnet – weite Felder sichtbar, in denen Abgeräumtes, Überwundenes, Erledigtes, Verlorenes und Vergessenes abgelagert beziehungsweise versunken ist – oder wie auch immer man den Zustand von Relikten kulturellen Außer-Dienst-Seins nennen möchte. Europa ist ja, neben vielem anderen, der exquisite Antiquitätenmarkt der Welt, ergänzt durch Unterwelten aus Bric-à-Brac, Trödelwesen und Ruinenkult. Wie Walter Benjamin einst bemerkte, es gebe kein Zeugnis der Kultur, ohne zugleich eines der Barbarei zu sein, müßte man hinzufügen, es gibt keine aktuellen Errungenschaften, keine Virtuositäten, keine Verfeinerungen, denen nicht auf der anderen Seite Formverluste, Entsublimierungen, Habitusabbrüche, Dezivilisationen gegenüberstünden. Was man Kulturpessimismus nennt, ist die Überzeugung, daß

76 Manfred Riedel, *Nietzsches Lenzerheide-Fragment. Entstehungsgeschichte und Wirkung*, Zollikon/Zürich 2000.

im Fortgang der Entwicklungen die Verluste die Gewinne überwiegen. Diese Art des Bilanzziehens ist so falsch, wie Einseitiges zu sein pflegt, sie hat dennoch viele Argumente auf ihrer Seite. Die moderne Welt hat nicht nur das Rad der Fortuna vieltausendfach neu zum Laufen gebracht, das Aufstiege und Abstürze oft unberechenbar verteilt. In ihr dreht sich insgesamt das große Rad eines Mentalitätswandels, das Zeitgenossen epochal umdatiert.

Europa als die Hochburg der Ungläubigkeit in der Welt zu bezeichnen – in neutraler Tonart, wie sich versteht – impliziert die Behauptung, daß es Formen des Verlernens und der Entwöhnung gibt, die als Gewinne verbucht werden dürfen. Um es ohne Umschweife auszusprechen: Europas bedeutendste, obgleich riskante zivilisationsgeschichtliche Leistung besteht darin, die Einzelnen aus dem Zustand totaler Mitgliedschaft in geschlossenen Kult- und Glaubensgemeinschaften entlassen zu haben. Dieser Sachverhalt wird von den Tagen der frühen Aufklärung an unter dem Wort »Religionsfreiheit« diskutiert. Infolge seiner Banalisierung ist dieser Ausdruck zu sehr verarmt, um von der Reichweite seiner Bedeutungen eine angemessene Vorstellung zu geben.[77] Er drückt nicht nur die Freiheit des »Bekenntnisses« aus, von dem die Einzelnen in liberalen Staaten profitieren, ihm geht die moderne Fiktion voraus, man könne den Glauben, in dem man aufgezogen wurde, nachträglich wählen oder verwerfen – genauer gesagt, man könne frühe Engramme nicht bloß überschreiben oder desaktivieren, sondern ganz auslöschen –, was unmöglich ist. Er bezeichnet darüber hinaus – und das ist seine um vieles stärkere Bedeutung – die Entlassung der Religion als solcher

77 Zu einem erweiterten Begriff von Religionsfreiheit vgl. Peter Sloterdijk, *Den Himmel zum Sprechen bringen. Über Theopoesie*, Berlin 2020, S. 324-337.

aus ihrer von alters her gesetzten Funktion, einen gegebenen Verband von Personen in einer zwangsgemeinschaftlichen Synthese zusammenzuhalten. Wenn Europa eine Leistung vollbracht hat, die in jedes Zivilisationsprogramm von allgemeinem Anspruch einzufügen bliebe, dann ist es die zunehmende Befreiung der Religionen als solchen – wie auch immer man diese definiert – von der Aufgabe, den Zusammenhang von ethnischen und politischen Ensembles durch symbolisch codierte psychische und sozietale Zwänge zu sichern. In unseren Breitengraden ist die Funktion der Zusammenhangsbildung zwischen Volksangehörigen und Mitbürgern, die sich nicht kennen, seit geraumer Zeit auf außerreligiöse kulturelle Agenturen übergegangen – man darf hier an erster Stelle die staatlichen Schulen, das freie Pressewesen, das Rechtssystem, die Universitäten und die Literaturen nennen; auch die Unterhaltungsmedien, die Versicherungen, die Rentenkassen, die Konzertsäle, die Museen und das Pluriversum der Vereine spielen hierbei eine Rolle. Sie entlasten das, was man den Glauben nennt, von der Aufgabe, soziale Ensembles über Gebühr zu homogenisieren. Der junge Marx hatte recht, wenn er behauptete, alle Kritik beginne mit der Kritik der Religion; die Kritik der Religion ihrerseits beginnt mit der Ablehnung der totalen Vergemeinschaftung. Deren erster Erfolg ist die Entkriminalisierung der Apostasie.

Man könnte das freie Europa geradezu als eine Union von gelassenen Apostaten bezeichnen. »Ungläubige« brauchen in ihr keine Verfolgung mehr zu fürchten; Gläubige dürfen sich vom Peloton der Ungläubigen abwenden, ohne mehr als ein gewisses Lächeln zu riskieren. Wo sonst in der Welt sind die Phänomene einer nicht-totalitären, nicht-integristischen Kommunenbildung so fruchtbar, vielfältig und eigensinnig entwickelt? Was wären die »Gesellschaften« ohne Gemeinden? Was wären die »Bevölkerungen« ohne Vereine, Clubs, Chöre und Nachbarschaften? Sie sind es, die die »Freiheit von Gemeinschaften in Gemeinschaften«[78] zur Blüte bringen. An dieser Stelle wäre anzumerken, daß der sogenannte »Laizismus« in Frankreich eine Fehlbezeichnung für die Emanzipation der Einzelnen aus religiös codierten Zwangsmitgliedschaften darstellt – indes die französische Laizität, aus anti-katholischem Pathos entstanden, dazu neigt, selbst die Züge einer wenn nicht zwingenden, so doch bedrängenden Gemeinschaft anzunehmen. Der forcierte Laizismus ist das unbewußte Umkehrbild der 1685 erfolgten Aufhebung des Toleranzedikts von Nantes, mit welcher Ludwig XIV. dem *mal français* Vorschub geleistet hatte. Recht verstandene Laizität zeigt sich nicht in der Verwerfung religiöser Bekenntnisse, sie verwirklicht sich als Einsicht in den poetischen Charakter religiöser Lehren. Sie bewährt sich, wenn sie verhindert, daß aus dem Club eines toten Propheten die Zwangsgemeinschaft seiner Gläubigen entsteht.

Sollte man den wichtigsten Gewinn aus dem europäischen Prozeß der Aufklärung mit einer einfachen Wendung umschreiben, fände man zunächst zu einer negativ formulierten Aussage: Er besteht im progressiven Verlernen der Unterwürfigkeit. Monsieur Teste würde sagen: *La subalternité n'est pas mon fort.* Positiv gewendet und in die Sprache Spinozas übersetzt, bedeutet das: Das aufgeklärte Europa ist so lange am Leben, wie die schöpferischen Leidenschaften die des Ressentiments in Schach halten.

78 Christoph Möllers, *Freiheitsgrade. Elemente einer liberalen politischen Mechanik*, Berlin 2020, S. 17.

Lektion zwei
Out of Revolution
Wie ein deutscher Historiker den Europäern ihre Autobiographie schreibt

Das Buch Europa – wie können wir uns seiner Lesbarkeit vergewissern? Auf welche Weise überzeugen wir uns davon, daß es dem »Kontinent ohne Eigenschaften«, ungeachtet seines ausweichenden Charakters, an Erkennbarkeit, vielleicht sogar an Erzählbarkeit nicht ganz fehlt? Wo müßte man ansetzen, um den amorphen Quasi-Gegenstand Europa unter dem Licht der Darstellbarkeit aufzufassen – sei es dank einer Erhellungsmethode, die Licht von außen herbeibringt, sei es durch eine Fluoreszenz, die dem Objekt selbst innewohnt?

Ich möchte auf den folgenden Seiten die Rolle des seltsamen Fremden aus der Erzählung »Das Sandbuch« von Jorge Luis Borges übernehmen, der an der Tür des Bibliophilen von Buenos Aires geläutet und sich als Verkäufer seltener Bibeln präsentiert hat. Allerdings: Dessen Sandbuch war die Verneinung der Möglichkeit, eine zusammenhängende Geschichte zu bilden. Es übermittelte *eo ipso* die Botschaft, daß du dich als Leser des diabolischen Werks an keiner Stelle darin lokalisieren kannst; du würdest eine Stelle, die dich angeht, vorausgesetzt, es gäbe sie, nie wiederfinden – daher könntest du auch nicht überprüfen, ob sie dir wirklich etwas zu sagen hatte. Das Lesen im Unendlichen ist die Unmöglichkeit, von einer Geschichte betroffen zu sein. Der Verkäufer von Buenos Aires hatte das Dilemma präzise bezeichnet:

> Wenn der Raum unendlich ist, sind wir an einer beliebigen Stelle im Raum. Wenn die Zeit unendlich ist, dann sind wir an einer beliebigen Stelle in der Zeit.

Das Buch, das ich in meinem Koffer mit mir führe und dem Publikum jetzt zum Erwerb anbiete, wenn auch zunächst nur zu einer ersten Kenntnisnahme, ist das perfekte Anti-Sandbuch. Es stellt den heftigsten Protest dar, der in jüngerer Zeit gegen das Verschwimmen des menschlichen Daseins in der Unendlichkeit – und deren kleiner Schwester, der Gleichgültigkeit – formuliert wurde. Ja, es entfaltet das Äußerste an Eindringlichkeit, um es nicht Zudringlichkeit zu nennen, mit dem sich ein Buch einem Leser mitteilen kann. Dieses Buch nimmt sich das Recht, die Rezeptivität, genauer: die Lern- und Leidensbereitschaft des Aufnehmenden bis ins Extrem zu beanspruchen – weit hinaus über das, was Wagner- und Stockhausen-Opern von ihren Hörern verlangen.

Die Rede ist von dem voluminösen Werk *Out of Revolution* aus der Feder des Historikers und Sprachtheoretikers Eugen Rosenstock-Huessy, im Jahr 1938 bei Wipp & Stock zu Eugene, Oregon, USA, veröffentlicht und versehen mit dem etwas bizarren, doch lautstarken Untertitel: *Autobiography of Western Man.*[79] Schlägt man es auf, begrüßt den Leser das horazische Motto: *De te fabula narratur* – »von dir handelt die Erzählung«. Merken wir beiläufig an, daß auch Karl Marx sich dieser Formel bediente, um deutsche Leser seines Werks *Das Kapital 1*, vor dem Trugschluß zu bewahren, all das, was dort abgehandelt wird, beträfe nur Engländer – doch nein, es geht auch Leser auf dem Kontinent an, und die deutschen besonders.[80]

»Autobiographie des westlichen Menschen« – die Formulierung

79 *Out of Revolution*, a. a. O.
80 MEW 23, S. 12.

ist geeignet, in mehrfacher Hinsicht Befremden hervorzurufen. Zum einen ist die Wendung »westlicher Mensch« für heutige Gehöre problematisch geworden; kaum ein Europäer unserer Tage würde sich – obgleich »identitäre«, kommunitarische und regionalistische Bewegungen eine hohe Konjunktur erleben – ohne Vorbehalte einem Kollektiv »westlicher Menschen« zuordnen. Nicht nur weil zur Zeit die großen Mehrheiten von antikollektivistischen Motiven beherrscht werden; man zögert auch, dem Ausdruck Kredit zu geben, seit zahlreiche Angehörige der euro-amerikanischen Zivilisation begonnen haben, sich selbst so lange in den Spiegeln des globalen Ostens, des globalen Südens und der globalen Indigenität zu betrachten, bis ihnen jede Lust an der Selbstaffirmation verging.

Noch befremdlicher wirkt die Gattungsbezeichnung »Autobiographie«. Es gehört, wie man weiß, zu den Entdeckungen der europäischen Antike, daß einzelne Menschen biographiefähige und biographiewürdige Wesen sind – die *bioi paralleloi* der großen Griechen und Römer, von Plutarch im 2. Jahrhundert unserer Zeitrechnung verfaßt, dokumentierten diesen Sachverhalt mit lang anhaltenden Wirkungen. In der Kulturpraxis Europas trat vom späten Mittelalter an ein Effekt auf, den man die Demokratisierung der Biographie nennen dürfte. Es müssen nun nicht mehr nur Heilige, Fürsten, Feldherren und strahlende Frauen[81] sein, deren Lebensgeschichten dem Gedächtnis der Nachwelt übergeben werden. Die biographische Wende erreichte einen ersten Reifepunkt, als der Humanismus des 16. Jahrhunderts die virtuelle Gleichung von Individualität und Lebenserzählung proklamierte.[82] Die europäische Anthropologie der Neuzeit resümierte sich in der Annahme, der Mensch sei nicht nur

81 Vgl. Giovanni Boccaccio, *De praeclaris mulieribus*, 1374.

82 Karl A. E. Enenkel, *Die Erfindung des Menschen. Die Autobiographik des frühneuzeitlichen Humanismus von Petrarca bis Lipsius*, Berlin/New York 2008.

das Lebewesen, dessen Dasein eine Darstellung verdiene, sondern auch dasjenige, das imstande sei, seine Geschichte selbst zu erzählen. Bis hin zu Wilhelm Dilthey, der in Analogie zu Kants Bemühung um die Erklärung der Möglichkeit von Naturwissenschaften die kategorialen Grundlagen der Geisteswissenschaften gewinnen wollte, blieb die autobiographische Kompetenz des europäischen Individuums das Schema, an dem sich die Möglichkeit von Geschichte und Historiographie überhaupt orientierte.[83] Ohne den autobiographischen Nukleus bliebe jede weiter ausgreifende Historie entweder nur eine Beispielsammlung aus dem Leben anderer von vagem existentiellem Wert oder geradezu eine Niemandsgeschichte, die das Nacheinander von vergangenen Verhältnissen ohne Personenbezug wiedergäbe. Da aber die Geschichte einer Nation, einer Konfession oder einer Institution viele Generationen übergreift und dadurch über das »sich selbst verstehende« Erleben des Einzelnen hinausgeht, muß eine reife Historik zeigen können, wie die »Quellen«, die Urkunden, die skripturalen und materialen Zeugnisse des Gewesenen so zu einer Erzählung zusammenzufügen wären, daß sie den Bezug zum Erinnerten und Erlebten nicht ganz verlieren. Gleichwohl sollen sie »Zusammenhänge« erhellen, »die niemand als solche erlebt hat«.[84] Vom 19. Jahrhundert an, dem goldenen Zeitalter des Historismus, geschah dies überwiegend in der Weise, daß die Einzelnen dazu angeleitet wurden, sich zur Mitgliedschaft in ihren Nationen zu bekennen: Infolge der Nationalisierung ihres Ich erwarben sie die Fähigkeit, die vergangenen Schicksale ihres »Volkes«, ihrer »Nation«,

83 Wilhelm Dilthey, *Gesammelte Schriften*, Band VII, *Der Aufbau der geschichtlichen Welt in den Geisteswissenschaften*, Leipzig 1910. Vg. auch: ders., *Texte zur Kritik der historischen Vernunft*, herausgegeben und eingeleitet von Hans-Ulrich Lessing, Göttingen 1983.

84 Hans-Georg Gadamer, *Wahrheit und Methode. Grundzüge einer philosophischen Hermeneutik*, Tübingen 1965, S. 211.

ihrer »Kultur« »mitzuvollziehen«, als wären die vergangenen Dramen etwas, das sie *cum grano salis* noch immer existentiell beträfe. Es lag jedoch in der Tendenz des Historismus – und seiner von Nietzsche so bezeichneten »antiquarischen« Gesinnung –, den autobiographischen und memorialen Kern der größeren Erzählungen zu löschen – mit der Folge, daß die Einzelnen sich mehr und mehr als Strandgut in Niemandsgeschichten empfinden.

Diese Hinweise sollten genügen, um die Ungewöhnlichkeit von Rosenstock-Huessys Unternehmen zu erläutern. Der Autor wollte ein erzählfähiges Kollektiv-Selbst konzipieren, das fähig wäre, die Geschichte Europas vom 11. Jahrhundert bis in die Gegenwart wie den Roman seines eigenen Lebens zu rekapitulieren. Um die Extravaganz des Vorhabens zu illustrieren, müßte man sich vorstellen, Aurelius Augustinus, der Meister der christlichen Autobiographik, hätte seine im Jahr 401 beendeten *Confessiones* nicht als die Abfolge seiner eigenen Fragwürdigkeiten erzählt, er hätte sie vielmehr als wahre Geschichte des gesamten Christentums entworfen; er hätte sie als die Evolution einer messianischen Sekte aus der palästinensischen Provinz präsentiert; er hätte über die Stadien der bedrängten, der kämpfenden, der triumphierenden Kirche Rechenschaft gegeben, als gehörten sie zu seinem Curriculum; er hätte weiter über die häretischen Krisen bis zur großen Wende unter Constantin, dem christlichen Caesar, und zur Erhebung des Christentums zur Reichsreligion unter dem Kaiser Theodosius im Jahr 393 gesprochen, als berichtete er von Vorgängen aus seinen eigenen Jahren; er hätte all dies unter der Prämisse getan, daß ihm eine bevorrechtigte Einsicht in das Drehbuch Gottes gewährt worden sei – und er habe erkannt, daß in einem späten Abschnitt des großen Exposés sein eigenes Erscheinen vorgesehen war. Es sei wirklich im voraus festgelegt gewesen, daß eine winzige Gruppe aus Nazarenern der 30er und 40er Jahre des 1. Jahrhunderts zur Eroberung des »Weltkreises«, sprich des römischen Imperiums, berufen war. Obendrein sei er, Aurelius in eigener Person, wirklich dazu bestimmt, die äußeren Kalamitäten und inneren Krisen der Kirche über eine Zeitspanne von 350 Jahren so zu beschreiben, als hätte er sie *in persona* miterlitten – deswegen sei er der bevollmächtigte Erbe und Verkünder der bis zur Stunde enthüllten Erkenntnisse über Gottes Pläne in der Welt.

Wie man weiß, bildet die Vision von Ostia den Drehpunkt von Augustins »Bekehrung«.[85] Was Rosenstock-Huessy angeht, so hat er seine Leser nicht im unklaren darüber gelassen, wo und wie in seinem Fall die Kehre begann: Er reklamiert für sich eine Art von »Vision«, die ihm inmitten der »Stahlgewitter« der Schlacht um Verdun im Jahr 1916 zuteil geworden sei. Unter dem ständigen Griff der Todesangst habe sich in ihm die Erkenntnis auskristallisiert, daß dieser europäische Krieg, der zum wirklichen *Weltkrieg* geworden war, eine revolutionäre Entwurzelung aus allem bisherigen Leben mit sich bringen mußte – mehr noch: daß keine Rückkehr in eine neue Zivilität möglich sei, bevor nicht alle Konsequenzen aus dieser inkommensurablen Erfahrung gezogen wären.

Die Frage, die Rosenstock-Huessys in jedem Sinn enormem Buch zugrunde liegt, lautet folgerichtig: Wie ist eine Rückkehr aus dem Weltkrieg möglich? Etwas förmlicher: Wie wären die Bedingungen der Möglichkeit von Demobilisierung zu bestimmen? Rosenstock-Huessy hat das Pathos dieser Frage mit zahlreichen Zeitgenossen gemeinsam, denen die Auslegung der aktuellen Menschheitskatastrophe auf den Nägeln brannte. Er teilt es mit Karl Barth, dessen radikale Neu-Interpretation des paulinischen Römerbriefs 1922[86] zur theologischen Sensation wurde; er teilt es mit Hugo Ball, dem Mit-

85 Aurelius Augustinus, *Confessiones*, IX, 10, 23-26.
86 Karl Barth, *Der Römerbrief*, München 1922.

Initiator des Zürcher Dadaismus, der nach Kriegsende eine Kehre zu frühchristlichen Denkweisen vollzog[87]; er teilt es mit Ernst Bloch, der mit den beiden Versionen seines Frühwerks *Geist der Utopie*[88] eine revolutionäre Gnosis aus dem Geist der Vorwegnahme besseren Lebens verkündete; er teilt es mit Paul Valéry, der in seinem 1919 verfaßten und publizierten Essay *La crise de l'esprit* seine Erschütterung über die Zerbrechlichkeit der höchsten Kulturleistungen zum Ausdruck brachte: »Wir Kulturvölker, wir wissen jetzt, daß wir sterblich sind«[89]; er teilt es mit Lenin, der den Zusammenbruch der Zarenherrschaft in Rußland mit grandiosem Zynismus als die singuläre Opportunität der bolschewistischen Machtergreifung erkannte; er teilt es mit Martin Heidegger, der mit seiner Analytik der Endlichkeit beziehungsweise seiner Deutung des Daseins als »Geworfenheit« und »Sein zum Tode« das philosophische Denken an die Stimmung einer irreversiblen Mobilmachung anschloß; er teilt es mit Benito Mussolini, der die Rückkehr in den zivilen Frieden verwarf, indem er dozierte, der Faschismus sei der Horror vor dem bequemen Leben. Er teilt es mit Adolf Hitler, der seine Weigerung, die Niederlage hinzunehmen, in das bekannte Wort aus *Mein Kampf* faßte: »Ich aber beschloß nun, Politiker zu werden.«[90] Er teilt es mit dem Romancier Hermann Broch, der im letzten Teil seiner Trilogie *Die Schlafwandler* einen Verwundeten im Feldlazarett zu der Kranken-

87 Hugo Ball, *Byzantinisches Christentum. Drei Heiligenleben*, München 1923; ders., *Die Flucht aus der Zeit*; München 1927.

88 Ernst Bloch, *Geist der Utopie*, Erste Fassung, Berlin 2018 [1918].

89 Paul Valéry, »Die Krise des Geistes«, in: ders., *Werke*, Frankfurter Ausgabe, Band 7, Frankfurt a.M. 1995, S. 26.

90 Adolf Hitler, *Mein Kampf. Eine kritische Edition*, hg. i.A. des Instituts für Zeitgeschichte München – Berlin von Christian Hartmann, Thomas Vordermayer, Othmar Plöckinger und Roman Töppe, *Band I: Eine Abrechnung* [1925], München/Berlin 2016, S. 557.

schwester sagen läßt: »So richtig nach Hause kommt von uns keiner mehr.«[91] Er teilt es besonders mit Franz Rosenzweig, der in seinem Werk *Der Stern der Erlösung*, 1921, eine Abkehr von allen Überlieferungen theoretischen Philosophierens vollzog, um nur noch ein »neues«, ein vom wirklichen Dasein »verunreinigtes« Denken gelten zu lassen: eine durchaus ent-ewigte, ganz in die Zeitlichkeit ausgesetzte Besinnung auf die Prämissen des unerlösten Lebens.[92]

Man muß Rosenstock-Huessys *Autobiographie des westlichen Menschen* mithin als ein Dokument der verzögerten Rückkehr aus dem Weltkrieg begreifen. Während heimkehrende Kämpfer der faschistischen Tendenzen bei der Rechten wie der Linken sich der Fortsetzung des Kampfes unter den Parolen der Nachkriegszeit verschrieben, weswegen sie jeden Gedanken an Demobilisierung verpönten,[93] faßte Rosenstock-Huessy den Vorsatz, auf andere Weise unter Waffen zu bleiben: Er wollte nicht eher demobilisieren, bis die ganze Wahrheit über die Katastrophe der europ äischen Zivilisation ausgesprochen und eine neue Mission für die kommenden Zeiten aufgezeigt wäre.

Es sollte bis zur Veröffentlichung von *Out of Revolution* (und dessen früherer beim Diederichs Verlag erschienener Fassung aus dem Jahr

91 Hermann Broch, *Die Schlafwandler. Eine Romantrilogie*, Frankfurt a. M. 1994 [1931/32], S. 602.

92 Franz Rosenzweig, »Das neue Denken. Einige nachträgliche Bemerkungen zum ›Stern der Erlösung‹«, in: *Der Morgen. Monatsschrift der Juden in Deutschland*, 1925, S. 426f.

93 Der Romancier Antonio Scurati zeigt in seinem Buch *M. Der Sohn des Jahrhunderts*, Stuttgart 2020, in wie hohem Maß Mussolinis Gründung der Fasci-Bewegung von den Frustrationen der Kriegsheimkehrer profitierte, die sich, obschon sie formal zu den Siegern zählten, durch die in Versailles festgelegten Regelungen um ihre Opfer betrogen fühlten.

1931[94]) dauern, bevor der Autor den Augenblick seines Rechts auf Demobilisierung gekommen sah. Man darf so weit gehen zu behaupten, das Buch, in das wir hier als ganzes ein Lesezeichen einlegen, sei eigentlich ein Feldpostbrief, der zwanzig Jahre nach Kriegsende einem ratlosen Publikum auf amerikanischem Boden zugestellt wurde, nicht aufgrund eines Versehens der Post, sondern weil der Verfasser sehr lange brauchte, um seine Zusätze, Exkurse und Postskripta zu ordnen.

Noch haben wir das Motiv nicht geklärt, das dem Buch sein invasives Pathos verlieh. Was war es, das dem Autor die Anmaßung gestattete, die Geschichte eines Jahrtausends so zu erzählen, als nähme er die Stelle eines Subjekts ein, das die Summe seiner Kapitel wie einen selbsterlebten Zusammenhang in sich faßt? Es handelt sich ja, wie der Autor betont, um eine Sequenz von nicht weniger als siebenundzwanzig Generationen. Gesetzt den Fall, ein Einzelner besitze die Fähigkeit, drei Generationen von durchschnittlicher Dauer mit einiger Luzidität in seinen Erfahrungskreis einzubeziehen, so blieben, was die Makro-Autobiographie betrifft, neun Zehntel der Serie außerhalb der eigenen Zeitspanne.

Das Rätsel löst sich auf, sobald wir die Grundoperation von Rosenstock-Huessys Erzählverfahren näher betrachten. Sie läßt sich anhand der auch hier aktivierten Devise *de te fabula narratur* entschlüsseln. Der ehemalige Soldat vor Verdun berief sich auf ein Erlebnis, das man nicht anders als einen Tigersprung in die Position einer rein medialen Autorschaft umschreiben kann. Als Medium seiner ekstatischen Erfahrung durfte er versichern, angesichts der ständigen Präsenz des Äußersten seien bei ihm sämtliche Masken abgefallen, mit denen Individuen normaler Zeiten als Spieler sozialer Rollen sich zu

94 Eugen Rosenstock-Huessy, *Die europäischen Revolutionen. Volkscharaktere und Staatenbildung*, Jena 1931.

verkleiden gewohnt sind. Er sei plötzlich entwurzelt worden aus allem, was im bürgerlichen Leben Prätention, Routine, Sattheit und Eitelkeit zu sein pflegt. Erst der bis zur reinen Sterblichkeit demaskierte Mensch sei es, in dem die Möglichkeit aufbreche, die wesentliche Frage zu stellen: was eigentlich und letztlich das Leben in der *conditio humana* ausmache. Rosenstock-Huessys Antwort hieß: Es ist das Sich-ergreifen-Lassen durch eine Idee, für die der Einzelne sich mit seinem ganzen Dasein verwendet. An sie schließt sich eine zweite Frage an: Wie das Leben im strengen Licht der inkommensurablen Erfahrung des Krieges fortgesetzt werden soll? Vor jeder konkreteren Antwort sei nur das Postulat der Neugeburt evident: Das von Dante einst lancierte Motto *incipit vita nova* mußte künftig über allem stehen, was das Wort »Nachkrieg« je bedeuten kann. Die totale Reduktion, die bei dem Autor aus der Kondensation des Daseins in nackte Existentialität hervorging, zog sich bei ihm in einen quintessentiellen Begriff zusammen: »die Revolution«. Nach 1918 sei kein authentisches Leben mehr möglich, das sich nicht im Zeichen der »Revolution« vollzöge. Das neue Leben verlange nach einem »neuen Lernen« und einem »neuen Lehren« – folglich nach einem von Grund auf veränderten Gebrauch der Lebenszeit. Dies deutete der Verfasser als das Mandat, seinen mehr oder weniger verschonten Mitbürgern in der Etappe zu erklären, wie Krieg, Revolution und Wahrheit in der »wirklichen Geschichte«, das heißt in der Sequenz der lebensspendenden Inspirationen des letzten Jahrtausends, ineinandergreifen. Belanglose Revolutionen habe es zu anderer Zeit und an anderen Orten oft genug gegeben: Palastrevolutionen, gestürzte Regierungen, Dynastiewechsel – das Buch der Geschichte ist kaum etwas anderes als eine Sammlung von Beispielen für den Satz: *plus ça change, plus c'est la même chose*. Diesmal stehe jedoch die Zukunft der Welt im ganzen auf dem Spiel – jetzt und hier werde nämlich über das weitere Schicksal der von Europäern im ablaufenden Jahrtausend erkämpften Freiheit entschieden. Der begriffene Weltkrieg verlange nach »Weltbiographie« zum Gebrauch der Überlebenden, er könne sich nicht mit einem launisch komponierten Mosaik aus lokalen Erinnerungssplittern begnügen.[95] Zum Weltbiographen könne nur ein Autor werden, der verwegen genug wäre, Europas Schicksal vom Standpunkt seiner freiheitsstiftenden Revolutionen aus zu erzählen. Wer »Revolution« sagt, greift nach dem Ganzen; wer an ihr teilzuhaben glaubt, will nicht weniger ändern als die Welt und alles, was in ihr der Fall ist. Die Jahre nach 1918 waren eine Zeit der großen Worte; den Zeitgenossen gingen die vielsagenden, ja, die allessagenden verbalen Gesten leicht von der Zunge.

Ausgehend von den im Krieg gewonnenen Evidenzen, studierte Rosenstock-Huessy in den Jahren danach die europäische Rechts- und Staatengeschichte vom Mittelalter an als eine Sequenz von Momenten, in denen authentische Revolutionäre – den »weltgeschichtlichen Individuen« Hegels vergleichbar – vor die Mitwelt traten, um sich in unbedingter Authentizität und todesbereiter Unbeirrbarkeit gegen die Unerträglichkeit der verworrenen und ungerechten Zustände in Staat und Gesellschaft aufzulehnen, ungeachtet dessen, daß in jedem Zeitalter und in den meisten Gegenden der Welt die große Mehrzahl der Menschen aufgrund von Trägheit, Mutlosigkeit und Versunkensein in schlechte Alltäglichkeit geneigt sind, das chronisch gewordene Unerträgliche doch irgendwie hinzunehmen. Die Reihe der exemplarischen Revolutionäre ist bei dem Autor so kurz wie unmißverständlich: Sie umfaßt die Namen Gregor VII., Luther, Cromwell, Robespierre, Lenin. Der erste Name steht für das, was Rosenstock-Huessy die »Papstrevolution« des 11. Jahrhunderts nennt: Die ungewöhnliche Bezeichnung kam nicht bloß einer einschneidenden Neudeutung des sogenannten Investiturstreits zwischen Papsttum

95 *Out of Revolution*, a. a. O., S. 10.

und Kaisertum gleich, sie enthielt eine Entdeckung mit weitreichenden Folgen für das Verständnis von Kirche und Staatlichkeit in Europa.[96] Die übrigen Namen deuten auf die historischen Einschnitte, die man üblicherweise als die Reformation – bei unserem Autor die »deutsche Revolution« – bezeichnet, sowie die *Glorious Revolution* in England (die den Jahren der puritanischen Diktatur[97] ein Ende setzte und die der Sache nach besser die »glorreiche Restauration« hieße), sodann die Französische und zuletzt die Russische Revolution – die letzteren sind auch mit ihren gewöhnlichen Namen im öffentlichen Bewußtsein der heutigen Zeit präsent.

Mit einem Wort: Die Wendung *Out of Revolution* kommt dem Aufruf gleich: »Mensch des Westens, höre! Ein Heimkehrer aus dem Äußersten redet zu dir!« Der späte Feldpostbrief richtet sich vor allem an das dekadente Christentum Europas und seine aufgeklärten Epigonen, deren atheistischen Nachkömmlinge inbegriffen. Das Prädikat »dekadent« kam den europäischen Kirchen völlig rechtens zu, da es ja überwiegend Getaufte mehrerer formal christlicher Nationen waren[98], die man dazu hatte anleiten können, sich millionenfach gegenseitig umzubringen. Ganz offensichtlich hatte das von den modernen Nationen okkupierte Motiv des *imperium* den Sieg über die transnationale Idee der *ecclesia* davongetragen. Dem jungen Rosenstock (er nahm 1925 den Familiennamen seiner Frau Margrit Huessy mit an), der, 1888 geboren, aus einer jüdischen Familie stammend,

96 Unter dem Einfluß von Rosenstock-Huessy verfaßte Harold J. Berman sein epochemachendes Werk *Recht und Revolution. Die Bildung der westlichen Rechtstradition*, Frankfurt a.M. 1995 [Orig. 1983]; vgl. darin besonders: »1. Teil: Die päpstliche Revolution und das kanonische Recht«, S. 85-435.

97 Michael Walzer, *The Revolution of the Saints. A Study in the Origins of Radical Politics*, Harvard 1982.

98 Das seit 1905 laizistisch verfaßte, doch noch traditionell katholische Frankreich teilweise ausgenommen.

als 17jähriger in die evangelisch-lutherische Kirche zu Berlin eingetreten war und dem es mit seiner Bekehrung ernst war, mußte dieses Faktum als ein religionsgeschichtliches Desaster, ja, als manifester Bankrott der christianisierten Zivilisation Eindruck gemacht haben. Dieser entgeisterten Alten Welt wollte der Autor einen Augenblick der Wahrheit im Taufbad des Äußersten vermitteln.

> In der Weißglut der Revolution erreicht eine Gesellschaft die Höhe ihrer Aufrichtigkeit, Selbsterfassung und Hellsicht ins eigene Wesen. So gibt es auch im Dasein jeder lebendigen Seele einen oder zwei feierliche Augenblicke, in denen sie die volle Wahrheit über sich ausspricht.[99]

Durchdrungen von der Überzeugung, aufgrund der Kriegserfahrung mit allen wirklichen Revolutionen des »Kontinents« »kongenial« geworden zu sein[100], beanspruchte der aus der Feuertaufe Zurückgekehrte das Vorrecht, auch die Gewaltexzesse der großen Umwälzungen wenn nicht rechtfertigen, so doch verstehend zu deuten. Wer Revolutionen wie Bekenntnisse vorträgt, beichtet auch ihre Gewalttaten, als ob sie unvermeidlich gewesen wären. Dem Autor war bewußt, daß in der Regel nur kriegerische Gewalt imstande ist, neue Grenzen zu ziehen – und wo ihre Neuziehung an der Zeit ist, erscheint auch die revolutionäre Gewalt legitim. Rosenstock-Huessy hatte natürlich begriffen, daß er als Einzelner nicht der legitime Verfasser einer Autobiographie der Europäer sein konnte – er glaubte aber, berufen zu sein, dem »wirklichen« Verfasser des inspirierten Buchs als Medium zu dienen. Für diese Funktion kam nur der »Geist der

99 *Out of Revolution*, a. a. O., S. 709.

100 Er publizierte 1920 in dem von ihm mitgegründeten Patmos Verlag eine Schrift unter dem Titel: *Die Hochzeit des Krieges und der Revolution* (Würzburg 1920).

Revolution« als solcher in Frage, sofern seine Existenz sich postulieren ließe. Über die christliche Identität des Revolutionsgeistes ließ der Verfasser die Leser nicht im unklaren. Es charakterisierte die Atmosphäre der Nachkriegszeit, daß sie – für alle Extremismen offen – die Gleichsetzung des Zeitgeistes mit dem Weltgeist favorisierte, doch auch, daß sie die Identifizierung des Revolutionsgeistes mit dem Heiligen Geist nicht verbot. Immerhin, der Leser des behauptungsstarken Buchs mußte zur Kenntnis nehmen, daß der Heilige Geist kein Pazifist ist.

Der Krieg hatte offengelegt, in welchem Maß die Nationalitäten den christlichen Universalismus zerstückelt hatten; fast überall waren die Kirchen zu Conciergerien der Machtstaaten geworden. Max Weber hatte zu Recht von der »Weltherrschaft der Unbrüderlichkeit« gesprochen[101], gegen welche die evangelische Botschaft in der modernen Welt ebenso wenig aufkam wie in der Ära mittelalterlicher Kleinfürsten, der Raubritter und der *War Lords*. Deren Vorgängern hatte man vom 10. Jahrhundert an noch mit Mühe beigebracht, an den heiligen Tagen der Woche, von Freitag bis Sonntag, im Namen Gottes auf Gemetzel zu verzichten.[102] Im Ausgang des Weltkriegs schien ein Augenblick gekommen, der es erneut nötig machte, dem freien Geist bei seinem Wehen über einer Landschaft der Konfusion zu assistieren – obschon von einem »Gottesfrieden« angesichts der sich neu formierenden Machtblöcke und ihrer heraufziehenden Schlachtordnungen keine Rede sein konnte.

Es spricht für Rosenstock-Huessys spirituelle Bedenkenlosigkeit, um es nicht Skrupellosigkeit zu nennen, wenn er den zeitgerecht ent-

101 Max Weber, *Religion und Gesellschaft. Gesammelte Aufsätze zur Religionssoziologie, Zwischenbemerkung*, Frankfurt a. M. o. J., S. 560.

102 Solche Regelungen, die wie es scheint, von der Auvergne des 10. Jahrhunderts ihren Ausgang nahmen, sind unter dem Begriff *treuga Dei* (»Waffenruhe Gottes«) in die Geschichtsbücher eingegangen.

fachten Sturm des Heiligen Geistes auch in der damals noch aktuellen Russischen Revolution erkennen wollte, obschon bereits 1931, spätestens im Hochjahr des Terrors 1938, einige Fragen hinsichtlich der wahren Inspiriertheit der Vorgänge in der UdSSR sich aufgedrängt haben müßten. Gewiß, Lenin hatte durch das Abkommen von Brest-Litowsk im März 1918 den Krieg von russischer Seite her verloren gegeben und auf einige Territorien im Westen verzichtet, um das *unum necessarium*, das »eine, das nottut«, sprich die Chance zur sozialistischen Welterneuerung, zu gewinnen. Rosenstock-Huessy nahm es dem Führer der Bolschewisten ab, einer glaubwürdigen Berufung gefolgt zu sein; er gestand ihm zu, nicht bloß seine Besessenheit durch eine haltlose Theorie ausagiert zu haben. Nach Lenins Tod und Stalins Aufstieg gab es mehr als einen Grund, an der verwegenen christlichen Hermeneutik der Revolution zu zweifeln; ebenso an der Doktrin, wonach sich in Europas Osten unter weltlichem und gewaltträchtigem Vorzeichen letztlich doch »tief religiöse« Imperative realisierten.[103] Spätestens nach den Moskauer Prozessen von 1936 bis 1938 sollte evident geworden sein, daß die »Diktatur des Proletariats« eher eine Attrappe war, gemacht, um Intellektuelle und

103 In diesem Punkt teilt Rosenstock-Huessy die in Europas Intelligenz vor 1917 geläufigen Vorurteile über Rußland als Matrix einer quasi archaischen Gläubigkeit auf der Suche nach Möglichkeiten der Modernisierung. Aufschlußreich hierzu: Friedrich Heer, *Europa. Mutter der Revolutionen*, Stuttgart 1964, S. 730-831: »Kapitel 12: Rußland in Europa«. Heer resümiert seine Überlegungen zur russischen Spiritualität des 19. Jahrhunderts in der Formel: »Die Reise nach der ›Pravda‹«. Auch er, hierin Rosenstock-Huessy eng verwandt, bleibt noch zu Anfang der 60er Jahre zu einer radikal spirituellen Überinterpretation der Vorgänge in Rußland und China entschlossen: Er nennt Trotzki einen »roten Origines« (S. 821), Mao einen »chinesischen Moses« (S. 827). Heer zitiert auch den jungen Bakunin, der 1848 an einen polnischen Freund schrieb: »[...] jetzt suche ich Gott in der Revolution« (S. 754)

Vorredner der »sprachlosen Schichten« zu verführen, als eine Redefigur des Heiligen Geistes, der seine Zwecke auch unter atheistischem Pseudonym souverän zu verfolgen verstünde.[104]

Mit dem Hinweis auf die Idee der notwendig gewordenen Pseudonymität christlicher Impulse rühren wir an das logische Zentrum von Rosenstock-Huessys damaligem und späterem Denken, bei dem »die Sprache des Menschengeschlechts« und das Zusammenleben von Menschen unter dem antwortfordernden Druck einer mehrdimensionalen Wirklichkeit ins Zentrum rückte. Seine bedeutendste Intuition drückte sich in der Behauptung aus, wonach es künftig darauf ankomme, die Wahrheit unter den Bedingungen der Mehrsprachigkeit zu denken – einer Herausforderung, die mehr bedeute als das friedlich-unfriedliche Nebeneinander nationaler und ethnische Idiome.

Was man Wahrheit nennt – in religiösen Dingen vor allem und abgesehen von allem, was sie sonst bedeuten mag –, ist überall, wo das Diktat der Mehrsprachigkeit sich geltend macht, seit jeher das Produkt aus dem Ringen zwischen dem Übersetzbaren und dem Unübersetzbaren. Der »Geist« fungiert zugleich als Übersetzer und als Kritiker, der das Unübersetzbare vor der unvermeidlichen Fälschung durch die Übersetzung bewahrt. Daß übersetzt werden muß, ist die *conditio sine qua non* der historischen Welt. Ja, die »Wahrheit« selbst, die christliche an erster Stelle, scheint von Anfang an unter dem Ge-

104 Die Doktrin von der produktiven Anonymisierung oder Pseudonymisierung christlicher Botschaften teilte Rosenstock-Huessy mit seinem Freund Franz Rosenzweig (1886-1929): Dieser schrieb an Hans Ehrenberg (1883-1958) am 19.4.1927: »So wie die Sozialdemokratie, sogar wenn sie atheistisch ist, für die Verwirklichung des Gottesreichs durch die Kirche wichtiger ist als alles Kirchliche, so ist es auch der Zionismus für die Synagoge.« In: Franz Rosenzweig, *Briefe*, unter Mitwirkung von Ernst Simon, hg. von Edith Rosenzweig, Berlin 1935, S. 580.

bot zu stehen, sich fälschen zu lassen, um so verbreitet zu werden, wie es ihr ihrem expansiven Naturell nach zukommt. Was man das Pfingstwunder[105] nannte, bezieht sich nicht nur auf die Erfahrung eines kollektiven Enthusiasmus jenseits der Sprachen; es impliziert zugleich einen Impuls zur grenzüberschreitenden Ungenauigkeit. Das Pfingstereignis erwies sich in erster Stunde als ein *protestantisme sans frontières.*

Der Prozeß der Pseudonymisierung ist mit dem Christentum und seiner sprachlichen Einkleidung von Anfang an identisch. Er begann damit, daß der hebräische Terminus *maschiach*, aramäisch *mschicho*, im Griechischen als *messias* translitteriert, in den Ausdruck *christós* übersetzt wurde – weswegen die Christen bis heute die Leute sind, die den Namen ihres Erlösers hartnäckig unkorrekt aussprechen. Er setzte sich in dem Umstand fort, daß die Briefe des Paulus und die vier kanonischen Evangelien ausschließlich auf Griechisch vorlagen, so daß kaum ein originales Wort des Aramäisch sprechenden Predigers Joshua den halbtransparenten Schleier der Graecophonie durchdringen konnte. Mit der Latinisierung des Christentums schloß sich eine zweite Stufe der Verfremdung durch Übersetzung an, bis endlich vom späten 14. Jahrhundert an die volkssprachlichen Popularisierungen folgten – die Wyclif-Bibel von 1395, die alttschechische Olmützer Bibel von 1417, die gedruckte Mentelin-Bibel auf Deutsch von 1466, die Luther-Bibeln von 1522 und 1534, die französische Bibel aus Neuchâtel von 1535 und deren Optimierung durch die Genfer Bibel von 1557, die den Hugenotten als Inspirationsquelle diente. Sie alle wären ohne den Glauben an die Möglichkeit und Wirklichkeit einer *translatio veritatis* nicht zu denken. Wenn das protestanti-

105 Dargestellt in der Apostelgeschichte 2,4-13, mit Betonung der xenoglossischen Kommunionen.

sche Pathos sich in der Parole *sola scriptura* verdichtete, war *sola translatione* mitgemeint.

An der nächsten Stelle jedoch, an der Schwelle zur Aufklärung, wo es galt, von den dritten zu den vierten Übersetzungen weiterzugehen, erkannte Rosenstock-Huessy die Notwendigkeit, das gesamte System der tradierten Theologie und der *religio* – wie das Leben in den Orden herkömmlich hieß – einzuklammern, um das nun protestantisch genannte Prinzip, das Recht auf direkten Zugang zur Heiligen Schrift – vorbei an anderthalbtausend Jahren Kirchengeschichte – mit neuem Nachdruck geltend zu machen. Anders als Luther, der zugleich rückwärts und vorwärts übersetzte, indem er das Neue Testament aus dem Griechischen und das Alte Testament aus dem Hebräischen in ein hierbei entstehendes Deutsch übertrug, versuchte Rosenstock-Huessy als illuminierter Philologe zu erklären, warum, wie und mit welchem Recht die britischen Juristen des 17. Jahrhunderts, die französischen Aufklärer des 18., die deutschen Idealisten des frühen 19., die russischen Anarchisten des späten 19. Jahrhunderts und schließlich sogar die Bolschewisten des 20. wesentliche Elemente des Evangeliums in weltliche Sprachen übersetzten, nicht selten unter offener Abkehr von den Gründungsschriften, ja sogar unter atheistischem Banner. In seinen Augen existierte das Christentum – sofern es sich nicht traditionalistisch verfestigt hatte – spätestens seit den Tagen der Französischen Revolution unter dem Gesetz der Vorwärtsübersetzung. Es verlangte nach Vermittlungen mit den weltlichen, wissenschaftlichen und ästhetischen Idiomen einer Zeit, die mit dem religiösen Altertum nur eines noch gemeinsam hatte: daß Menschen angesichts äußerster Situationen imstande sind, sich auf etwas Umgreifendes zu besinnen, das den Einsatz des Lebens wert ist. Durch diese Klausel schützte sich der Autor davor, das transponierbare Christentum in eine spirituelle Brausetablette umzuwandeln, die sich in ein säkulares Weltethos auflöst oder im

Formalismus einer Lehre von der kommunikativen Kompetenz verschwimmt.

Die folgenreichste Vorwärtsübersetzung präsentierte sich in Gestalt der *Déclaration des droits de l'homme et du citoyen*, wie sie am 26. August 1789 von der französischen Nationalversammlung verabschiedet und von Ludwig XVI. akzeptiert wurde. An ihrem religiösen Charakter konnte von Anfang an kein Zweifel aufkommen. Frühe Abbildungen der feierlichen Erklärung zeigen die 17 Artikel und ihre Präambel in Analogie zu den Zehn Geboten auf zwei Gesetzestafeln. Man könnte meinen, die Abgeordneten hätten sich die Mühe gemacht, den Sinai zu erklimmen, um die Artikel dort vom Finger Gottes in Ton schreiben zu lassen und dessen Satzungen nach Paris herabzubringen, wo sie nach zahlreichen Änderungsanträgen verabschiedet wurden. Über beiden Tafeln schwebt das allsehende Auge Gottes im gleichseitigen Dreieck, über dessen Bedeutung zu jener Zeit niemand im unklaren sein konnte.

Wenn Rosenstock-Huessy den Anspruch erworben hat, in eine europäische Geschichte der Ideen außerhalb der philosophischen Fakultäten einzugehen, so weil es ihm gelungen war, die Hegelsche Figur der List der Vernunft durch die der List des Heiligen Geistes zu überbieten – besser gesagt, nachzuweisen, daß Hegels Konzept der prozessierenden Idee beziehungsweise des Weltgeistes ohnedies nie etwas anderes bedeutet hatte als das Produkt einer theoretischen Neutralisierung der dritten Person der Trinität auf ihrem Weg durch die Zeit.[106]

106 In seinem Werk *Weltgeschichte und Heilsgeschehen*, 1949, hat Karl Löwith die theologischen Quellen der marxistischen, von Hegel inspirierten Geschichtsphilosophie offengelegt – was im Lager der linken Intelligenz jener Jahre als unwillkommene Aufklärung, ja als Entlarvung unbegriffener metaphysischer Prämissen »progressiver« Praxis wahrgenommen wurde. Hin-

Es läßt sich unschwer erkennen, daß Rosenstock-Huessy seine Mitteilungen an die Europäer der Nachkriegszeit – zuerst 1931, dann an die Amerikaner im Jahr 1938 – im Blickwechsel mit Nietzsches Destruktion der Metaphysik durch eine unerbittliche »Genealogie der Moral« entfaltete. Inzwischen ist es auch seine Gewißheit, daß die hochtönenden metaphysischen Fabrikationen Alteuropas in einer harten Prüfung ihrer logischen und praktischen Validität zugrunde gegangen seien. In eigener Sache ist er dennoch des Glaubens, er werde den genealogischen Test – die Untersuchung, ob seine Motive von guten Eltern seien – bestehen. Er begriff sich als einen Kämpfer, der nackt vor dem Tod gestanden hatte und aus der Prüfung gewandelt hervorgegangen war. Wer aus dem Krieg luzid erschüttert »nach Hause« kehrte, gehörte, wie der Autor versicherte, einer neuartigen Aristokratie an, dem Adel der Authentizität – wie er, in anderer Gestalt, etwas später bei Albert Camus zum Ausdruck kam. Aus dessen Kodex ergab sich die Berufung zu seiner Aufgabe für die Zeit danach – sie würde sich als ein Friedensdienst ohne Grenzen erweisen.[107]

Bei Rosenstock-Huessy klärte sich während der Nachkriegsjahre die Überzeugung, daß die Wahrheit, auf die es ankommt, nicht auf eine »andere Welt« angewiesen ist. Sie speist sich aus Zukunft in dieser Welt. Die Vornehmen der kommenden Zeiten sollen sich nicht auf ihre Herkunft berufen; sie legitimieren sich durch ihre Zukunfts-

gegen legte Rosenstock-Huessy in seinen Schriften von 1931 und 1938 die geschichtstheologischen Karten auf den Tisch. Vgl. Karl Löwith, *Weltgeschichte und Heilsgeschehen. Die theologischen Voraussetzungen der Geschichtsphilosophie*, Stuttgart 2004 [1949]. Auf halbem Weg zwischen Rosenstock-Huessy und Löwith hatte Walter Benjamin um 1940 den in geschichtsphilosophischen Thesen verschlüsselten Versuch unternommen, die bereits entgleiste Russische Revolution mit einem Hauch messianischer Legitimität zu umkleiden.

107 Vgl. Eugen Rosenstock-Huessy, *Dienst auf dem Planeten Kurzweil und Langeweile im Dritten Jahrtausend*, Stuttgart u. a. 1965.

bereitschaft, getragen von Hingabe an das Neue, das nottut. Zugleich wird im Neuen, dem Doppelsinn von *revolutio* gemäß, Ursprüngliches wiederhergestellt:

> Alle europäischen Revolutionen teilen den heroischen Zusammenschluß von Vergangenheit und Zukunft gegen eine verfaulte Gegenwart.[108]

Der wahre Name der anderen Welt lautet bei diesem Autor also nicht mehr »Jenseits«. Der Zugang zu ihr wird nicht durch das philosophische »Transzendieren« gebahnt. Statt auf Überstiege in postmortale Sphären setzt er auf den revolutionären Wandel. Die Revolution ist die zugleich geistige wie physische Macht, die einen Adel eigener Art hervorbringt. Von Verdun zurückkehrend wie Jesus nach vierzig Tagen in der Wüste, wandte sich der Autor im Jahr 1931 an seine Zeitgenossen innerhalb und außerhalb der deutschen Sprachgrenzen, dann erneut im Jahr 1938, als Europa vorübergehend verloren war, an die anglophone Öffentlichkeit, um sie in seine verbindliche Vision von der Kohärenz der revolutionären Aufbrüche in weitere, freiere, reichere Weltentwürfe einzubeziehen.

Man kann nicht behaupten, Rosenstocks Ausführungen hätten je an Unterventilation gelitten. Und doch, bei beiden Publikationen hatte er, was man fürs erste nicht anders als Schriftstellerpech nennen kann. Hitlers Machtübernahme Anfang 1933 machte die Neudeutung der polyvalenten europäischen Revolutionsgeschichte unzeitgemäß – die NS-Bewegung setzte die »nationale Revolution«, die eher eine neopagane Revolte war, gegen die Ideen von 1789 und das in ihnen verschlüsselte christliche Ethos; aufs Ende der 30er Jahre zu entzog wiederum die nahende Verwicklung der USA in einen erneuten Welt-

108 *Out of Revolution*, a. a. O., S. 524.

krieg der Stimme eines deutschen Emigranten den Resonanzraum, der für ihre Aufnahme nötig gewesen wäre. Nichtsdestoweniger kann man behaupten, Rosenstock-Huessy gehöre zu den Autoren, deren späterer Ruf durch frühere Erfolglosigkeit gerettet wurde. Seine Fehlurteile über die Weltlage der 30er Jahre sind so abenteuerlich, daß er von Glück sagen konnte, daß sie fürs erste unbeachtet blieben. So schrieb er Hitler noch 1938 ehrliche pazifistische Absichten zu[109] und nannte ihn etwas von oben herab einen »Bauernpapst«[110]; er dozierte, ein neuer großer Krieg sei durchaus unmöglich, da die modernen Waffen ihn zur Absurdität verurteilten. Zudem wollte er glauben, auch in Stalins Universum sei das urkommunistische Programm zur Abschaffung des Staates ganz ernst gemeint; recht kurios klang seine forsche These, die Psychoanalyse Freuds, die den puritanisch gehemmten Amerikanern einleuchte, sei in Frankreich überflüssig, da die Philosophie der Sensualisten ihr längst zuvorgekommen sei. In großer Nähe zu kraftstrotzenden Fehldeutungen aller Art finden sich luzide Aussagen wie die, Hitler sei eigentlich der unbekannte Soldat aus dem einfachen Volk; er stelle einen Charakter dar, wie er für die Ära *vor* der Reformation typisch gewesen war, ja, der Diktator aus dem Nachtasyl von Wien spekuliere ganz offen darauf, daß das deutsche Volk, von einem glanzlosen Protestantismus ermüdet, endlich wieder einen Führer sehen möchte, der wie unter direkter göttlicher Inspiration agiert.[111] Was zeigte: Die Theokratie mochte offiziell erledigt sein, man hatte die Fürsten von Gottes Gnaden zur Tür hinausgejagt, sie kamen als Diktatoren durchs Fenster zurück.

109 Hitler hatte schon am 5. November 1937 gegenüber den Befehlshabern der Wehrmacht und dem Außenminister von Neurath, wie es die sog. Hoßbach-Niederschrift bezeugt, über seine Kriegsziele und Angriffszeitpläne Auskunft gegeben.

110 *Out of Revolution*, a. a. O., S. 628.

111 Ebd., S. 442

Rosenstock-Huessys methodische Schwächen verraten sich reichlich in seinen Fehlurteilen; deren Kehrseite bildet eine Fülle glanzvoller Einsichten. Die verwundbare Stelle des Autors liegt im axiomatischen Bereich: Seine Überzeugung, die menschliche Geschichte im ganzen, die europäische Geschichte des letzten Jahrtausends im besonderen, könne nur aus der Bewegung der Leidenschaften, der Bekenntnisse, der Inspirationen begriffen werden, bringt ihm die Verlegenheit ein, die Unterscheidung der Begeisterungen vollziehen zu müssen, ohne Kriterien vorweisen zu können. Mit einigen Revolutionshistorikern und Medientheoretikern jüngeren Datums teilt Rosenstock-Huessy das Scheitern angesichts der Aufgabe, noble Enthusiasmen und Eruptionen von Massenwahn zu unterscheiden.[112]

Rosenstock-Huessy entschied sich dafür, den Geist der Revolution nicht erst dort zu beobachten, wo er – wie bei seinen Auftritten nach 1789 – von den Akteuren selbst schon wirksam theatralisiert und theoretisiert worden war. Der kaum zu erwartende große Coup des Autors artikulierte sich in der These, wonach vom hohen Mittelalter an der Wind der geistig-politischen Aufbrüche durch die wirkmächtigen Nationen wehte – in Italien beginnend über Deutschland, England und Frankreich hinweg, um zuletzt auch in Rußland für die Umschaffung der Verhältnisse zu sorgen. Für ihn ist die Kette der Revolutionen eine quasi sakramentale Realität, ja eine notwendige Sequenz von Vorstößen zu verallgemeinerter Freiheit bei den Völkern der Alten Welt. Alle Europäer sind ihre Erben, wenn sie es auch in der Regel eher auf passive Weise sind; sie leben zumeist ohne

112 Dieses Problem hat er u.a. mit dem französischen Mediologen Régis Debray gemein, der, indem er die soziale Synthesis durch Medien und »Kommunionen« erklären möchte, nie deutlich machen kann, wie zwischen guten und schlechten Massenbegeisterungen zu unterscheiden wäre. Vgl. Régis Debray, *Les communions humaines. Pour en finir avec la »religion«*, Paris 2005.

Einsicht in die historischen Quellen aktueller Zustände. Jedes Individuum dieser Längen- und Breitengrade sollte endlich verstehen, daß es, wenn es behauptet, frei zu sein und unveräußerbare Rechte zu besitzen, dies nur tun könne, weil es, wie all seine Mitbürger, am Brunnen der Revolution getauft sei. Freilich stellt die große Mehrheit der Europäer bloße Taufschein-Revolutionäre dar – das gilt für 1938 wie für 2024. Sie existieren ohne angemessene Besinnung auf das, was sie den Kämpfen und Leiden früherer Generationen verdanken.

Wir alle, statuiert der Autor, weisen als Europäer den gleichen *pedigree of revolutions* in unseren mentalen Geburtsurkunden auf, wir sind wie Cousins und Cousinen mit den Erben der Revolutionen in den anderen Ländern verwandt.[113] Zwar macht jedes Volk nur eine Revolution; es wird von ihren Ergebnissen dauerhaft geprägt; »jede (spätere) Revolution wird aber angesteckt aus dem Lande der alten Revolution«.[114] Die späteren wiederum werfen ihr Licht auf die vergangenen Umbrüche zurück. Bezeichnenderweise sind Länder, die eine frühere Revolution durchlebt haben, weniger durchlässig für die Impulse der folgenden. Man kann den Sachverhalt am Fall Englands besonders klar ablesen: Dessen königsmörderische Phase lag nahezu 150 Jahre zurück, als Ludwig XVI. unter der Guillotine endete. Die britische Insel war für die Ideen von 1789 halbwegs offen, blieb aber gegen die von 1793 immun, sie hatte ja wesentliche Elemente des französischen Vorstoßes in ihren eigenen Liberalitätskonzepten vorweggenommen, namentlich mit der *Bill of Rights* von 1689 – mit der von Edmund Burke betonten Einschränkung, er gedenke seine Rechte nicht als »Mensch«, sondern als Engländer zu fordern. Wie das habitualisierte Erbe früherer Revolutionserfahrun-

113 *Out of Revolution*, a. a. O., S. 708

114 *Die europäischen Revolutionen*, a. a. O., S. 75.

gen fortwirke, erkenne man, Rosenstock-Huessy zufolge, auch an dem Umstand, daß Deutschland, als das Mutterland der Reformation, die bei ihm als die »deutsche Revolution« firmiert, an den Vorgängen in Frankreich sehr lebhaft Anteil nahm, sich jedoch nicht in den Sog des radikalisierten Republikanismus mitreißen ließ; bei der deutschen Aufnahme der Vorgänge im Nachbarland kam die Komplikation hinzu, daß nicht nur die Nachrichten von der Pariser *terreur* Abscheu erregten. Die Feldzüge Napoleons hatten überdies bei unzähligen Zeitgenossen tiefe Aversionen gegen Einflüsse von jenseits des Rheins hinterlassen.

Im »Stammbaum der Revolutionen« ist die Russische die einzige, die sich ihrer Herkunft aus einer der vorangehenden, der Französischen, hell bewußt war; sie stellte sich explizit in ihre Sukzession und wollte vollenden, was in Frankreich nur eine Skizze geblieben war. In ihrer ganzen Anlage schien ein epochales Gefühl für das Ungenügende an allen bisherigen politischen Umwälzungen zu erwachen: Zwar hatten frühere Kämpfe unzweifelhaft Fortschritte auf dem Feld der Freiheiten erzielt, religiös wie bürgerlich, doch waren sie vor der materialen, nicht nur formalen und rechtlichen Verwirklichung des Gleichheitsprinzips zurückgeschreckt. Hatte nicht Marx schon erklärt, der Sozialismus sei die »Permanenzerklärung der Revolution«? Es war Lenins Dämonie, manche glaubten: sein Genie, daß er, durch Marx-Lektüre instruiert, die Verwirklichungslücke in den Versprechen der Französischen Revolution aufgriff, um sie auf die russischen Verhältnisse zu projizieren. Sie bildeten dort freilich keine bloße Lücke, die durch Reformen zu schließen gewesen wäre. Zwischen den Versprechen und den Zuständen öffnete sich in den russischen Zuständen ein Abgrund, zu dessen Überbrückung kaum die extremsten Mittel tauglich gewesen wären. Nirgendwo in Europa waren die subtil demoralisierten Eliten von den grob demoralisierenden Lebenswirklichkeiten der Dörfer und Kleinstädte so weit entfernt wie in Rußland, und nirgendwo wurde die Notwendigkeit eines radikalen Wandels von einer kleinen Elite mit solcher Vehemenz beschworen. Diese Umstände lieferten in Lenins Augen die ideale Ausgangsbasis für den Versuch, den Weltlauf durch revolutionäre Entschlossenheit vom »bürgerlichen« Primat der Freiheit abzulenken und in die egalitäre Richtung zu zwingen. Zum Subjekt der radikalen Egalität wurde von den Führern des Umbruchs das »Proletariat« ernannt, ohne Rücksicht auf die Tatsache, daß die Arbeiterschaft im vor-industriellen Rußland neben der riesenhaften Bauernschaft quantitativ keine nennenswerte Rolle spielte. Gleichwohl erhob die Kommunistische Partei den Anspruch, der luzide Kopf des Proletariats zu sein – auch wenn dieses erst zu einer nennenswerten Größe angefüttert werden mußte.

Die effektive Anknüpfung der Russischen an die Französische Revolution geschah in der Weise, daß Lenin die Lehren aus dem Scheitern des jakobinischen Terrors gezogen hatte: Als im Sommer 1794 einige gemäßigte Parlamentarier – später die »Männer des Thermidor« genannt – sich Robespierres entledigten und dem Schreckensregime ein Ende setzten, konnte dies nur versucht werden und gelingen, weil noch eine Handvoll Oppositioneller existierten, die der Einschüchterung durch die Fallbeilherrschaft nicht nachgaben, und weil sie ihrer Liquidierung durch die Furien der politisierten Moral zuvorkommen wollten. Für Lenin stand nur eines sehr früh völlig fest: Solche Figuren würde es nach der bolschewistischen Revolution, sollte sie Erfolg haben wollen, nicht mehr geben. Die schon im Dezember 1917 gegründete Geheimpolizei »Tscheka« würde dafür sorgen, daß die Gleichheit aller vor dem Schrecken sich über Nacht verwirklichte; Lenins *Dekrete über den Roten Terror* vom September 1918 besaßen in diesem Punkt den Vorzug der Deutlichkeit. Der von erster Stunde an erzwungenen Gleichheit vor dem tödlichen Vorwurf der konterrevolutionären Gesinnung wurde unter Stalin die

Gleichheit vor dem Fünfjahresplan hinzugefügt – sie zog die Einteilung der russischen Gesellschaft und ihrer Satelliten in reibungslos funktionierende Genossen und Saboteure nach sich. In der Annäherung an die Utopie der Reibungslosigkeit nahm die Gestalt des *homo sovieticus* Konturen an. Daß und wie das Reibungsverbot auch auf Intellektuelle des Westens übergriff, bildet ein dunkles Kapitel der Ideengeschichte Europas, das bis zum Beginn der 70er Jahre des vergangenen Jahrhunderts dauern sollte.

Bei der Neufassung seines Buchs über die europäischen Revolutionen von 1938 war Rosenstock-Huessy seiner forciert heilsgeschichtlichen Deutung der Russischen Revolution offenkundig schon etwas weniger sicher als in dem Entwurf von 1931. Dennoch vermochte er seine Leser weiter durch ungewöhnliche Thesen in Staunen zu versetzen. Er stellte die Diagnose, die revolutionären jungen Russen des späten 19. Jahrhunderts seien im Grunde »enttäuschte Europäer« gewesen; sie hätten eingesehen, daß ihnen der Westen immerzu in allem voraus sein würde, nur in einem nicht: der Bereitschaft, in ihrem selbstlosen Kampf gegen das Bestehende bis zum Äußersten zu gehen. Sie würden durch eine Eigenschaft an die Spitze gelangen, von der die Westmenschen bisher nur den Namen, nicht aber die Sache kannten: durch jene Radikalität, die sich zur Unerbittlichkeit zu steigern wüßte. Rosenstock-Huessy ließ sich auch 1938 in seiner Ansicht nicht beirren, die jungen Revolutionäre, die vom späten 19. Jahrhundert an die Ereignisse von 1917 vorbereiteten, seien, sogar als bekennende Nihilisten, authentische Märtyrer eines anonymen Glaubens gewesen, Aktivisten der Selbstaufopferung, wie kaum Jesuiten und Trappisten zu ihren besten Zeiten es gewesen seien.[115] Der Verzicht auf privates Glück übersetzte sich bei ihnen in beispiellose Begabungen zu politischer Grausamkeit. Das Gehen über Leichen wuchs bei

115 *Out of Revolution*, a. a. O., S. 60.

ihnen zu einer spirituellen Disziplin heran. Aus Lenins Biographie ergibt sich in Rosenstock-Huessys Augen wie von selbst die Legende eines Märtyrers der Tat. Seiner Deutung zufolge fügte sich die Geschichte der Russischen Revolution vom fatal gescheiterten Dekabristenaufstand von 1825 bis zum Jahr 1938 in das Schema einer progressiven Teleologie: Durch Niederlagen zum Sieg. Zu guter Letzt mußten doch auch die unfreiesten der Europäer der Segnungen westeuropäischer Freiheitsgeschichte teilhaftig werden – sei es um den Preis einer noch tieferen Versklavung, die man zu rechtfertigen versuchte, indem man sie für provisorisch erklärte. Mit fragwürdiger Großherzigkeit fühlte der Interpret sich in Lenins Wahrnehmung der Lage ein: Was war Rußland 1917 anderes als eine Leiche, die es zu elektrifizieren galt?[116] Sobald der Geist weht, wo er will, ist ihm jedes Pseudonym willkommen, und wenn es *pjatiletka* (Fünfjahresplan) hieße. Von den durch Trotzki nach 1922 geschaffenen Sklavenlagern und dem nach 1930 offiziell gegründeten Gulag hatte Rosenstock-Huessy nichts gehört oder nichts hören wollen. Und obschon er keiner jener Apologeten war, die bis in die 50er und 60er Jahre zu schweigen oder zu lügen entschlossen waren – er konnte und wollte die Revolution in Rußland für seine große Erzählung vom Gang des Geistes über die weltgeschichtliche Bühne nicht entbehren.

Der voreingenommene Blick des Autors auf die Ereignisse in Rußland in seinen Büchern von 1931 und 1938 spiegelt den weitverbreiteten Willen europäischer Intellektueller jener Jahre wider, Rußland als das spät hinzugekommene Mitglied der westlichen Völker- und Kulturenfamilie so nahe wie möglich bei sich zu behalten, ungeachtet der Fliehkräfte, die ins »Barbarische«, ja ins »Asiatische« zielten. Sie bemühten sich, dem seit Peter dem Großen virulenten russischen »Zug nach Westen« mit allen Mitteln entgegenzukommen –

116 Ebd., S. 50

mehr noch, sie pflegten die gefällige Illusion, wonach Rußland, seiner monströsen Ausdehnung nach Osten ungeachtet, vor allem aufgrund seiner Nähe zum hellenischen, vor-lateinischen Paradigma des Christentums[117], einen zwar entfremdeten, doch nicht ganz verlorenen Teil der westlichen Völkerfamilie bilde.

Als eine Hochburg des Werbens um Rußland erwies sich gegen Ende des 19. Jahrhunderts der von Papst Leo XIII. (1878-1903) regierte Vatikan: Der machtbewußte Hegemon der katholischen Kirche träumte – wie der protestantische Historiker Theodor von Sickel in seinem Bericht über eine Audienz bezeugte – nachdrücklich von der Aussöhnung Rußlands mit dem Abendland: Ein wiedergewonnenes Rußland könne sogar den Frieden in Europa diktieren und dort die »soziale Ordnung herstellen« – eine kräftige Prise Zarismus werde dem unruhigen Westen guttun; und wäre der östliche Einfluß erst einmal zum Zuge gekommen, würden gewiß auch die Protestanten Europas »dem Beispiel der Russen folgen«.[118] Unnötig zu sagen, daß weder der Zar noch der Patriarch von Moskau willens waren, sich dem spät wiederaufgetauchten Anspruch der römischen Kurie auf geistliche Weltherrschaft zu unterwerfen. Die Vorgänge bewiesen, wie der Heilige Stuhl seine von weit her kommende Kompetenz in Fragen der Imperialität noch um 1890 zu betonen wußte – wobei man in Rom nicht ungern auf die Phrasen des savoyischen Papsttums-Ideologen Joseph de Maistre hereinfiel.[119] Statt der russischen Machthaber – die von der unveräußerlichen russischen »Freiheit« des Glaubens viel Aufhebens machten – unterwarfen nicht wenige Intellektuelle des Westens nach 1918 sich dem Anspruch Moskaus, als das

117 Hans Küng, *Das Christentum. Die religiöse Situation der Zeit*, München/Zürich 1999.

118 Vgl. *Europa. Mutter der Revolutionen*, a.a.O., S. 726.

119 Joseph de Maistre, *Du pape*, Lyon 1819.

Zentrum der kommenden bolschewistischen Weltherrschaft anerkannt zu werden.

Wenn Rosenstock-Huessy die Russische Revolution allzu eilig in seine Geistesgeschichte revolutionärer Aufbrüche integrierte, erlag er den Suggestionen der franco-russischen Verbindung, wie sie von der Marxschen Schule gepflegt wurden. Ihre Dozenten wollten die Mitwelt vor 1914 und mehr noch danach glauben machen, die Flamme von 1789 und 1793 sei über die Etappen von 1830, 1848, 1870 und 1905 an die Oktober-Akteure von 1917 übergeben worden. Hatte nicht auch der junge Ernst Bloch in einem Moment trotziger Naivität statuiert: *Ubi Lenin ibi Jerusalem*? Einen viel höheren Grad von Hellsicht bewiesen Oswald Spenglers frühe Urteile über die Russische Revolution, als er bemerkte, der Bolschewismus bleibe nicht mehr als ein Import westlicher Ideen, die auf russischem Boden nicht wirklich Fuß fassen könnten.

Rosenstock-Huessy stellte Bedenken dieser Art beiseite, um die große Erzählung von der Wanderung des Geists der Revolution durch die Länder Europas nicht zu stören. Gegen die Tendenzen üblicher Geschichtsschreibung ließ er seine *Grande Randonnée* im hohen Mittelalter beginnen: In seiner Darstellung setzte sie damit ein, daß der »Mönch« Hildebrand – seinem Status nach ein regulierter Weltgeistlicher, geboren in dem toskanischen Dorf Sovana –, der nach seiner Akklamationswahl zum Papst im Jahr 1073 den Namen Gregor VII. angenommen hatte, zu der Erkenntnis gelangt war, die Vorherrschaft des deutschen Kaisers über die Kirche, die sich in seinem Recht der Bischofsernennung ausdrückte, sei mit der wahren Bedeutung der allumfassenden katholischen Kirche nicht vereinbar. Schon kurz nach seiner Wahl erwies sich Gregor VII. als ein Machtfanatiker von hoher kombattanter Energie. In seiner päpstlich-olympischen Einsamkeit, vom Rest der Menschheit durch die Aufgabe der unteilbaren

Stellvertretung des Absoluten abgesondert, mußte er entscheiden, ob man dem Kaiser sein bisher geltendes Privileg weiterhin gewähren dürfe oder ob es Gründe gebe, es ihm zu verweigern. Hier taucht die Urszene der Souveränität im »Abendland« vor den Augen zeitgenössischer Beobachter auf: Souverän ist nicht, wer über den Ausnahmezustand entscheidet, wie später von einem eifrigen Juristen der deutschen Diktatur doziert wurde, wirklicher Souverän ist anfangs allein jener, der über das höchste Amt der Seelen- und Gewissenslenkung in christlichen Gemeinschaften, hier also die Bischofsernennungen, entscheidet. Gregor VII. votierte dafür, daß nicht Machtmenschen, Mitglieder von Clans und Gefolgsleute weltlicher Gewalten durch kaiserliches Votum in hohe geistliche Positionen gelangen dürften; diese sollten den spirituell geeigneteren Personen vorbehalten bleiben, die man etwas anachronistisch die »Geistigen« (*clercs*) nennen dürfte. Ihre Berufung sei ausschließlich Sache des Heiligen Stuhls. Überdies müsse künftig bei Klerikern streng über die Einhaltung des Zölibats gewacht werden, um die Priester ihren weltlichen Liaisonen zu entfremden und sie allein auf Rom hin zu ordnen. Indem sich der Papst, der oft als früh vergreister Asket portraitiert wird, mit seinen extrem zugespitzten Postulaten in einem dramatischen Machtkampf gegen den deutschen Kaiser durchsetzte – man erinnere sich an die unerhörten 27 Sätze des *dictatus papae* von 1075, die die Überordnung des Papsttums über alle weltlichen Instanzen proklamierten, und an die Demütigung des Kaisers Heinrich IV. zu Canossa im Januar 1077 –, eröffnete er eine Entwicklung, die Rosenstock-Huessy ohne Vorbehalt die »Papstrevolution« nennt.[120] Sie hatte die Emanzipation der Kirche vom Clanismus der Feudalgesellschaft zur

120 Wenn dieser Ausdruck heute weniger befremdlich klingt als in der Zeit seiner ersten Verwendung, liegt dies vor allem daran, daß Harold J. Berman ihn bekannt gemacht hat – unter ausdrücklicher Berufung auf dessen bahnbrechende Interpretation durch Rosenstock-Huessy. (Vgl. Fußnote 94.)

Folge. In der Kurie zu Rom formierte sich die erste Meritokratie Europas, durch welche erwiesene Talente und echte Berufungen dem Protektionismus lokaler Interessengruppen Paroli boten. Die päpstliche Kurie wuchs zum Prototypus eines administrativen Apparats heran, den man mit einem etwas polemisch getönten Ausdruck des 18. Jahrhunderts als »Bürokratie«[121] bezeichnen dürfte. Der machtbewußte Papst trat in der Geschichte der europäischen Revolutionen als erster Stichwortgeber einer neuartigen Freiheitsgeschichte auf, indem er für die Gläubigen eine Sphäre ausgrenzte, zu welcher die Organe der weltlichen Gewalt keinen Zugriff haben sollten. Der Autor ging so weit zu behaupten, daß erst der von Gregor mit institutioneller Effektivität in Kraft gesetzte Dualismus von geistlicher und weltlicher Gewalt – bis zur Reformation ein Hauptmotiv großer Politik – für das europäische Verständnis von Freiheit konstitutiv wurde, weit über die von Augustinus gelehrte Zweiheit von *civitas Dei* und *civitas terrena* hinaus. Indem der basale Dualismus das Gewissen zwischen zwei Imperative stellte, emanzipierte er es von der Unterwerfung unter einen einzigen Herrn; Rosenstock-Huessy machte kein Geheimnis aus seiner Überzeugung, daß jeder Monismus, ob metaphysisch oder naturalistisch begründet, früher oder später in Tyrannei mündet; auch was Demokratie heiße, bleibe ein ungesichertes Versprechen, insofern auch Volksregierungen monokratische Neigungen innewohnten.[122] Es war gewiß kein Zufall, daß auch Rousseau das Christentum als eine politische Störgröße beargwöhnt hatte; er wollte glauben, sein Gedanke der *volonté génerale* wäre bei einer den Eigensinn vertilgenden Religion wie dem Islam besser aufgehoben.

121 Der Ausdruck wurde in den 50er Jahren des 18. Jahrhunderts durch den von englischen Ideen, namentlich von David Hume und Josiah Tucker beeinflußten Marquis Vincent de Gournay (1722-1759) geprägt, der ab 1751 als Handelsintendant Frankreichs fungierte.

122 *Out of Revolution*, a. a. O., S. 543.

Die kulturgeschichtlichen Folgen der »Papstrevolution« sind der Deutung des Autors zufolge in Italien bis in die Gegenwart spürbar; nicht zuletzt ihretwegen habe sich das Land zum anmutigen Garten Europas geformt und zur Matrix des katholisch betreuten *bene vivere* entwickelt. Es seien die guelfisch geprägten Territorien gewesen, die durch die Ausweitung der Bürgerrechte von den Städten auf die bäuerlichen Umländer jenes Italien der kultivierten Landschaften und der mikrokosmisch vollendeten Stadtstaaten hervorbrachten, das noch immer die Wallfahrten von Reisenden aus aller Welt zu den Hochburgen der Kunst anzöge – quintessentiell verdichtet in dem uritalienischen Bildtypus der »Madonna in der Landschaft«.

Mit den Bestimmungen der Russischen Revolution des 20. Jahrhunderts und der italienischen, genauer der päpstlich-guelfischen Revolution des 11. und 12. hatte der Autor die Eckpunkte seiner *Autobiographie des westlichen Menschen* markiert. Den Mittelblock bilden die drei Ereignisse, durch welche sich Deutschland im 16. Jahrhundert, England im 17. und Frankreich im 18. in das revolutionäre Weltkulturerbe einbrachten. In ausführlichen und kenntnisreichen Kapiteln korrigiert Rosenstock-Huessy die landläufige Vorstellung, wonach es »die Völker« gewesen seien, die sich aufgrund ihrer Auflehnungen gegen die Herrschenden als Subjekte von Revolutionen qualifizierten. Es waren, im Gegenteil, stets nur kleine Gruppen hochmotivierter Akteure, die mit ihren Aktionen – wenn die Zeit »reif« war – den Umbruch wagten und in der Folge den Charakter ihrer Nationen mit bleibenden Effekten umprägten.[123] Im Fall der »deutschen Revolution« seien es die Fürsten der kleineren und

123 Mit seinen revolutionstheoretischen Überlegungen nahm Rosenstock-Huessy die Thesen des Philosophen Bruno Karsenti über die Rolle der Drehpunkt-Klassen (*classes-pivot*) in progressiven Umschwüngen vorweg; vgl. Bruno Karsenti, *Nous autres Européens. Dialogue philosophique avec Bruno Latour*, Paris 2024, S. 97f.

größeren Länder gewesen – die Zahl der gekrönten Häupter lag im Gebiet des Alten Reichs bei rund dreihundert –, von denen anfangs eine deutliche Mehrheit die anti-römischen und anti-zentralistischen Impulse der Lutherschen Lehre aufgegriffen hätten. Sie wurden unterstützt von ihren reformierten Doktoren, bei denen sie sich theologische Urteilsfähigkeit leihen mußten, um das *ius reformandi* in ihren Territorien ausüben zu können – der Formel des Augsburger Friedens von 1555: *cuius regio, eius religio* entsprechend. Um als politische Souveräne zu bestimmen, wie in ihren Gebieten zu glauben sei, lehnten die Fürsten sich bei ihren Theologen an, die nicht selten an neu ins Leben gerufenen landeseigenen Universitäten dozierten: Nur die legitimen Experten der Exegese (Luther hatte die Professur für Schriftauslegung an der 1502 gegründeten Universität Wittenberg von 1513 an inne) konnten ihnen das Recht zusichern, über Bürger zu herrschen, die als gottunmittelbare Einzelne – und als alphabetisierte Rezipienten der Heiligen Schrift – selbst Anspruch auf eine Art von Souveränität besaßen.

Im Fall Englands waren es die Angehörigen des ländlichen Adels, die *gentry*, sprich jene fünftausend von ihren alten englischen Rechten und Freiheiten beseelten Familien, bei denen die so konservativen wie rebellischen Energien ihrer Nation sich kondensierten. Im Januar des Jahres 1649 hatten sie – nach jahrzehntelangen Querelen zwischen Krone und Parlament – König Karl I. (1600-1649) unter dem Vorwurf des Hochverrats gestürzt und hingerichtet, mit dem ironischen Ergebnis, nur wenig später unter die Diktatur des Puritaner-Heerführers Oliver Cromwell zu geraten, bis sie gegen Ende des Jahrhunderts unter dem paradoxen Titel der *Glorious Revolution* die Restaurierung einer domestizierten Monarchie zelebrieren durften. In seiner englischen Tönung ist das Wort »liberal« von seinen landadligen Konnotationen noch immer kaum zu trennen. Durch urliberale Prägungen blieb auch der Lebensentwurf des typischen britischen

Unternehmers bestimmt, der sich seiner Erwählung vergewisserte, indem er als Kapitalist 5 Millionen Pfund Gewinn erzielte, um als christlicher Gentleman 4 Millionen davon für philanthropische Zwecke zu spenden.

Was Frankreich anging, waren es numerisch nicht allzu bedeutende Teile der gebildeten Bourgeoisie, die unter dem Einfluß der Ideen Voltaires, Montesquieus und Rousseaus nach 1789 das Wagnis der jakobinischen Zuspitzung eingingen und mit der Hinrichtung des Königs im Januar 1793 einen unumkehrbaren Schritt in Richtung auf republikanische Staatsvorstellungen vollzogen. Die aktivierten bürgerlichen Eliten, die – neben den Volksmassen der Hauptstadt – der Revolution ihr Momentum verliehen, dürften an Zahl kaum die Angehörigen des ersten und des zweiten Standes (Klerus und Adel) übertroffen haben, die es zusammen auf etwa 250 000 Köpfe brachten, bei einer Gesamtbevölkerung von 27 Millionen. Man darf plausibel vermuten, daß die Jakobiner bei allgemeinen Wahlen im Jahr 1793 – wären solche denkbar gewesen – kaum mehr als fünf Prozent der Bevölkerung für sich gewonnen hätten. Aus der Revolution der Franzosen gingen, neben manchen anderen Effekten, die quasi unsterblichen Charaktere des Rentiers und des Volkstribunen hervor – der letztere mutierte im späteren 19. Jahrhundert zum öffentlichen Intellektuellen.

Was die drei mittleren Revolutionen – mitsamt ihren Vor- und Nachgeschichten – gemeinsam bezeichnet, ist ein stark ausgeprägter religionspolitischer Pol. In ihnen wurde das Verhältnis der Staaten zur christlichen Tradition auf jeweils eigenwillige Weise neu bestimmt: Aus der deutschen Reformation ging das Konzept der Konfessionen in den Landesherrschaften hervor; in der englischen Revolution konsolidierte sich – nach dem Cromwellschen Intermezzo – die para-katholische beziehungsweise anglikanische Staatskirche, die eine Zeitlang größte Mühe hatte, das spätere anglo-israelische Eiferertum der Puritaner unter Kontrolle zu halten. Was die

Revolution der Franzosen angeht, hatte sie die plötzliche Entmachtung der katholischen Kirche und die umstandslose Enteignung ihrer Besitztümer zur Folge; unter Napoleon erfuhr sie ihre Zurückstufung in den Rang eines Konkordatspartners, der wie eine ausländische Macht geduldet und mit pragmatischer Ironie als zivilreligiöse Bindekraft des Volkes anerkannt wurde, bis man sie im Jahr 1905 unter dem Gesetz der Laizität vollends zu einem Zaungast der säkularen Republik degradierte.

Was die menschheitliche Bedeutsamkeit der Ereignisse betrifft, so zeigten sie sich in ihren langfristigen Folgen sowohl auf der Ebene der Kultur wie in den Konzepten der Charakterbildung. Hinsichtlich Deutschlands hob Rosenstock-Huessy drei Erscheinungen hervor, die für das nationale Element prägend wurden: das staatsfromme Beamtentum, das noch Lenins Bewunderung erregte; die deutsche Universität mit ihrem säkularen Kult der Professur und die deutsche Musik, die, von Luthers Chorälen angeregt, über Johann Sebastian Bach und Händel bis Beethoven, Wagner und Schönberg Weltgeltung erlangte; kaum nötig zu sagen, daß die Weimarer Klassik und die Philosophie des deutschen Idealismus durchwegs Protestantismus in einem anderen Register waren.

Als Rechtshistoriker setzte Rosenstock-Huessy wichtige kulturtypologische Akzente auf die Beobachtung, daß für den britischen *way of life* nach der »glorreichen Rückkehr zu den alten Freiheiten« das Präzedenzrecht mitsamt seinem agilen Konservatismus mehr denn je prägend wurde; die nach-revolutionäre *gentry* verinnerlichte das Prinzip des Rechts auf Widerstand gegen fürstliche Repression in solchem Maße, daß ihr die Fiktion der Integration des Monarchen ins Unterhaus unter dem Titel *King-in-Parliament* wie die natürliche Ordnung der Dinge vorkam. Es war jedoch vor allem die Figur des Gentleman, durch die ein nachrevolutionärer britischer Kulturcharakter von weltläufigem Charme aus der Taufe gehoben wurde. Das *gentry*-Ideal des leichthändigen Zugangs zu Haltungen unangestrengter Überlegenheit manifestierte sich bei ihm in methodischem Understatement und stoischer Reserve. Wer glaubte, dergleichen sei leicht zu gewinnen, sollte sich von Kennern belehren lassen: *It takes three generations to make a gentleman* – so steht es auch im *Oxford Dictionary of Proverbs.* Ein Mann dieses Stils ließe sich zur Not von Kapitänen, Jockeys und älteren Mitgliedern des Oberhauses beeindrucken, von Priestern und Professoren auf keinen Fall; gewiß, Butlern war das Lesen von Büchern nicht verboten, der Gentleman selbst wahrte Abstand zu allem, was intellektuell und *bookish* schien. Nach seiner Übertragung in die Figur des Sportsmanns wuchs der leise Adel des *fair play* zu einem Element im populären »Weltethos« heran; in ihm feiert die englische Idee des Sports (die vom altfranzösischen Ausdruck *se desporter*: »sich entspannen«, »sich vergnügen«, herkommt) von 1900 an seinen verdienten, wenn auch nicht immer stillen Sieg über den deutschen Gedanken der Tüchtigkeit durch Turnen. Daß die besten Sportler unserer Tage nicht eben die entspanntesten sind, verrät, daß in der Welt der Wettbewerbe auch Arbeit und Vergnügen die Plätze tauschen.

Was die Weltfolgen der Französischen Revolution betrifft, sind sie zwar noch in aller Munde; der Kollaps des Kommunismus im Jahr 1990 hat jedoch ihrer Autorität rückwirkend schweren Schaden zugefügt. Wer Nachahmer von der Art der Sowjets hatte, brauchte in eigener Sache keine Kritiker mehr. Die herkömmliche Pflege der franco-russischen Freundschaft, ohne welche die französische Linke sich vormals kaum denken ließ, ist – seit Putins Willen zur Zerstörung der Ukraine sich offen gezeigt hat – zu einer Peinlichkeit geworden, für die sich nur noch wenige Akteure hergeben.[124] Der Gang der

124 Unter anderem Pierre de Gaulle, der Enkel des Generals, und Emmanuel Todd, der Soziologe, der aufgrund seiner Germano- und Americo-Phobien

Dinge hatte zudem enthüllt, warum die Naturalisierung der Juden in Frankreich – nicht selten als das Glanzstück des gallischen Universalismus hervorgehoben – nur zur Hälfte erfolgreich geraten konnte; die bürgerliche Gleichberechtigung hatte man ihnen als Kindern Adams gewährt, nicht als unbeirrbaren Nachkommen Abrahams. Sobald sich das abrahamische Element an ihnen beharrlicher als vorgesehen zeigte, kam auch unter den französischen Laudatoren der allgemeinsamen menschlichen Natur ein anti-judaisches Unbehagen auf. Rosenstock-Huessys Diagnose fällt deutlich aus: »Die Franzosen ertrugen es nicht, daß eine Nation messianischer sein sollte als ihre.«[125]

Wenn französische Impulse politisch-moralisch am Leben blieben, so vor allem dank der Ausstrahlungen der zwischen 1789 und 1948 mehrfach redigierten Erklärungen der Menschenrechte, die anfangs wohl überwiegend als Männerrechte zu lesen waren. Von ihnen ausgehend haben Prinzipien wie Gewaltenteilung, allgemeines Wahlrecht und Freiheit der Meinungsaussprache sich weltweit, wenn auch keineswegs überall, Geltung verschafft. Daß der Überschwang des französischen Universalismus schon früh starke Kränkungen hinnehmen mußte, läßt sich nicht verschweigen – nicht allein weil der 1792 proklamierte Revolutionskalender mit der rational erdachten Zehntagewoche als Mißerfolg gelten mußte –, weswegen Napoleon gut beraten war, vom Januar 1806 an den Gregorianischen Kalender wieder in Kraft zu setzen. In Not gebracht wurde das messianische Element der Freiheitsbotschaft *à la française* besonders durch die von der bürgerlichen Revolution ausgelösten europaweiten Flutwellen der offensiven Nationalismen. Sie traten im Land der Revolution unter patriotischen Dur-Tonarten auf, hingegen kamen sie fast über-

dazu neigt, dem »Westen« düstere Prognosen zu stellen und Putins rationalen Weg zu einer »autoritären Demokratie« zu loben.

125 *Out of Revolution*, a.a.O., S. 217.

all, wo Frankreichs nähere und fernere Nachbarn den Aufmarsch napoleonischer Armeen erlitten hatten, in frankophoben Intonationen obenauf. Von der Welle des gallischen Patriotismus war auch ein Mann wie Georges Clemenceau erfaßt, wenn er erklärte, »Menschheit« sei ein schönes Wort, doch »Frankreich« sei schöner.

All diesen umwälzenden Vorgängen ist in Hinsicht auf die Einzelnen ein Zug gemeinsam, den man als eine radikale Promotion des Menschenwesens bezeichnen darf. Sie affiziert das In-der-Welt-Sein von Angehörigen der Gattung *homo sapiens* von Grund auf. Ihre Wirkung ist eine Tiefenaufhebung der Sklaverei, die sämtlichen Abolitionismen zuvorkommt. Sie wurde bis heute weder in Asien noch in der arabo-muslimischen Welt und in den Nationen des Globalen Südens nachvollzogen, weswegen man dort gern – um altehrwürdige Repressionen auf der Linie patriarchalischer Strukturen zu legitimieren – gern betont, es gebe doch eine Mehrzahl von eigenständigen »Zivilisationen«. Daher sei das Pathos allgemeiner Menschenwürde und weiblicher Gleichberechtigung nicht mehr als ein eurozentrischer Spleen, dem Kredit zu geben man sich hüten werde.

Die revolutionären Promotionen der *conditio humana*, wie der Autor sie resümiert, sind bis in die heutigen Tage kaum zu Ende gedacht. Sie hoben alle Arten von altem Adel auf, indem sie den Menschen *per se* als das Wesen bestimmten, das nicht nichtadlig sein kann. Die Reformation machte durch die Schaffung dessen, was Rosenstock-Huessy *laity sanctified*[126], geheiligte Laizität, nennt, aus jedem Menschen ein Wesen mit priesterlicher Kompetenz – jeder Einzelne ist nun, seit der Glaube nicht mehr unter ein Kirchendach gebannt werden kann, unmittelbar zum Unendlichen. Die englische Revolution machte aus jedem Gentleman einen Pair des Königs, die französische aus jedem Menschen von Talent und gutem Willen ein

126 Ebd., S. 449.

Mitglied des neuen meritokratischen Adels mit Zügen adamitischer Popularität. Die verallgemeinerten Anreden: Herr, *Sir*, *monsieur*, *madam* und *madame* sollten verdeutlichen, daß der Sinn revolutionärer Bewegungen letztlich nicht in verbesserten Sozialleistungen besteht, sondern in allgemeiner Nobilitierung.

Die modernen Massenkulturen, vor diesem Hintergrund wahrgenommen, folgen hingegen fast durchwegs regressiven Motiven, da sie die Menschen in ihrer vorreformatorischen, unrevolutionierten Gewöhnlichkeit ansprechen; sie appellieren an eine erbliche Vulgarität, die keine Einschwörung auf den Dienst am Gemeinwohl kennen will und von der kulturtragenden Sorge um die Lebenschancen der Enkelkinder nichts weiß. Wo auch immer man Autokratien, Diktaturen und Populismen am Werk sieht, wird die Annahme gemacht und bestätigt, in politischen Dingen sei nur auf die niedrigen Regungen: Angst, Gier und Rachsucht, Verlaß. Rußland hat sich durch sein Bekenntnis zur Niedrigkeit von Europa losgesagt, es ist ins Stadium der vorreformatorischen Unterwerfung zurückgekehrt. Das Erbe der Russischen Revolution für die übrige Welt besteht in der Demonstration, daß eine Politik der halben Wahrheit, auch wenn sie *pravda* heißt, in Lüge, Zynismus, Staatsterror und Massenalkoholismus endet.

Als Anthropologe der europäischen Revolutionen bekennt sich Rosenstock-Huessy zu der Ansicht, daß der Mensch ein Wesen sei, das zu seiner Entfaltung der Entwurzelung aus dem bloßen Herkommen bedürfe. Der Mensch, so glaubt er, muß gleichsam umgetopft und aus der Gegenwart in die künftigen Zustände umgepflanzt werden, weil er im festgetretenen heimischen Boden leicht verkommt. Er erhebt damit einen elementaren Einwand gegen jede Form von Nativismus. Er hat für den Kult um indigene Kulturen nicht mehr als schweigende Skepsis übrig – obschon er bereit ist, anzuhören, was fremde Stimmen zu sagen haben, sobald sie für sich das Wort nehmen. Nicht umsonst hatte Rosenstock-Huessy seine (von der Akademia bis heute ignorierte) Sprachphilosophie in der Sentenz zusammengefaßt: *respondeo etsi mutabor*: »Ich antworte, sollte ich auch verwandelt werden.«[127] Wer immer nur bleibt, wo er zufällig zur Welt kam, und wer sich in allem bloß als Kind seiner Zeit verhält, ohne auch einen Ruf von vorne, von einem wie auch immer vagen Omega der Geschichte her, zu hören, verfällt der Beschränktheit dessen, was man vormals lokale Dämonen genannt hätte. Der Entwurzelung aus verbrauchtem Herkommen müsse aber immer eine Angelobung an eine legitime neue Quelle der Begeisterung entsprechen, damit die Einzelnen im nachrevolutionären Raum nicht der Desorientierung verfallen; in der Flaute nach den Kampfzeiten erliegen sie allzu leicht einem dumpfen Nicht-weiter-Wissen. Das könnte – *entre nous* – bereits über heutige Europäer gesagt sein, die oft ratlos nach Brüssel schauen und nicht wissen, ob es wirklich die besseren Engel unserer Natur sind, die dort für das Weitere sorgen.

Mit Hinweisen wie diesen hat unser Autor das Recht erworben, sich nicht allein an die amerikanischen Leser von 1938, sondern auch an die Bürger des heutigen Europa zu wenden. Für die unter ihnen, die Genaueres wissen wollen, haben wir hier ein etwas breiteres Lesezeichen eingefügt, sei es auch an einer für das Publikum so gut wie unbekannten Stelle. Nicht wenige Europäer unserer Tage bedürfen, wie es scheint, einer Art von Innerer Mission, wenngleich weniger im Sinn der Rechristianisierung als dem einer Besinnung auf die geschichtlichen Quellen ihrer Zivilität. Wie ihre Vorfahren in den 20er Jahren des 20. Jahrhunderts wissen sie kaum, woher sie kommen, erst recht nicht, wohin ihre weitere Reise geht.

127 Als Sprachphilosoph bleibt Rosenstock-Huessy zu entdecken. Sein Hauptwerk trägt den Titel: *Die Sprache des Menschengeschlechts. Eine leibhaftige Grammatik in vier Teilen*, zwei Bände, Heidelberg 1963-1964.

Lektion drei
Geschichte *a priori*:
Das Buch der Endspiele – Spenglers Prophezeiung und wie sie sich erfüllte

Wenn der Erste Weltkrieg für das Aufkommen von Fragen nach dem Wesen, der Zukunft und dem Schicksal Europas zum Schlüsselereignis wurde, so vor allem aus einem Grund: Schon bald nach seinem Ende im November 1918 verbreitete sich auf dem gesamten Kontinent die Empfindung, es seien letztlich nur Verlierer aus ihm hervorgegangen – den im Juni und September 1919 besiegelten Friedensverträgen von Versailles und Saint-Germain zum Trotz. Ihr Wortlaut kam einem Diktat der Siegermächte gleich; ihre Wirkungen flossen in die allgemeine Niedergeschlagenheit ein; die Hektik der Erholungsjahre, die den Mythos der *Roaring Twenties* begründeten, vermochte die trüben Umstände nur mühsam zu verdecken. Zu den Verlierern gehörten partiell sogar die Vereinigten Staaten von Amerika, seit deutlich wurde, daß von ihren an Großbritannien ausgegebenen Kriegskrediten nur ein Bruchteil erstattet werden würde. Nichtsdestoweniger gewannen sie von ihrem Eintritt in den europäischen Krieg im April 1917 an jenes weltpolitische hegemoniale Profil, das sie in den folgenden einhundert Jahren nicht mehr abgeben sollten.

Vom Frühjahr 1918 an löste der Erreger der Spanischen Grippe eine Pandemie aus, deren Opferzahlen in aller Welt die des Kriegs weit überschritten. Das Gefühl für den Wert des menschlichen Lebens durchlief einen kaum je zuvor gesehenen Verfall. Hatte die *Welt von Gestern*, der nostalgisch geprägten Schilderung von Stefan Zweig zufolge, in einem »Zeitalter der Sekurität« gelebt[128], war mit der Kapitulation Deutschlands und Österreichs in psychopolitischer Hinsicht eine Ära angebrochen, für die das später geprägte hybride neudeutsche Nomen »Verunsicherung« treffend wurde – ein Ausdruck, der sich durch das englische *uncertainty* und das französische *incertitude* nur unzulänglich wiedergeben läßt. »Verunsichert« war das Dasein von Europäern, die sich in eine Nachkriegswelt mit ungewissen Spielregeln »ausgesetzt« sahen. Ein vorausdeutender Reflex der neuen Lage zeigte sich in den literarischen Prototypen des »Existentialismus« – nicht zuletzt in den Romanen des Dichter-Piloten Antoine de Saint-Exupéry *Courrier Sud* (1928) und *Vol de nuit* (1931) und des jungen Abenteurers André Malraux – letzterer hatte 1933 mit *La condition humaine* gleichsam ein Manifest der neuen Stimmung des In-der-Welt-Seins vorgelegt, oszillierend zwischen den Ekstasen des Kampfs um die Macht und den Absencen des Opiumrauschs.

Die Nachtflug-Qualität der menschlichen Existenz in der Nachkriegsära wurde auf deutschem Boden vor allem durch Martin Heidegger auf den Begriff gebracht, als er in seiner Antrittsvorlesung an der Universität Freiburg unter dem Titel *Was ist Metaphysik*? am 24. Juli 1929 dozierte: »Das Nichts ist die vollständige Verneinung der Allheit des Seienden. [...]Die Angst offenbart das Nichts. [...] In der Angst wird das Seiende im Ganzen hinfällig.« Das Dasein selbst sei das »Sichhineinhalten in das Nichts«. »Die Hineingehaltenheit des Daseins in das Nichts auf dem Grunde der verborgenen Angst macht den Menschen zum Platzhalter des Nichts.« Daher

128 Stefan Zweig, *Die Welt von Gestern. Erinnerungen eines Europäers*, London/Stockholm 1942.

kann durch die Angst die »volle Befremdlichkeit des Seienden über uns kommen.«[129] Saint-Exupéry hatte Aussagen dieser Tonart im voraus die Antwort stiller Tapferkeit entgegengehalten. Er wollte glauben, im Schatten des Krieges entwickle sich, unter Piloten und anderen, eine letzte Elite aus Männern ohne Abzeichen, die von sich wußten, daß sie »Waffenbrüder« waren im Kampf gegen das Versinken in einer menschenverkleinernden Bequemlichkeit. Hieß Dasein nicht seit jeher auch Gewitter durchfliegen?[130]

Es wäre dem Gang der Ereignisse von damals nicht angemessen, wollte man die Zeitdiagnose auf den Umschwung von den bürgerlichen Sekuritäten zur Tristesse der Verlierer-Stimmungen beschränken. Ein bedeutender Teil der Nachkriegsatmosphäre erschien bereits in den Regungen, die sich während der beiden letzten Kriegsjahre angekündigt hatten – man könnte sie als eine Neigung zur Flucht in die Illusion beschreiben; ja, die Disposition zum Aufbruch in Haltungen trotziger Verkennung der Realität wurde selbst realitätsbestimmend. Daß solche Tendenzen sich zunächst und vor allem bei den späteren Verlierern zeigten, lag in der Natur der Dinge. Die Redensart »vom Krieg nach dem Krieg«, von der Oswald Spengler behauptete, er habe sie bereits vom Sommer 1918 an im Ohr gehabt,[131] ließ

129 Alle Zitate nach Martin Heidegger, *Wegmarken*, Frankfurt a.M. 1978, S. 103-121.

130 Man hätte sagen können, ganz Europa befand sich in diesen Jahren im Nachtflug-Modus. »[W]as nutzte es heute, den Osten, das Reich der Sonne, mit Blicken zu beschwören, wenn doch solch tiefe Nacht sich dazwischengeschoben hatte, aus der man nie wieder auftauchen würde.« »Wie sollte [man] sich noch orientieren in diesem Dunkel, in dem alles verschwamm, einer Finsternis wie zu Anbeginn der Zeiten?« Antoine de Saint-Exupéry, *Nachtflug*, Düsseldorf 2015, S. 72/S. 87.

131 Anton Mirko Koktanek, *Oswald Spengler. Leben und Werk*, Beltheim-Schnellbach 2020 [München 1968], S. 217.

ahnen, daß mit dem Waffenstillstand allein nichts gewonnen sein würde. Zwar bezeichnete das »der-Kampf-geht-weiter-Syndrom« in erster Linie die bolschewistischen und nationalrevolutionären *alias* »faschistischen« Reaktionen auf die Kriegsergebnisse, es umfaßte jedoch ein weites Spektrum von mutwilligen Posen: Sie reichten vom Zürcher Dadaismus und seinen Nachwehen im Surrealismus bis zu dem Pathos des Kampfs mit dem Absurden; sie steigerten sich von der neukatholischen Geste der Zuflucht zum Heiligen bis in den Zynismus des zur Schau getragenen Hochstaplertums. Ein Vorspiel hierzu, nichts Gutes verheißend, hatte sich im Frühjahr 1917 vollzogen, als General Erich Ludendorff (1865-1937), *de facto* Deutschlands Militärdiktator, obschon bereits im Dezember 1916 von der Nicht-Gewinnbarkeit des Krieges überzeugt, sich darauf versteifte, zumindest einen Frieden zu vorteilhaften Bedingungen für das Deutsche Reich erzwingen zu wollen – weswegen er, gegen das abratende Votum Walther Rathenaus, vom Januar 1917 an den bedingungslosen U-Boot-Krieg deklarierte, auf die Gefahr hin, den Kriegseintritt der USA zu provozieren. Einem trotzigen Gefühlsurteil vertrauend, wollte er alles auf eine Karte setzen und den »Maschinengott des U-Boots« beziehungsweise den *Neptunus ex machina*[132] ins Spiel bringen. Als im April 1917 die Kriegserklärung durch den amerikanischen Präsidenten Wilson erfolgte und als im Oktober desselben Jahres beziehungsweise im Januar 1918 die Bolschewisten in Rußland sich an die Macht putschten – um unter höchsten Versprechungen ein auf Trugbildern und Schrecken basierendes Regime zu implantieren –, begann sich, noch vor dem Ende der Waffengänge, jene Bipolarität der Weltmächte zu profilieren, die dem 20. Jahrhundert bis zur Implosion der Sowjetunion ihr Gepräge

132 So Walther Rathenaus Formulierungen in seiner Denkschrift: *Was wird werden?*, Frankfurt a. M. 1920.

gab. Für das Deutsche Reich hatte sich unter der von 1888 bis 1918 anhaltenden Ägide Wilhelms II. – nicht zuletzt aufgrund trotziger Posen des Monarchen – im großen Krieg das politische *summum malum* verwirklicht, das Bismarck als den *cauchemar des coalitions* gefürchtet hatte.

Mit dem Auftauchen eines konfusen Gemenges aus Angst, Trotz und Verbitterung war eine politisch-kulturelle Großwetterlage entstanden, in welcher Europa den Europäern neu erklärt werden mußte. Über der Alten Welt machte sich allenthalben jener zeitdiagnostische Imperativ geltend, der in Deutschland, 1808 mit Fichtes *Reden an die deutsche Nation* beginnend, der herkömmlichen Philosophie neben ihren kontemplativen und analytischen Funktionen zunehmend auch therapeutische, politisch-psychagogische und nationalpädagogische Aufgaben zugewiesen hatte. Rosenstock-Huessys Schriften von 1931 und 1938 sind nur als Antworten auf das Gebot, die eigene »Zeit in Gedanken zu fassen«, zu verstehen – gewiß nicht im Hegelschen Sinne, vielmehr so, daß die Diagnose zum Stand der Dinge als praktisches Inspirations- und Orientierungswissen in verwirrenden Lagen wirksam werden sollte. Rosenstock-Huessy hatte den zeitdiagnostischen Imperativ in einen autobiographischen Impuls übersetzt und sich, legitimiert durch das Mandat der Krise und beflügelt durch seinen stark ventilierten laientheologischen Elan, mit einer Hyper-Selbstbiographie aus dem Geist der revolutionären Sukzessionen hervorgewagt: *Ecce homo occidentalis!* Für ihn schien evident zu sein, daß die Geschichte im ganzen nicht bloß einen Vorwand zur »Sinngebung des Sinnlosen« darstellen durfte, wie der Philosoph Theodor Lessing (1872-1933) in seinem bekannten Buch behauptet hatte[133]; er wollte sich auch nicht mit der Fiktion eines Fortschritts-als-ob begnügen, mit welcher sich manche li-

133 Theodor Lessing, *Geschichte als Sinngebung des Sinnlosen*, München 1919.

berale Skeptiker nach dem europäischen Debakel aus der Affaire zu ziehen versuchten. Da Rosenstock-Huessy kein Hegelianer war, das heißt: weil für ihn die Selbstverwirklichung der Idee im Gang durch die Zeit ein leeres Theorem bedeutete, konnte er seine theologischen Karten freimütig auf den Tisch legen; er gab zu verstehen, der historische Prozeß im Großen sei die Fortführung der Apostelgeschichte mit weltpolitischen und säkularen Mitteln – warum nicht eine Art von »stiller Post« für Erwachsene? Eine Warnung blieb dabei zu beachten: Wer seinem Nachbarn zu Beginn der Übermittlungen den Satz »Liebe deinen Nächsten wie dich selbst!« ins Ohr flüsterte, mußte mit dem Risiko rechnen, daß nach längerem Weitersagen der Satz »Vernichte den Klassenfeind!« zutage käme.

Rosenstock-Huessys Ambition, Europa den Europäern neu zu erklären, und sein Prozedere des Rückgangs in die Serie der Revolutionen, die »uns« zu dem geprägt haben, was wir sein können und sollen, hätten nicht zu der vorliegenden Gestalt gefunden, wäre ihm nicht ein Buch zuvorgekommen, das vom ersten Moment seines Erscheinens im Frühherbst 1918 an (bei dem renommierten Wiener Wissenschaftsverlag Braumüller) im gesamten deutschen Sprachraum Furore gemacht hatte: Oswald Spenglers *Der Untergang des Abendlandes* – ein Buch, das sich der Öffentlichkeit mit dem einschüchternden Zusatz: *Umrisse einer Morphologie der Weltgeschichte* präsentierte. Wäre es nur auf den Untertitel angekommen, hätte das Werk die engen Kreise eines Publikums von professionellen Historikern nie überschritten. Der Haupttitel hingegen entfaltete auf der Stelle eine Wirksamkeit, die kaum anders als durch die Leuchtkraft einer archetypischen Botschaft zu deuten ist. Nie war Europa dem Motiv *Apocalypse now* näher als in diesem Moment. In Spenglers Buchtitel kam der Obertonreichtum des deutschen Wortes »Untergang« zum Tragen, eines Worts, das sich auf Sonnen, Schiffe, Dynastien, Völker und Zivilisationen beziehen läßt – während das Französische drei verschiedene Verben braucht, um den Sonnenuntergang, das Sinken eines Schiffs und den Verfall einer Kultur zu bezeichnen, indes das Englische zwischen *sunset, shipwreck, fall, doom* und *decline* zu unterscheiden hat. Zudem ist die Wendung »Untergang des Abendlandes« heliologisch überdeterminiert: Der Ausdruck »Abendland« stellt eine ideologisch hoch aufgeladene Eindeutschung des lateinischen Worts *occidens* dar, das naturgemäß das Wort *oriens* zum Widerpart hat. Geht das »Abendland« unter, heißt dies für ein deutsches Gehör, die Weltgegend, in welcher die Sonne sinkt, gehe mit zugrunde. Damit waren auch kosmologische Assonanzen am Werk, die dem verdunkelten Geist des Augenblicks entgegenkamen. Zwei Monate nachdem das Buch auf den Markt gekommen war, am 11. November 1918, unterzeichnete der deutsche Delegationsleiter Matthias Erzberger von der Deutschen Zentrumspartei (geboren 1875, ermordet im Sommer 1921) bei Compiègne die Waffenstillstands-Urkunde, mit welcher das Deutsche Reich seine Niederlage im Weltkrieg einzugestehen hatte.

Das folgende Lesezeichen im Buch Europa wird folgerichtig in ein Werk eingelegt, dessen rasch sprichwörtlich gewordener Titel das gesamte 20. Jahrhundert durchquerte, obschon die Kenntnis seines Inhalts bereits kurz nach seinem Erscheinen stark rückläufig war – der 1922 erschienene zweite Teil: »Welthistorische Perspektiven«, der den ersten an Originalität und Kühnheit übertrifft, wurde nur noch mit ermattetem Interesse aufgenommen. Als die Ära der *Goldenen Zwanziger* mit ihren Durchbrüchen zu »Neuer Sachlichkeit« und forcierter Frivolität eingesetzt hatte, um in der Weltwirtschaftskrise ab 1930 ihr Ende zu finden, war die Formel vom Untergang des Abendlandes schon eine abgegriffene Münze; sie zirkulierte in den Sprachspielen des Vulgärpessimismus, der das inflationsverarmte Bürgertum mit den Massen der neuen Angestelltenzivilisation vereinte. Daß Spenglers Buch zu jener Zeit in keinem deutschen Haushalt mit Resten von Lesekultur fehlte, spricht für die Ansteckungskraft des ersten Erfolgs. Die englische Übersetzung erschien 1926 unter dem Titel *The Decline of the West*, die französische, mit bezeichnender Verspätung, im Oktober 1931 als *Le déclin de l'occident*, die spanische unter dem Titel *La decadencia de Occidente* 1932, mit einem Vorwort von José Ortega y Gasset.

Bei Spenglers Werk handelt es sich keineswegs um einen spät ausgelieferten Feldpostbrief. Sein Autor war um 1915 aufgrund seiner nervösen Konstitution als wehruntauglich ausgemustert worden; er verbrachte die Kriegsjahre in der relativen Sicherheit einer Existenz als gelehrter Privatier ohne berufliche Verpflichtungen in dem Münchner Bohème-Stadtteil Schwabing – nicht weit entfernt von dem Haus, in dem Lenin um 1901 über Plänen einer Revolution in Rußland gebrütet hatte. Daß Spengler einer der ersten werden konnte, die den Bewohnern des »Abendlandes« ihre Lage im Weltgeschehen neu verdeutlichen wollten, lag also nicht an einer Kriegserfahrung. Seine Phasengleichheit mit der öffentlichen Stimmung des Herbstes 1918 ergab sich aus einer unerwarteten, vielleicht nur vom Autor selbst insgeheim gewünschten Koinzidenz. Im übrigen meinte er bis in den Sommer 1918, die deutschen Waffen würden zu guter Letzt siegen; sein Buch sollte als Appell an die Tapferkeit des Siegers angesichts kommender Aufgaben im Winter der faustischen Kultur gelesen werden.

Als Diagnostiker der europäischen Krise vor dem Ersten Weltkrieg hatte Spengler ein geschärftes Sensorium für die Konflikt-Linien erworben, an denen die über Jahrzehnte aufgestauten Potentiale zur Entladung drängten. Nicht nur in den Kreisen der europäischen Jugend war in einem Klima prosperierender Lebensphilosophien ein Bewußtsein von der zunehmenden Technisierung des Daseins aufgekommen; alle Welt sprach über die soziale Entfremdung der Einzelnen, über großstädtische Hektik und die zunehmende Flüchtigkeit der Verhältnisse zwischen den entwurzelten Menschen. Die typischen Merkmale der Dekadenz, die Nietzsche an Wagners Kunst wahrgenommen haben wollte: das Brutale, das Künstliche und das Idiotische, mit denen erschöpfte Subjekte sich eine letzte Interessantheit vorspiegeln lassen, waren in der Literatur, auf den Theaterbühnen und in der Tagespresse allgegenwärtig. Die Assoziation der Ideen von Dekadenz und Spätkultur lag auf der Straße; Spengler hätte sie überall auflesen können, auch wenn er nicht per Zufall im Jahr 1912 in Hamburg auf einen Band der *Geschichte des Untergangs der antiken Welt* aus der Feder des Althistorikers Otto Seeck (1850-1921), gestoßen wäre, eines Mommsenschülers, der in Münster lehrte, dessen Namen zu erwähnen er in seinen sonst ausführlichen Quellenhinweisen sorgfältig vermied. Von diesem Zeitpunkt an, erklärte Spengler später, habe der Titel seines Werks festgestanden.

Das Elend der deutschen Niederlage bot in der Tat einen idealen Nährboden für die Rezeption eines Werks, das nicht weniger als eine weltgeschichtlich begründete Hermeneutik der Verdüsterung anzubieten schien. Ja, lieferte es nicht geradezu eine Gebrauchsanleitung für den Umgang mit einem schwer zu akzeptierenden und doch nicht zu vermeidenden Schicksal? Mit seinem goethisierenden Formbegriff und seinem nietzscheanisierenden Sprachduktus stellte Spenglers Buch eher so etwas wie eine verspätet ausgelieferte *Unzeitgemäße Betrachtung* dar. Dank der singulären Konstellation erwies sie sich als die zeitgemäßeste aller möglichen Publikationen. Zugestellt wurde sie dem Publikum wie eine Botschaft aus der kühlen Höhe von Sils-Maria oder aus dem spröden Abseits Weimars zu ebenjenem Zeitpunkt, an dem sie am heftigsten mißverstanden werden mußte. Man begreift leicht, warum Spenglers Protest gegen die vorgeblich illegitime »pessimistische« Lesart seines Buchs wirkungslos blieb.

Naturgemäß hatte auch Spenglers Schrift ein starkes *de te fabula narratur* für sich – das verkannte Rosenstock-Huessy, wenn er dem

Autor später vorwarf, seine Art von Geschichtsschreibung habe keinen Bezug zu den lebendigen Gedächtnissen der Menschen, ja, er schreibe nur für Leute, die ihrer Erinnerungen müde seien.[134] Das verkannte auch Martin Heidegger, als er am Beginn seiner Freiburger Vorlesung über *Grundbegriffe der Metaphysik* im Wintersemester 1929-1930 suggerierte, die Leser von Kulturdiagnosen wie der Spenglerschen seien Menschen, die sich selbst so langweilig geworden seien, daß sie bereit wären, als Komparsen in einem weltgeschichtlichen Sandalenfilm mitzuwirken.[135] In Wahrheit zeigt sich der erregende Aspekt von Spenglers Überlegungen zur Situation des »Abendlandes« darin, daß es eben *unser* Untergang ist, und *dein* Mituntergang in ihm, der hier in weit ausholenden Bewegungen geschildert wurde. Mehr als ein Jahrzehnt später stellte Rosenstock-Huessy dieser Suggestion eine ebenso weit ausgespannte Vision von *unseren* Revolutionen entgegen, und *eo ipso* eine Evokation *deiner* Mitumwälzung in den Umschwüngen der großen Geschichte. Sein Exposé einer Revolutionenkette vom späten 11. Jahrhundert bis ins frühe 20. ist offensichtlich parallel zu Spenglers Zeitmaß für die abendländisch-faustische Kultur angelegt, wobei die Vermutung sich aufdrängt, der Autor habe dafür sorgen wollen, in seinem Exposé alle Züge einer verfallsgeschichtlichen Betrachtung zu tilgen. Wer ein gutes Jahrzehnt nach Spengler den Anspruch erhob, den Europäern jener Zeit das historische wie das aktuelle Europa in Ausdrücken einer allgemeinen Revolutionstheorie neu zu erklären, wollte begreiflicherweise nicht von Alterserstarrung, Petrifizierung, Veräußerlichung und Vermassung reden. Die wahre und wirkliche Geschichte unserer Welt sei die Geschichte der Begeisterung von Menschen durch die

134 *Out of Revolution*, a. a. O., S. 698.

135 Martin Heidegger, *Grundbegriffe der Metaphysik. Welt – Endlichkeit – Einsamkeit*, Frankfurt a. M. 1992, S. 11-116.

evangelische Botschaft; sie impliziere unvermeidlich deren Übersetzungen in das Incognito des säkularen Humanismus und damit in eine Vielzahl von politischen, moralischen, therapeutischen und ästhetischen Idiomen.

In der Konfrontation Rosenstocks mit Spengler treffen ein Verfechter der negentropischen Prozeßlogik und ein Fürsprecher der zivilisatorischen Entropie hart aufeinander. In anderer Terminologie könnte man von der Kollision von Utopismus und Pragmatismus sprechen – oder, um an die klassisch gewordene Musilsche Unterscheidung zu erinnern: von dem unauslotbaren Gegensatz zwischen dem Möglichkeitssinn und dem Wirklichkeitssinn.

Spenglers starker Anspruch erklärt sich in seiner Behauptung, eine »Logik der Geschichte« entdeckt zu haben, die sich jenseits des Lokalen, Zufälligen und Singulären durchsetze; es handle sich dabei um eine Logik, besser ein Schema, das an den Schicksalsverläufen von Kulturen abzulesen sei, als ob auch diese allgemein gültigen biographischen Ablaufgesetzen unterlägen. Das Abenteuerliche des Spenglerschen Unternehmens tritt in dieser suggestiven These offen zutage: Der Autor glaubte ernsthaft, eine neue Spezies entdeckt zu haben, genauer: eine para-biologische Wesenheit – genannt »Kulturen«, besser: »Hochkulturen«: An den Gewächsen dieser Spezies wollte er die Gesetze eines biographisch-biogrammatisch darstellbaren Gestaltwandels sichtbar machen. Der vollziehe sich mit erhabener und allgemeiner Gesetzmäßigkeit unter dem doppelten Diktat des Wachstums und der Entropie. Spengler ließ es sich nicht nehmen, acht solcher völlig unabhängig voneinander aufgetretener Über-Lebewesen zu identifizieren. Seine Aufzählung umfaßt die altbabylonische Kultur, die ägyptische, die indische, die chinesische, die mittelamerikanische, die neubabylonisch-magische, die antike und die westeuropäische – wobei zu bemerken ist, daß nur die drei letzteren es bei ihm zu einiger Anschaulichkeit bringen. Aufgrund seiner Qualifikation als Meta-Botaniker behauptete Spengler, er sei, durch Goethes morphologische Denkweise instruiert, imstande, die Lebensablaufgesetze seiner Über-Pflanzen in Analogie zu den Biographien menschlicher Einzelwesen zu definieren. Er entwickelte die Überzeugung, bei seinen Nachforschungen den Schritt von der Orakelkunde beziehungsweise der religiösen Mantik zu einem wissenschaftlich fundierten Prophetismus, ja zu einer exakten Theorie des kollektiven Schicksals vollzogen zu haben. Der erste Satz der Einleitung zu *Der Untergang des Abendlandes* läßt hierüber keinen Zweifel zu:

> In diesem Buche wird zum ersten Mal der Versuch gewagt, Geschichte vorauszubestimmen. Es handelt sich darum, das Schicksal einer Kultur, und zwar der einzigen, die heute auf diesem Planeten in Vollendung begriffen ist, der westeuropäisch-amerikanischen, in den noch nicht abgelaufenen Stadien zu verfolgen.[136]

Wer das Vokabular dieser Präambel sortiert – Geschichte, Schicksal, Kultur, Planet, Stadium, Vollendung –, hält schon die wesentlichen Artikel von Spenglers historiosophischer Grammatik in Händen. Es sind Ausdrücke, die sich in ein metabiologisches und metabiographisches, in gewissen Grenzen auch kosmologisches Register einfügen. An ihnen ist fürs erste nichts zu entdecken, was den Leser aus der Haltung der wohltemperierten Gleichgültigkeit hervorlocken könnte, mit der man, bei ausreichender Theorieerziehung, Diskurse vom Typus der »weltgeschichtlichen Betrachtungen« *à la* Jacob Burckhardt zu rezipieren gewohnt war. Ja, auch Hegels Räsonnements in

136 Oswald Spengler, *Der Untergang des Abendlandes. Umrisse einer Morphologie der Weltgeschichte*, München 1998 [1918/22], S. 3.

den *Vorlesungen über die Philosophie der Geschichte* (1821) ließen sich mit dieser Einstellung in gelassener Beobachtung nachvollziehen. Jedoch: Die Nennung des ins Adjektiv gesetzten Eigennamens »westeuropäisch-amerikanisch« ist geeignet, den Ring der virtuellen theoretischen Indifferenz zu sprengen. Für den geistesgegenwärtigen Rezipienten geht von dieser Namensnennung der Impuls eines unentrinnbaren *tua res agitur* aus. Er überträgt sich in dem Moment, in dem der Leser begreift, daß die hier bezeichnete Kultur, die später als die »faustische« beziehungsweise als die des gotischen Katholizismus mit seinem zwanghaft treibenden Motiv des Ausgesetztseins in den grenzenlosen, von vielfältigen Kräften durchpulsten Raum erläutert wird, keine andere ist als jene, der er sich *nolens volens* selber zurechnen muß – nicht nur als Beobachter und Zeuge am Rande, sondern als Schicksalspartner und Leidensgenosse.

Der Akt der Selbstzurechnung des Lesers zu der genannten Kultur und ihrem Altersschicksal geschieht nicht ohne intrikate Konsequenzen. Was auf den ersten Blick wie eine berauschende Mitfahrgelegenheit im Omnibus der »großen Geschichte« wahrgenommen werden könnte, erweist sich bei näherer Berührung mit dem Theorem als die Zumutung, sich als *compagnon de route* einer umfassenden Fatalität zu verstehen. Spengler ist immerhin taktvoll genug, in seinem Eröffnungssatz das Wort »Untergang« durch den Ausdruck »Vollendung« zu ersetzen. Dennoch sollte klar sein, daß die Vision des Autors von der »Vollendung des Abendlandes« den Leser in ein Endspiel einbeziehen will, das keine kontemplative Teilhabe gestattet. Sie übermittelt die Aufforderung zur Hinnahme einer Schicksalspartnerschaft – nicht umsonst beruft sich der Verfasser auf Nietzsches Devise des *amor fati*, die einer tragischen Weltauffassung angehört. Wie Leonardo da Vinci das renaissancetypische Motto ausgegeben hatte: »Wer nicht kann, was er will, soll wollen, was er kann« (*chi non può ciò che vuole ciò che può voglia*), emittiert Spengler die preußisch-neostoische Sentenz: »Wer verstanden hat, daß die Wirklichkeit nach seinen Wünschen nicht fragt, soll wollen, was er muß.« Gelingt es dir nicht, zu wollen, was du kannst, versinkst du spurlos in der Anonymität; hast du nicht die Kraft, zu wollen, was du mußt, gehen die Ereignisse über dich hinweg, ohne von deiner Existenz Notiz zu nehmen.

Spenglers Prätentionen zielen darauf, den Unterschied zwischen Philosophie und Lagebesprechung zu liquidieren, um eine neue Form der vorausblickenden Geschichtsschreibung zu gewinnen. Nichts anderes ist mit der Wendung von den schon erkannten, doch »noch nicht abgelaufenen Stadien« eines schicksalhaften Geschehens gemeint. Spengler bekundet seine Überzeugung, die künftige Geschichte aus dem Geist des Noch-nicht entwickeln zu können – er tut dies jedoch nicht im Sinn des von Ernst Bloch entworfenen utopischen Denkens, wie es in seinem im Sommer 1918 erschienenen frühen Hauptwerk *Geist der Utopie*[137] exponiert wurde. Während der junge Ekstatiker Bloch den Versuch unternahm, die Dunkelheit des sich ausdehnenden Selbst mit den latenten Potentialen der sich erhellenden Welt zu verschmelzen, um die Mächte schöpferischer Antizipation freizusetzen, unterzog Spengler sich der Aufgabe, die scheinbaren oder wirklichen Evidenzen des morphologisch-biographischen Schemas, das von der Kindheit und Jugend über die Reifezeit zum Greisenalter prozediert, auf die Abläufe der unverhohlen geschehenden Geschichte zu projizieren – und dies in der autosuggestiv festgehaltenen Gewißheit, das Prinzip der kommenden Dinge ein für alle Mal aufgedeckt zu haben. Spenglers Noch-nicht bezieht sich auf kommende Dinge, deren Bahnen durch ein klares Wissen von den Gesetzen der *Entropie* im Voraus zu bestimmen seien. Tatsächlich griff der

137 Die später für verbindlich erklärte zweite Fassung von Ernst Blochs *Geist der Utopie* erschien zu Berlin 1923.

Verfasser den Zweiten Hauptsatz der Thermodynamik auf, in dem er die wissenschaftliche Fassung der mythischen Lehren von der Götterdämmerung erkennen wollte.[138] Weil Kulturen, wie Pflanzen höchster Ordnung, der Alterung unterworfen sind und in das ausmünden, was Spengler das Stadium der »Zivilisation« nennt, sprich der finalen Unfruchtbarkeit, der imperialistischen Veräußerlichung und der alexandrinischen Selbstzitate, sei die vorwegnehmende Erkenntnis künftiger Geschichte vor ihrem Wirklichwerden, besser: vor ihrer unvermeidlichen Selbstverwirklichung möglich. Folglich wollte der Autor nicht weniger in die Welt gesetzt haben als eine Wissenschaftslehre vom Schicksal, das Geschichte macht, wäre es auch in der Form eines objektiven Deklinismus, den man ebenso einen fatalen Perfektivismus nennen dürfte.

Damit betritt Spengler ein Terrain, auf das anderthalb Jahrhunderte zuvor Immanuel Kant einen Fuß gesetzt hatte, als er seine Leitfrage nach der Möglichkeit von Erkenntnis *a priori* mit der gebotenen Vorsicht auf Gegenstände der Geschichte ausdehnte – die Bemühungen Wilhelm Diltheys um eine Erkenntnistheorie für die historische Welt *alias* eine »Kritik der historischen Vernunft« punktuell vorwegnehmend. In seiner 1798 publizierten popularphilosophischen Spätschrift *Der Streit der Fakultäten* warf Kant in eher beiläufigem Ton die Frage auf: »Wie ist aber Geschichte a priori möglich?«, und beantwortete sie mit der lapidaren Sentenz: »[W]enn der Wahrsager die Begebenheiten selber macht und veranstaltet, die er zum voraus verkündigt.«[139]

Kants Auskunft ist subtil ironisch; sie enthält den Hinweis, daß es

138 *Untergang des Abendlandes*, a.a.O., S. 547.

139 Immanuel Kant, »Der Streit der Fakultäten«, in: ders., *Werkausgabe*, XI: *Schriften zur Anthropologie, Geschichtsphilosophie, Politik und Pädagogik*, Band 1, Frankfurt a.M. 1977, S. 351.

zumeist die Unheilspropheten sind, die an der Verwirklichung ihrer Vorhersagen eigentätig mitwirkten. Geschichte *a priori* zu machen – oder Geschichte nach Plan – gelingt am besten den Verderbern der Menschheit. Der Königsberger Philosoph scheint hier nicht mehr weit von der Entdeckung des Schemas der *self-fulfilling prophecy* entfernt zu sein. Freilich kann er für den Fall einer Prophezeiung, die sich im guten Sinn selber wahr macht, noch kein Beispiel anführen – es sei denn, man ließe seine rühmenden Bemerkungen über den Enthusiasmus, den die Proklamationen der Französischen Revolution anfangs hervorriefen, als ein solches gelten. Doch gerade der Verlauf dieser Revolution war paradigmatisch geworden für die das moderne Geschichtsbewußtsein prägende Erfahrung, wonach der unberechenbare Eigensinn der realen Handlungsreihen sich allemal gegen die Absichten der »Wahrsager«, Ideologen und Planpolitiker durchsetzt. Zum Kernbestand jüngerer historischer Erfahrenheit gehört die Einsicht, daß es immer anders kommt als gedacht.

Man darf ohne weiteres behaupten, es sei der Verlauf der Französischen Revolution gewesen, der dafür verantwortlich zu machen war, wenn vom frühen 19. Jahrhundert an der Begriff des Schicksals dem Projektbegriff der Geschichte erneut den Rang streitig machte.[140] Hat man, in einer glücklichen Wendung, die Aufklärung als den Versuch »zur Sabotage des Schicksals«[141] definieren können, so ist hinzuzufügen, daß das Schicksal nicht selten durch die Selbstsabotage der Aufklärung in Kraft trat – besser: infolge der Entfaltung ihrer inhärenten Paradoxien. Unter diesen spielt die Unverträglichkeit

140 Ulrich Raulff, Peter Sloterdijk, »Schicksalsfragen: Ein Roman vom Denken. Ulrich Raulff im Gespräch mit Peter Sloterdijk«, in: *Marbacher Magazin, Schicksal. Sieben mal sieben unhintergehbare Dinge*, N° 135, 2011, S. 15-72.

141 Ulrich Sonnemann, *Negative Anthropologie. Vorstudien zur Sabotage des Schicksals*, Reinbek 1969.

von Freiheits- und Gleichheitspostulaten eine korrosive Rolle; hinzu kommt die Erfahrung, daß alle Versuche, die vom Volk »ausgehende« Herrschaft der Vielen zu verwirklichen, regelmäßig in eine Herrschaft der Wenigen (*oligoi*) »aus Politik und Wirtschaft« mündet, und dies aus einem systemisch evidenten Grund: Die wichtigsten modernen Nationalstaaten, nicht selten aus den Überdehnungen der ihnen vorangehenden Monarchien entstanden, sind viel zu groß, zu unförmig und zu sehr von bürokratischen und fiskokratischen Prozeduren abhängig, um wirklich von ihren aktiven Bürgern – den vielbeschworenen Citoyens – gestaltet zu werden.[142]

Sollte Geschichte *a priori* im Modus Spenglers möglich sein, so dürfte sie nicht als eine sich selbst wahr machende Unheils-Prophetie wirksam werden; sie müßte sich auf Ablaufgesetze stützen, die sich von Prognosen und Projekten unabhängig geltend machen. In diesem Punkt hat Spengler dem Verfasser des »Streits der Fakultäten« – neben dem Konzept der Entropie – einen Begriff voraus, der im 19. Jahrhundert zur Entfaltung gekommen war: den der »Entwicklung«, die unter dem Gesetz der Gestaltbildung geschieht. Spengler gebrauchte ihn, um den für seine Zeitdiagnostik wesentlichen Übergang von der reifen Kultur zur vergreisenden Zivilisation »morphologisch« oder hyper-biographisch zu interpretieren. Während er zwischen 1912 und 1917 am ersten Band seines Werks arbeitete, war er als teilnehmender Biograph der eigenen Kultur dazu verurteilt, ein latent autobiographisches Dokument zu verfassen: Ja, er konnte nicht anders, als sich in den »Prozeß der Zivilisation« zu integrieren, den zu begreifen er sich bemühte; er mußte zugeben, daß das längst angebrochene Altersschwächestadium der westeuropäisch-amerikanischen Kultur, das er ein »zivilisatorisches Klimakterium« nannte, ihn

142 Dirk Jörke, *Die Größe der Demokratie. Über die räumliche Dimension von Herrschaft und Partizipation*, Berlin 2019.

selbst zuinnerst mitbetraf. In diesem Stadium bleibe den kultivierten Einzelnen nichts anderes übrig, als dem Imperativ der Zeit zu gehorchen; sie müßten stoisch – und warum nicht auch preußisch? – Haltung annehmen und ihre Pflicht tun, gleich jenem Wachsoldaten in Pompei, den man beim Ausbruch des Vulkans wohl abzulösen vergessen hatte und der von Ausgräbern nach fast 2000 Jahren stehend auf seinem Posten gefunden wurde.

Seiner panoramatischen Sicht auf die diversen Kulturen zum Trotz gelang es Spengler nicht, seine eurozentrische Sicht aufzugeben. Er vermochte nicht einmal, dies ernsthaft zu wollen, wenn er auch mit mehr oder weniger Erkenntnisglück versuchte, einzelne chinesische, ägyptische und neu-babylonische Kulturprozesse aus Analogieschlüssen zu begreifen. Er verstand sich als einen Menschen, dem es nicht erlaubt war, aus der eigenen spät-faustischen Haut zu fahren. Die Komplimente, die man dem Autor für seine Preisgabe der Eurozentrik und seine kulturrelativistischen Thesen machen wollte, liefen ins Leere: Spengler blieb nicht nur an seine Identifizierung mit den späten Zuständen faustischer Zivilisation gebannt, er hielt auch bis zuletzt, der militärischen Niederlage ungeachtet, an der – als Mahnung vorgetragenen – Vorstellung fest, nur eine kohärente okzidentale Politik großen imperialen Stils werde imstande sein, die gefahrvolle Allianz zwischen den beiden drohenden »Weltrevolutionen«, jener des Bolschewismus und jener der farbigen Völker, zu verhindern. Kaum nötig zu sagen, daß er hierbei noch immer einige Hoffnungen auf eine Schlüsselrolle Deutschlands in den »Jahren der Entscheidung« setzte. Der Ausspruch: »Wir können uns nicht erlauben, müde zu sein«[143], war ein Wort der Selbstermahnung. Der

143 Oswald Spengler, *Jahre der Entscheidung. Deutschland und die weltgeschichtliche Entwicklung*, München 1961 (1933), S. 210.

Satz: »Die Legionen Caesars wachen wieder auf«[144], machte deutlich, in welchem Maß Spengler von der Idee beherrscht blieb, wonach ein Endkampf um die Erd- und Weltherrschaft bevorstehe; allein ein dezidierter Militarismus des Westens würde imstande sein, in ihm sich zu behaupten. Daß es jemals zu einer weltpolitischen Gewaltenteilung kommen könne – wie sie dank des »Gleichgewichts des Schreckens« in der Ära des Kalten Krieges nach 1946 wirksam wurde –, dergleichen lag ganz außerhalb seiner monopolar-hegemonistischen Vorstellungswelt.

Im Vorwort des 1922 erschienenen zweiten Bandes von *Untergang des Abendlandes* räumte Spengler ein, er habe ein Werk verfaßt, das ganz dem Geist der Epoche verpflichtet sei. Es hätte nicht nur *ecce homo occidentalis* heißen können – wie Rosenstock-Huessys *Autobiographie des westlichen Menschen* –, sondern sich sehr plausibel auch dem Genre der Bekenntnisse zurechnen dürfen.

> Der Denker […] hat keine Wahl. Er denkt, wie er denken muß, und wahr ist zuletzt für ihn, was als Bild seiner Welt mit ihm geboren wurde. Es ist das, was er nicht erfindet, sondern in sich entdeckt. Er ist es selbst noch einmal, sein Wesen in Worte gefaßt. Der Sinn seiner Persönlichkeit als Lehre geformt […].[145]

Spenglers Herausgeber und Biograph Anton Mirko Koktanek hat Aussagen dieser Tendenz in psychologische Diagnosen zugespitzt. Er zitierte aus Spenglers Tagebüchern, in denen der junge Autor sich der dichterischen Unfähigkeit bezichtigte. »Ich kann nur planen, nur entwerfen und im Kopf vollenden. Ausführen ekelt mich an. Ich

144 Ebd., S. 212.
145 *Untergang des Abendlandes*, a. a. O., S. VII-VII.

kann mich nicht entschließen anzufangen.«[146] Ein dutzend literarische Skizzen und ein paar Dramenentwürfe blieben unfertig liegen, darunter Notizen zu einem Stück über Tiberius und zu einer suggestiven Charakterstudie über den megalomanischen Brandstifter-Künstler Herostrat.

> Für diese tiefeingewurzelte poetische Impotenz stellt sich ihm [...] durch Projektion eine alles verständlich machende Begründung ein: nicht er ist unfruchtbar, zeugungsunfähig, lediglich scheinschwanger – sein Zeitalter ist's, das Umgreifende, der eigentliche Grund, das Über-Ich. Dieser Übergang zur Zivilisation ist das Klimakterium der Kultur.[147]

Aufgrund seiner hyper-autobiographischen Implikationen macht Spenglers Buch seine Leser zu Schicksalsgenossen in der Verlegenheit eines Daseins, das für große Kunst und wirkliche Kreativität zu spät kommt; es lädt sie ein, Partner in der heroischen Sterilität zu werden. Nur als Komplizen der Treue zu einer letztlich verlorenen Sache, so meint er, gewännen die Menschen im Endspiel ihrer Kultur die Gelegenheit, eine Art von letzter Größe zu beweisen.

Solche Zumutungen wären ohne Zweifel auf noch heftigere Widerstände gestoßen, als sich tatsächlich zeigten, wären die Ausführungen des Autors zur kulturellen und politischen Situation der Zeit nicht so reich an treffenden und suggestiven Beobachtungen gewesen. All seinen manifesten Schwächen, seinen Einseitigkeiten und erzwungenen Konstrukten zum Trotz blieb es ein imponierendes, um nicht zu sagen titanisches Unternehmen, den Übergang der späten faustischen Kultur in ihr erdumspannendes zivilisatorisches Stadium

146 *Oswald Spengler*, a. a. O., S. 141f.
147 Ebd., S. 142.

schildern zu wollen. Was Spengler darin suggestiv zu evozieren verstand, waren realitätsmächtige Größen wie die Großmaschinentechnik, das invasive Finanzkapital, das präpotente Pressewesen, die Metamorphose von Politik zu Parteienstreit, die expansive Bürokratie und das libidinöse Treiben der Großstädte; zur Physiognomie der spätkulturellen Welt vor abgeflachtem faustischem Hintergrund gehörten in Spenglers Schilderung auch der überbordende Museumsbetrieb, das allgegenwärtige Kunsthandwerk und der alleszerredende Journalismus. Von hoher Luzidität waren Spenglers Aussagen über Phänomene wie die »zweite Religiosität« und den weltanschaulichen Synkretismus, der überlieferte Kulte und Bekenntnisse nach Belieben rekombiniert. Daß dem Autor der Feminismus seiner Zeit und die frühen Spuren des Massentourismus als Vorboten eines Verfalls, der sich selbst applaudiert, Eindruck machten, verwundert nicht. In Sekundärliteratur ohne Grenzen war für ihn das Zeitalter authentischer Kunst und Dichtung ans Ende gekommen. Der Rest ist Katalog und Kalkül. Wo alle Worte zu Verkaufsgesprächen geworden sind, dominieren die blasphemischen Töne. In der oft beeindruckenden empirischen Plausibilität, zudem in der elitären Schärfe von Spenglers Beobachtungen gründet Theodor W. Adornos 1949 getroffenes Urteil, der Autor des *Untergangs* habe in seiner Zeit »kaum einen Gegner gefunden, der ihm gewachsen gewesen wäre«[148] – im übrigen lagen Spenglers und Adornos Ansichten über die Tendenzen der Kulturindustrie sowie die inneren Widersprüche des Aufklärungszeitalters viel weniger weit auseinander, als manche Bewunderer Adornos und viele Verächter Spenglers wahrhaben mochten.

148 Theodor W. Adorno, »Spengler nach dem Untergang«, in: ders., *Gesammelte Schriften*, Band 10.1, *Kulturkritik und Gesellschaft*, Frankfurt a. M. 2003, S. 48.

Von all den diagnostischen und prognostischen Sätzen, die sich aus Spenglers hyper-biographisch-morphologischem Schema ableiten ließen, waren unter dem Aspekt der politischen Ideengeschichte vor allem jene von wirklich risikoträchtiger Bedeutsamkeit, die sich auf die – von antiken Mustern abgelesene – Fatalität des Übergangs von republikanischen zu caesarisch-monokratischen Staatsformen bezogen. Man hat kaum je auf die profunde Ironie von Spenglers »angewandter Morphologie« hingewiesen, der zufolge es ausgerechnet die Spätphasen von ausgeglühten Kulturen seien, in denen Erscheinungen wie caesarischer Zentralismus, Militarismus, Soldatenkaisertum und hohle Vergöttlichungen zufälliger Machthaber zur Vorherrschaft gelangen. Spenglers »Kulturen«, die Überpflanzen höchsten Typs, verwelken in ihren späten Stadien nicht; sie zersetzen sich in miteinander inkompatible Tendenzen: hier die Überverfeinerung später »Nervenkunst« und relativistischer Erkenntnistheorien, dort die Überbrutalisierung neubarbarischer Massenphänomene. Das kultur-geriatrische System des großen Bricoleurs sah für die um 1900 globalisierte Sphäre der vorgeblich absterbenden faustischen Seele keine Phase wohlverdienter Altersschwäche vor; es beharrte darauf, daß die aktuellen Träger der faustischen, am Trieb zum Unendlichen erkrankten Zivilisation, die expansionslustigen Briten voran, teilweise auch die romanischen Völker, vor allem aber die Mutternation des Faustischen, die Deutschen, sich mit schicksalhafter Notwendigkeit zu einer Regung des imperialistischen Greisenfurors, ja, zu einem späten dezidierten Griff nach der ungeteilten Weltmacht aufrichten müßten.

Es steht außer Zweifel, daß Spengler auch hier, wie an vielen anderen Stellen, dem Elan der großen Analogie erliegt. In der Frage des »Untergangs« konnte es für den Autor des inspirierten Buchs, wie für neuzeitliche Europäer insgesamt, naturgemäß nur ein Paradigma, das weströmische, geben. Edward Gibbon hatte mit seinem opus magnum *The History of the Decline and Fall of the Roman Empire*, das, um 1776 begonnen, von 1789 an in sechs Bänden vorlag, schon in der Hochzeit der Aufklärung den Ton gesetzt. Deutsche Gelehrte wie Theodor Mommsen und Otto Seeck hatten die enorme Materie methodisch weiter elaboriert. Sollte mit einem Überschuß an Plausibilität von einem Untergang des Abendlandes die Rede sein können, so war sie vor allem durch die Ausbeutung der Analogie zwischen spätweströmischen und spätwesteuropäischen Daten und Tendenzen zu gewinnen. Spenglers Arbeit bestätigte diese Vermutung auf ganzer Linie. Er fand sein Material, zumal im ersten Band, überwiegend durch Gegenüberstellungen von Merkmalen der apollinisch-antiken und der faustisch-westeuropäischen Kultur. Hierbei gelangen ihm zahlreiche geistreiche Analogisierungen. In diesem Kontext ist leicht zu begreifen, warum der Aufstieg Napoleons am Nachmittagshimmel der ausgereiften europäischen Kultur für Spengler den Anbruch der caesarischen Spätphase verkündete – immerhin durfte das zivilisatorische Endspiel, dem Schema gemäß, eine Zeitspanne von gut zweihundert Jahren umfassen –, was für das Jahr 1918 implizierte, der Auftritt des neuen Caesars müsse unmittelbar bevorstehen. In den Augen des Münchener Sehers bedeutete das 19. Jahrhundert kaum etwas anderes als die Phase des Aufmarschs der Kandidaten für den Endkampf um die Weltmacht – eines Kampfs, der ein binneneuropäisches beziehungsweise ein westliches Drama bleiben sollte, unter flüchtigem Einbezug des »Rests der Welt«. Für das kritische Argument, wonach das *imperium romanum* in dramaturgischer Sicht nie »untergegangen« sei, sondern in mehrfachen Metamorphosen und Translationen reinszeniert wurde, blieb Spengler aufgrund seiner Fixierung auf seine morphologischen Hypothesen unzugänglich. Die Bannung seines Blicks durch das Spätstadium der westeuropäischen Kultur sowie seine Überzeugung von der unmittelbar bevorstehenden Heraufkunft eines caesarisch-monopolistischen Machtkonglomerats nahmen ihm die Sicht auf den ununterdrückbaren Pluralismus der politisch-kulturellen Handlungssysteme, die der modernisierenden Welt auf allen Kontinenten ihre Dynamik verliehen.

Spenglers wichtigster und zugleich am wenigsten korrigierbarer Denkfehler zeigte sich in seiner Annahme, die Welt zur Zeit des Ersten Weltkriegs sei im ganzen bloß als die Projektions- und Aktionsfläche des faustischen Finales zu deuten. Er verknüpfte seine Doktrin vom Endspiel der faustischen Sphäre viel zu eng mit der narzißtischen Überdehnung der westeuropäischen »Kulturseele«, von der er glauben wollte, sie manifestiere ihre heroische Agonie auch in seiner Person. Ihm entging dabei die Eigendynamik der Sphäre, die Hegel als das Reich des »objektiven Geistes« bestimmt hatte. In Wahrheit hatten sich Disziplinen wie die europäischen Naturwissenschaften, europäisches Ingenieursdenken, europäisches Fabrikwesen, europäisches Sachenrecht, europäische Medizinverfahren, europäische Kunstkonzepte und europäische Verfassungslehren schon zu jener Zeit auf breiter Front aktuell und tendenziell von ihren Herkunftsquellen gelöst – sollten sie überhaupt je wirklich durch »faustische« Dispositionen, das heißt durch die Dämonie des Zugs in den unendlichen Raum, konditioniert gewesen sein. Sie hatten sich zu universal zugänglichen, relativ leicht übertragbaren, prinzipiell kopierfähigen, lokal variabel zu adaptierenden Korpora aus Begriffen, Regeln und Verfahren ohne prägnante urheberrechtliche Beschränkungen ausgeformt. Gäbe es solche tatsächlich, käme man nicht umhin, ein politisch-technisches Großgebilde wie das maoistische China und seine Fortführung ins 21. Jahrhundert als ein einziges Plagiat Europas zu bezeichnen, da es vom Westen so gut wie alles »übernommen« hat, was seine aktuellen Stärken ausmacht, außer der Idee der Menschenwürde und der nach 1945 vollzogenen Wendung zu einer Kultur postimperialer Selbstbesinnung. Jeder Versuch, die wissenschaftlichen, technischen, künstlerischen und politisch-moralischen

Ausstrahlungen Europas im Sinne eines faustischen Altersstadiums zu relativieren und an den Boden der Alten Welt zurückzubinden, käme einer sinnlosen Re-Provinzialisierung interkulturell bewährter Universalien gleich. Man muß befürchten, daß Spengler, der sich als Philosoph auf einem »deutschen Weg zum Pragmatismus« befand, nach welchem »wahr ist, was wirkt«, den Universalismus der positiven Geltungen europäischer Ideen und Verfahren massiv unterschätzte, indem er sie allzu eng an die ausgeweiteten Endspiele der westeuropäisch-amerikanischen Kultur binden wollte. Es gelang ihm nie, die transkulturellen Eigenwerte des »technischen Zeitalters« sachlich zu bedenken. Dies war ohne Zweifel auch durch die methodische Armut seines Begriffsapparats bedingt. In diesem fehlte, über die im Übermaß beanspruchten Konzepte der Entwicklung und der Entropie hinaus, die entscheidende prozeßtheoretische Idee: die der positiven Rückkopplung.[149] Deren Auswirkungen vermögen Dynamismen und sprunghafte Wachstumsphänomene hervorzurufen, deren Diagramme mit biographischen Mustern und organischen Gestaltwandlungen – und anderen Figuren der erzählbaren Welt – nicht mehr das Geringste zu tun haben. Mit Hilfe der Feedback-Logik läßt sich viel mehr schlüssig erklären als mit der inhaltsarmen Vorstellung eines extensiven Kultur-Greisenalters. Im übrigen kann man sogar bei Spengler selbst nicht sicher sein, ob er nicht unter morphologischen Vorwänden nur die antike Idee der *senectus mundi* wieder in Umlauf gebracht hatte, bereichert um einen Mehrwert an caesaristischen Phantasmen und antidemokratischen Posen.

Mehr als einhundert Jahre nach dem Erscheinen der beiden Bände von *Der Untergang des Abendlandes* hat sich die Frage, ob etwa

149 Vgl. oben Lektion eins: Die Grande École der Welt, S. 63-97, sowie Fußnote 62.

Spengler »nicht doch recht behalten« habe, von selbst erledigt. Wäre mit dem Wort »Untergang« der Eintritt Westeuropas in ein Zeitalter der Diktaturen gemeint, so hätte sich Spenglers Prophetie zeitweilig erfüllt – obschon der »Führer« Adolf Hitler in den Augen seines Ankündigers zu erbärmlich war, um die Erwartung eines neuen Caesars oder einer Gestalt vom Schlage des Tiberius zu rechtfertigen. Spengler lebte nicht lange genug, um sich über Figuren wie Stalin und Mao Tse-tung eine Meinung zu bilden. Als der französische Gelehrte Élie Halévy in einem Vortrag von 1936 bei der *Société française de philosophie* einen Teil der Spenglerschen Befunde in die Formel *L'ère des tyrannies* übersetzte, legte er die gemeinsame Quelle des Bolschewismus und der rechtsextremen Diktaturen in Strategien der terrorbasierten Komplott-Regierung auf; Halévys Ausführungen gipfelten in der Feststellung, der Sowjetismus stelle aufgrund seiner komplottistischen Struktur einen Faschismus *sensu stricto* dar.[150] Im Licht der Halévyschen Diagnose waren die ideologischen Gefechte zwischen Faschismus und Antifaschismus nichts anderes als Dämonenzeugungen in der Luft – Schaukämpfe eines politisch drapierten ideologischen Unwesens mit sich selbst. Was man im Gefolge der Studien von Franz Borkenau und Hannah Arendt später »Totalitarismus« nannte[151], war in der Sache eine Fehlbezeichnung für das von Lenin geschaffene, nach dem Ganzen von Staaten und Gesellschaften greifende, den Krieg verallgemeinernde Komplott-System an der Macht.[152]

150 Élie Halévy, *L'ère des tyrannies. Études sur le socialisme et la guerre*, Paris 2016, S. 277-295.

151 Franz Borkenau, *The Totalitarian Enemy*, London 1940; Hannah Arendt, *The Origins of Totalitarianism*, New York 1951; deutsch: *Wesen und Ursprünge totaler Herrschaft, Antisemitismus. Imperialismus, Totalitarismus*, Frankfurt a. M. 1955; Stéphane Courtois, *Lenine. L'inventeur du totalitarisme*, Paris 2017.

152 Pierre-André Taguieff, *Les théories du complot*, Paris 2021. Es bezeichnet die

Was die caesaristischen Prognosen Spenglers für das heutige »Abendland« anbelangt, sind sie seit längerem definitiv abgetan – jedoch kehren sie aus Europas verlorenem fernen Osten als moskowitischer Spuk zurück. Es machte, im Gegenteil, den Charme und den Vorzug Europas bis zum Beginn des 21. Jahrhunderts aus, daß es weder die Mittel noch den Willen zur Ausübung einer welthegemonialen Funktion besaß. Es erweist sich jetzt als seine bewußte Schwäche, um nicht zu sagen seine amiable Schande, daß es sich allzu lange einem pseudo-kantischen Trugbild vom Ewigen Frieden verschrieb und seine Selbstbehauptung in einer unfriedlichen Welt vernachlässigte.

Würde hingegen mit »Untergang« der Sachverhalt bezeichnet, daß die westeuropäische Sphäre durch den Verlauf und den Ausgang des Zweiten Weltkriegs aus dem Zentrum der Weltmächte gerückt worden sei, hätte sich immerhin die schwächere Hälfte der Spenglerschen Prognosen erfüllt – in ihnen war allerdings das folgenreiche Einrasten der bipolaren »Weltordnung« zwischen 1945 und 1990 nicht vorgesehen, um von den neo-imperialen Ambitionen Chinas, Rußlands, des Irans und der Türkei zu schweigen, die miteinander außer dem Motiv der Rache am Westen wenig gemeinsam haben. Sollte das Wort »Untergang« das Ausscheiden einer vormals hochkulturell virulenten Weltgegend aus der reellen Geschichte und ihre Regression in einen Zustand posthistorischer Müdigkeit und ahistorischer Indifferenz meinen, ließe es sich kaum sinnvoll auf die Geschehnisse und Zustände des west- und mitteleuropäischen Raums

Ironie der »Verschwörungstheorien«, daß ihre Fabrikanten behaupten, hinter der »Fassade« der politischen Realitäten seien die Machenschaften geheimer Akteure am Werk; zugleich sind sie regelmäßig außerstande, manifest machthabende Komplottsysteme wahrzunehmen – etwa das der Kommunistischen Partei in der Sowjetunion und seine Fortsetzung im putinistisch-oligarchisch-geheimdienstlichen Komplex.

in dem Dreivierteljahrhundert von 1945 bis 2024 anwenden. Spengler hatte an den Verhältnissen Ägyptens in nach-pharaonischer und nach-römischer Zeit den Begriff des Fellachentums abgelesen (es geht auf das arabische Wort *fallah* zurück, das »der Pflüger« bedeutet) und verkündet, in ihm verkörpere sich die zukunftslose Zukunft ausgebrannter Hochkulturen; es sei das Schicksal ihrer Populationen, sich zum *modus vivendi* einer primitiven Bauernschaft zu rekonvertieren.[153] Nun muß man von den dominanten Lebensformen der europäischen Bürgerschaften unserer Tage nicht unbedingt eine moralisch hohe Meinung haben; man darf vermuten, daß ihr *modus vivendi* für große Mehrheiten nicht viel mehr bedeutet als das Versprechen eines Daseins in den Horizonten des liberalen Konsumismus. Dieser verwirklicht sich auf eher vorteilhafte, obschon nicht unproblematische Weise bei den breiten Mittelschichten, in denen eine gewisse Demokratisierung des Luxus um sich greift; bei den weniger Begünstigten besichert er durch soziale Transfers eine träge Subalternität, die selten in Protest aufbricht, sich bei Wahlen jedoch leicht auf Plattformen rechtsradikal codierter Unzufriedenheit versammelt. Man kann bedauern, daß für die meisten Bewohner dieser Weltgegend das Wort »Europa« keine Parole darstellt, unter welcher man mit wehendem Helmbusch in die Schlacht ritte. Jedoch: Einwände dieser Tonart reichen nicht aus, um die Prognose der Fellachisierung zu bestätigen, die der strenge Geschichtsdeuter als das unausweichliche Schicksal von Kulturen nach dem Ende ihres tausendjährigen Daseinszyklus prognostiziert hatte. Anstelle eines mo-

153 Noch zu Beginn des 3. Jahrtausends sollen sechzig Prozent der über 110 Millionen zählenden ägyptischen Bevölkerung aus Fellachen bestehen; indessen wächst in Großstädten wie Kairo eine suburbane Fellachität ohne Rückhalt in landwirtschaftlicher Tätigkeit heran, die sich für neo-muslimische Agitationen empfänglich zeigt. Vgl. Wolfram Reiss (Hg.), *Aufstieg und Fall der Muslimbruderschaft 2011-2013*, Baden-Baden 2016.

notonen Fellachentums ist auf west- und mitteleuropäischem Boden in weniger als einem Jahrhundert eine unresümierbare Fülle an Lebensformen, Künsten und Literaturen, an Mobilitäten, Kreativitäten und Sensibilitäten emporgewachsen, die durch ihr bloßes Dasein alle summarischen kulturpessimistischen Urteile Lügen strafen, obgleich es nicht an Erscheinungen fehlt, die es verdienen, unter der Rubrik »Dekadenz« verzeichnet zu werden. Doch vielleicht ist Dekadenz nur ein ungeeignetes Wort, um die bizarren und verzweifelten Einfälle zu umschreiben, mit denen sich Menschen gegen die Empfindung ihrer Bedeutungslosigkeit zur Wehr setzen.

Wer also bei Spengler nachschlagen wollte, um sich der nach 1945 erneut gebotenen Aufgabe zu entledigen, Europa den Europäern neu zu erklären, fände dort manches, was geeignet ist, vergangene Katastrophen begreiflicher zu machen; man würde kaum eine Handvoll Sätze entdecken, die sich sinnvoll auf das historisch und politologisch beispiellose Gebilde der Europäischen Union anwenden ließen. Wenn es hier ratsam schien, ein Lesezeichen im Buch Europa bei Spenglers *opus magnum* einzulegen, so vor allem, um auf die Fragwürdigkeit einer Konsultation aus dem Geist des lebensphilosophischen Fatalismus aufmerksam zu machen, der sich seit einiger Zeit wieder zu verbreiten scheint – er tritt zu einer Hälfte neo-stoisch dekoriert auf, er figuriert zur anderen auch wieder im Gewand der berüchtigten Analogien mit spätrömischen Zuständen. Im übrigen riskiert der heutige Leser Spenglers, der sich von ihm Europas Lage ausdeuten lassen wollte, mehr noch als jener der 1920er Jahre, in eine exogene Depression zu geraten. Noch viel weniger als damals lassen sich aus der Lektüre des ominösen Buchs klare Handlungsimpulse gewinnen. Man liest Spengler nur noch mit Gewinn, wenn man vorhat, sich über die Risiken des Deklinismus aufzuklären, gleich ob er in heroischer oder in defaitistischer Tonart spricht. Als Politikberater gehörte Spengler zu seiner Zeit ins Lager nationalkonservativer Falken; für ein Gebilde wie die Europäische Union hätte er keinen Rat, weil es sich völlig außerhalb seiner Begriffswelt, auch jenseits seiner Träume und Interessen ansiedelt. Ohne Zweifel hätte er das neue Konstrukt verachtet. Es hat sich einem Ethos verpflichtet, das den mittelmäßigen Zuständen den Vorzug vor den aufreizenden Extremen gewährt; es badet in Kompromissen und scheut zurück vor allem, was Dezision und scharfe rote Linien fordert. Das heutige Europa hat den Begriff der Zivilisation restlos ins Positive gewendet – mit der Nuance, daß diese nun nicht mehr mit den Attributen eines herrschsüchtig sterilen Greisenalters vorgestellt wird, sondern mit denen der erwachsenen Reife, ja, der ausgeruhten Mediokrität, durch beide Geschlechter und ihre Varianten dekliniert. In ihr gründet die unbemühte Zustimmung der meisten Heutigen zu Jacob Burckhardts besonnener Notiz, wonach uns »die Oekonomie der Weltgeschichte im Großen dunkel bleibt«.[154] Ein zeitgenössischer Religionshistoriker – Linus Hauser – hat den spirituellen Befund der aktuellen Mehrheiten in unserer Weltgegend sehr treffend als eine Kultur der »beruhigten Endlichkeit« umschrieben.[155]

Nur soviel bleibt gewiß, der Untergang ist nichts für Feiglinge. Wer mit deklinistischen Stimmungen spielt, soll wissen, daß er damit zwei Risiken steigert: An den üblichen Reden vom Verfall haftet zum einen die Tendenz, zu selbsterfüllenden Prophezeiungen heranzuwachsen; zum anderen provozieren sie mentale Reflexe in Form von trotzigen Optimismen, die zur Verkennung wirklicher Krisen führen. Wie leicht der vom Untergangsdenken aufgestachelte Antideklinismus in einen breitbeinigen Antirelativismus übergehen konnte, zeigten die Jahre nach 1918, als aufgebrachte Verteidiger des

154 Jacob Burckhardt, *Weltgeschichtliche Betrachtungen*, Gütersloh o. J. S. 348.

155 Linus Hauser, *Kritik der neomythischen Vernunft*. Band 1: *Menschen als Götter der Erde. 1800-1945*, Paderborn 2005; Band 2: *Neomythen der beruhigten Endlichkeit. Die Zeit ab 1945*, Paderborn 2009.

gesunden Menschenverstands sich zu Protesten gegen die schwerverständlichen Theorien des jüdischen Physikers Albert Einstein zusammenrotteten. In beiden Fällen leitet der Deklinismus Wasser auf die Mühlen falscher Prophetie. Man kann Historikern, Politikern und interessierten Bürgern unserer Tage getrost den Rat geben, das vergangene Jahrhundert zu studieren, als sei es ein prophetologisches Labor gewesen, in dem getestet wurde, bei welchen Krisen welche Rettungsmaßnahmen die richtigen wären. Von solchen Studien sollte man keine endgültigen Ergebnisse erwarten. Immerhin zeichnet sich eine vorläufige Empfehlung ab: Man tut immer gut daran, sich vor Rettern zu hüten, deren Hilfsdienste sich als schlimmer erweisen würden als die Probleme, zu deren Bewältigung sie ihre Rezepte empfehlen. Noch läßt sich nicht mit Gewißheit sagen, ob das Maximum der Schädlichkeit beim Mythos des Untergangs liegt, beim Mythos des letzten Entscheidungsgefechts oder beim Mythos des Retters. Zur Stunde darf man die Prognose wagen, Europas Zukunft sei so lange halbwegs außer Gefahr, wie es seinen Bürgern gelingt, sich auch angesichts multipler Krisen dem Sog der mythischen Lösungen zu widersetzen, wie nationalkonservative »Sammlungen«, fiktive »Brüderschaften« und erlogene »Alternativen« sie versprechen.

Lektion vier
Dire vrai sur soi-même[156]
Das europäische Buch der Geständnisse

Die vorangehenden Erinnerungen an Eugen Rosenstock-Huessy und Oswald Spengler haben uns mit Autoren bekannt oder wieder bekannt gemacht, deren Werke, so wie sie hier zur Sprache gebracht wurden, nur als Metastasen einer überbordenden autobiographischen Passion zu begreifen sind. Ihre Verfasser hielten es für geboten, ein ganzes Millennium zu schildern, um ihre Zeitgenossen in die Diagnose der aktuellen Gegenwart einzuführen und ihre persönliche Lage im Tableau zu markieren. Die beiden Bücher lassen sich darum ohne Zwang als erweiterte Geständnisse lesen. Rosenstock-Huessy präsentierte sich vor der Mitwelt als Kronzeuge der europäischen Geschichte vom 11. Jahrhundert an: Sein Gewissen war schwer vom freiheitsgeschichtlichen Erbe des europäischen Jahrtausends – zugleich beflügelte es ihn zu einer Art von *admonitio generalis* an die Bewohner der Alten Welt und ihre nordamerikanischen Nachkommen. Am Abgrund des Vergessens, der sich in Europa durch die fast simultanen Machtergreifungen der roten, der schwarzen und der braunen Faschismen aufgetan hatte, wollte er im Jahr 1938 vom trans-

156 Dies ist der Titel einer Reihe von Vorlesungen, die Michel Foucault im Juni 1982 an der Universität von Toronto im Rahmen seiner Studien über Subjektivität und Wahrheit vortrug.

atlantischen Ufer aus den »westlichen Menschen« *en bloc* ihre authentische politisch-spirituelle Lebensgeschichte ins Gedächtnis rufen. Wenn er gelegentlich den Ton eines Feldpredigers anschlug, tat er es in dem Bewußtsein, seine Leser nicht im unklaren lassen zu dürfen über die ihnen bevorstehenden Kämpfe. An die Stelle der Theorie war die Lagebesprechung getreten.

Auch Spenglers Hauptwerk besaß einen kaum verhüllten geständnishaften Kern – sein Autor inkludierte sich mit dem Pathos illusionsloser Wachheit in die kollektive Dynamik des faustischen Kultur-Finales. Für seine Stellung im großen Geschehen nahm er das Fatum einer letzten Philosophie in Anspruch – geprägt durch die stolze Sterilität der Rückblicke und den archivarischen Geist, der in seinem Element ist, wenn er Typologien erstellt und Analogien erfaßt. Spengler lebte von der Suggestion, mit seiner Epoche in dem Maß kongenial zu sein, wie er ihre Verfalls- und Erstarrungstendenzen an sich selbst empfand. In der Überzeugung, zu spät zu kommen und ein Nachzügler, ja ein Letzter zu sein, entwickelte er seine Grundstimmung mit einer gewissen traurigen Pedanterie bis ins Detail, als könne nur im Abschied von der Ära der Fülle eine spröde letzte Genialität sich erweisen.

Es fügt sich in die psychologisch-biographische Deutung von Spenglers Buch, daß der Autor eine Sammlung handschriftlicher Notizen hinterließ, die er vermutlich zwischen 1913 und 1919 unter den an Marc Aurels *Betrachtungen* angelehnten Rubriken *Eis heauton* und *Ego* angelegt hatte; sie wurden nach seinem Tod von seiner Schwester Hilde Kornhardt (1885-1942) transkribiert und erschienen im Jahr 2007 unter dem bekenntnishaften Titel *Ich beneide jeden, der lebt.* Sie enthüllen das Bild eines Menschen, dessen Existenz in einer fortgesetzten Flucht aus der Lebensangst in die große Pose bestanden hatte. Für das aus etwa 140 Fragmenten bestehende Selbstportrait Spenglers sind die Stücke 61, 67 und 68 besonders aufschlußreich:

Meine grenzenlose Angst als Kind vor der Welt, d. Zukunft. Wie gern ich sterben wollte aus Grauen vor dem Leben [...]. Damit stand das Leben als ein Bußgang vor mir, etwa wie eine trostlose Wanderung durch eine Wüste [...].

Ich erinnere mich so deutlich jener Nachmittage, die ich heimlich [...] als Tertianer auf der Univ. Bbl. zubrachte. Das erste Buch war Renans Leben Jesu. Ich habe damals tiefes Glück empfunden, das zu schön war, um es jemand mitzuteilen. Ich fühlte mir Flügel wachsen – ein neues Land: ich wußte, daß ich selbst da etwas sein konnte [...] Dies Glück hat sich erst jetzt wiederholt, in den Jahren 1912-13, wo mir endlich die Philosophie aufging, die ich seit meiner Jugend gesucht hatte. [...]

Wenn ich daran gehe, mein Leben oder vielmehr das bittere Stück Bewußtsein, das ein Leben hätte sein sollen und können, zu erzählen, so weiß ich nicht, wie diese Erzählung sich von jeder andren Biographie unterscheiden wird [...] Es ist nicht »Glück«, das mir gefehlt hat; ich wäre für jedes große Unglück dankbar, das mich getroffen hätte, wenn es nur Leben gewesen wäre. Aber bis zum heutigen Tage kann ich weder von Freunden noch Erlebnissen noch Taten noch Freuden und Leiden erzählen, sondern nur vom Ich, Ich, Ich, das in mir eingekapselt, wie im Kerker, seiner Haft sich bitterlich bewußt, sich quälte, ohne je eine Beziehung zum Draußen zu finden. Meine Biographie ist Beschreibung dieses Zustandes, nichts weiter. Ich beneide jeden, der lebt. Ich habe nur gegrübelt, und wo mir die Möglichkeit nahetrat, wirklich zu leben, da zog ich mich zurück, ließ sie vorübergehen und sobald es zu spät war, packte mich bitterste Reue.[157]

157 Oswald Spengler, *Ich beneide jeden, der lebt. Die Aufzeichnungen »Eis heauton« aus dem Nachlaß*, Düsseldorf 2007, S. 43; 46-48.

Es kann im folgenden nicht darum gehen, Spenglers intime Fragmente gegen seine Publikationen auszuspielen, in denen er sich als Lehrer der Tapferkeit vor den Härten des Schicksals, als Verteidiger eines stoischen Preußentums und als stählerner Verkünder quasiendzeitlicher Kriege präsentierte. Der Fall Spengler gewinnt für uns nur in dem Maß Interesse, wie er sich dazu eignet, die Einsicht zu illustrieren, daß man mehr als eine Sprache sprechen muß, sobald man sich mit Versuchen befaßt, den Europäern des frühen 20. Jahrhunderts Europa neu zu erklären. Die These, wonach in *Der Untergang des Abendlandes* ein Nukleus an autobiographischer Selbstaussage verborgen war – vorgetragen im Modus einer Generalbeichte spätzeitlicher Dekadenz *pro domo et mundo* –, bedarf nach dem Gesagten keiner weiteren Belege. Noch unverhüllter als in den Bekenntnissen zur privaten Teilhabe an den Leiden seiner Zeit vernimmt man Spenglers *confiteor* an jener Stelle seines Werks, an der er das Weltgefühl der faustischen Seele und ihres pathologischen Kerns ausspricht:

> Ein Ich im Unendlichen verloren: ganz und gar Kraft, aber in einer Unendlichkeit größerer Kräfte ohnmächtig; ganz und gar Wille, aber voller Angst um seine Freiheit [...]; [...] (es) wurde jede Grenze der Freiheit als eine Kette empfunden, die man durch das Leben schleppte, und dieses selbst als ein lebendiger Tod. Wenn es aber so war – warum? *wofür*?[158]

Was uns an dieser Stelle beschäftigen wird, ist ein Phänomen, das hier die »zweite Beichte« heißen soll. Der Ausdruck steht für die Sprache einer privaten Aufrichtigkeit, mit deren Hilfe in Worte gefaßt wird, was in der Darstellung einer Idee oder eines Anliegens

158 *Untergang des Abendlandes*, a. a. O., S. 919.

coram publico meist nur auf indirekte Weise mitklingt. Wer öffentlich redet, beichtet in gewisser Weise immer, indem er offenlegt, was seiner Ansicht nach zu dieser oder jener Sache zu sagen ist. Was hier die »zweite«, man könnte auch sagen: die zusätzliche und ausdrückliche Beichte genannt wird, impliziert hingegen eine Form der Wahrheitsaussprache, die nicht ohne den Gebrauch des Pronomens der ersten Person Singular zu denken ist. Um den Europäern in Nachkriegszeiten ihre veränderte Welt neu zu erklären – ob es die Jahre sind, die 1918 begannen, oder jene nach 1945 –, ist in jeder lokalen Sprache ein Minimum an Zweisprachigkeit zu fordern.

Dürfte man sich Spenglers spekulative Sicht auf die europäischen Dispositionen zum »Sagen der Wahrheit über sich selbst« zu eigen machen, so wären die späteren Disziplinen der forschenden Historiographie und der Lebensbeschreibung aus dem Geist der stoischen Selbstprüfung und christlichen Beichte hervorgegangen. Ja, sie gründeten, gewiß schon in frühchristlichen Ritualen vorbereitet[159], in dem halbmodernen Sakrament der Buße, das nach dem Vierten Laterankonzil von 1215 europaweit verbindlich gemacht wurde. Mit der berüchtigten Konstitution 21 forderte es von jedem erwachsenen europäischen Menschen, zumindest einmal pro Jahr die ganze und intime Wahrheit über seinen Lebenswandel auszusprechen. Von dieser Verfügung behauptete der Autor geradewegs, es stelle das Ursakrament des gotischen Katholizismus dar. Wenn Spengler sich zu der Aussage voranwagte: »Jede Beichte ist eine Selbstbiographie«[160], zielte er in Wahrheit schon auf die Umkehrung der These: Demnach wandelten sich alle höheren Formen der Selbstäußerung neuzeitlicher Menschen tendenziell in Medien der Selbstanklage, der Beichte

159 Von diesen handelt Michel Foucault unter der Überschrift »Die zweite Buße« in seinem späten Werk: *Die Geständnisse des Fleisches. Sexualität und Wahrheit 4*, Berlin 2019, S. 113-148.

160 *Untergang des Abendlandes*, a. a. O., S. 920.

und der »schrankenlosen Konfession«[161] – und warum nicht der Forderung nach Freispruch für sich selbst? Auch Jean Delumeau (1923-2020), der am Collège de France lehrende Erforscher der Angst und der Sünde im Abendland, meinte, wir, als Europäer, blieben bis in unsere wenig gläubigen Tage geprägt durch »diese unaufhörliche Einladung« zum Geständnis und »diesen gewaltigen Beitrag zur Selbsterkenntnis«, den der katholische Vergebungsapparat auf dem Höhepunkt seiner Effektivität bewirkte.[162] Und obschon das *mea culpa* dem Bußritual der noch nicht gespaltenen mittelalterlichen Kirche entsprang, erwies sich der Protestantismus als eine der ertragreichsten Pflanzungen okzidentaler Geständnisfreudigkeit; ja, auch die Kommunistische Partei Rußlands, der okkulte Arm der zeitlosen östlichen Orthodoxie, bot Genossen, die vom Wege abgekommen waren, das hin und wieder rettende Sakrament der »Selbstkritik« an.

Wo auch immer bei europäischen Autoren der autobiographische Impuls sich geltend machte, wurden die Mitwelt, die Nachwelt und die Psychologie angerufen, um Ersatz zu bieten für die verblassende priesterliche Macht der Lossprechung. Ja, man kann behaupten, der Habitus des »Die-Wahrheit-Sagens« im Modus des Bekennens, des Gestehens und des Eintretens in den Lichtkegel der intimen Selbstprüfung habe sich auf europäischem Boden von seiner Herkunft aus den christlichen Beichtpraktiken losgelöst, ohne an prägenden Wirkungen zu verlieren; er sei zu einem formenden Aspekt des »inneren Sinns«, des »Gewissens«, des »Bewußtseins« überhaupt bei europäischen Subjekten in neuzeitlichen Jahrhunderten geworden. Es liegt nahe anzunehmen, daß es in frühchristlicher Zeit vor allem die zuversichtliche Erwartung der Vergebung war, die den zur Buße berei-

161 Ebd., S. 921.

162 Jean Delumeau, *L'aveu et le pardon. Les difficultés de la confession, XIII-XVIII siècle*, Paris 1990, S. 7.

ten Einzelnen, ob männlich oder weiblich, die Aussprache seiner oder ihrer Verfehlungen leichter machte, gleich ob im »inneren Forum« oder in offener Manifestation. Die Disposition zum Geständnis als solchem machte sich vom 18. Jahrhundert an mehr denn je geltend, wenngleich die Hoffnung auf Absolution verblichen war – ja, es entwickelte sich, spätestens seit dem Erscheinen von Rousseaus posthumen *Bekenntnissen,* ein Genre der Selbstentblößungsliteratur, deren Verfasser nicht auf die Nachsicht des Publikums oder gar seine Vergebung aus waren. Sie durften bereits mit dem historischen oder biographischen Interesse der Öffentlichkeit rechnen, ja, sie fanden sich zunehmend bereit, als psychologische oder anthropologische Exemplare zu fungieren, sogar als Fallgeschichten mit Sensationswert in den anwachsenden pathographischen und kriminologischen Archiven der bürgerlichen Gesellschaft.

Was man seit dem 18. Jahrhundert die »Öffentlichkeit« zu nennen gewohnt ist, bedeutet keineswegs nur die Wiederkehr der antiken Agora mit Hilfe der Presse auf nationaler Ebene. »Öffentlichkeit« impliziert die Umwandlung der religiösen, das heißt primär hörenden und singenden Gemeinde in ein lesendes Publikum, ja, sie fördert nicht selten die Öffnung des Beichtstuhls auf den Marktplatz hin und die Überführung der im Protestantismus abgeschafften Ohrenbeichte ins Register der Literatur.[163] Bei den gebildeten Lesern entwickelt sich im Fall des Bedarfs ein beichtväterliches Gehör, das, auch wenn es keine Vergebung zu spenden hat, auf Diskretion ver-

163 Als ein Beispiel aus der Zeit des Übergangs von der lesenden Gemeinde zum anthropologisch interessierten Publikum wären die Erinnerungen des Hofpredigers Adam Bernd (1676-1748) zu nennen: *Eigene Lebens-Beschreibung*, Leipzig 1738 [Nachdruck: Berlin 2013]; es bildet ein Zeugnis, das aufgrund seiner expliziten Schilderungen von Zwangsvorstellungen und nervösen Krisen in die Annalen der Psychopathographie eingegangen ist.

sprechende und mitwissende Weise für intime Aussagen sich öffnet.

Wer in Charles Baudelaires zwischen 1852 und 1866 unter dem Titel *Mon cœur mis à nu* notierten Sätzen auf Aussagen stößt wie:

> *Sentiment de* solitude, *dès mon enfance. Malgré la famille, – et au milieu des camarades, surtout, – sentiment de destinée éternellement solitaire*[164]

wird spontan in die Lage eines Psychologen versetzt oder die eines Literaturkritikers, der eine intime Spur zum Verständnis eines opaken Kunstwerks verfolgt. Findet er bei demselben Autor die Bemerkung: »*Il serait peut-être doux d'être alternativement victime et bourreau*«[165], muß er für sich entscheiden, ob er dem Verfasser in das Spiel mit Positionsumkehrungen folgen möchte, seien sie von politischer, krimineller oder sexueller Tönung. Der moderne Leser ist frei, zwischen der Einfühlung in den Folterer und der in den Gefolterten zu wählen. Was die Verfasser von Geständnissen in moderner Zeit betrifft, profitieren sie von der Lizenz, an der Einfühlungsbereitschaft des Lesers vorbeizureden, ohne ihren eigenen Willen zur Wahrheit zu desavouieren. Es bezeichnet ihre Souveränität, sich in der Stille schriftlicher Selbstgespräche rebellischen Spekulationen hinzugeben – wie Baudelaire es tat, als er in theologisch verrufenen Begriffen die Überlegung notierte:

164 Charles Baudelaire, *Mon cœur mis à nu*, Paris, 1887, VII, 12. »Gefühl der Einsamkeit, von meiner Kindheit an. Trotz der Familie und, besonders, inmitten der Kameraden – Gefühl des ewig einsamen Schicksals.«

165 Ebd., I, 3. »Es wäre vielleicht angenehm, abwechselnd Opfer oder Henker zu sein.«

> *Qu'est-ce que la chute? / Si c'est l'unité devenue dualité, c'est Dieu qui a chuté. / Au moins aurait-il pu deviner dans cette localisation une malice ou une satire de la providence contre l'amour, et, dans le mode de la génération, un signe du péché originel. De fait, nous ne pouvons faire l'amour qu'avec des organs excrémentiels. / En d'autres termes, la création ne serait-elle pas la chute de Dieu?*[166]

Dem gebildeten Heuchler, der sein Urteil zurückhält, blieb es überlassen zu begreifen, daß in Baudelaires innerem Monolog späte Symptome der Entropie im einst mühsam errichteten Gefüge des Katholizismus sichtbar wurden. Die neuen Blumen des Bösen wuchsen auf einem Terrain, das in spätantiken Tagen durch den Sieg der wahren Lehre über die dualistische Häresie der Gnosis nur scheinbar geglättet worden war. Das »entblößte Herz« des Dichters beichtete seine untilgbaren Zweifel an den Fiktionen, die das theologische Zentralkomitee der Kirche im 3. und 4. Jahrhundert ersonnen hatte – zu ihrem eigenen Heil und zur Sedierung der Gläubigen.

Ein von weit her kommender Drang zur Aussprache der Wahrheit aus den Quellen der intimen Erinnerung muß auch dem Bekenntnis des 1904 geborenen chilenischen Dichters Pablo Neruda (gestorben 1973) zugrunde gelegen haben, wonach er während seines Diensts als junger Konsul Chiles in Ceylon im Jahr 1929 ein einheimisches Zimmermädchen, eine junge Tamilin von königlicher Schönheit, die die Toilette reinigte, zur Duldung seines Begehrens genötigt habe. Im

166 Ebd., XX, 33. »Was ist der Fall? Wenn er bedeutet, daß aus der Einheit die Dualität wird, dann ist Gott selbst gefallen. Zumindest hätte er in dieser Lage eine Bosheit oder einen satirischen Einfall der Vorsehung gegen die Liebe erkennen können, und in der Art der Zeugung eine Spur der Erbsünde. Tatsächlich können wir nur mit den Ausscheidungsorganen Liebe machen. / In anderen Ausdrücken, wäre nicht die Schöpfung Gottes Fall?«

vierten Kapitel seiner Memoiren, das den Titel »Die leuchtende Einsamkeit« trägt, findet sich ein Abschnitt, an dessen beichtender Qualität sich nicht zweifeln läßt.

> Zu allem entschlossen packte ich sie eines Morgens herrisch am Handgelenk und blickte ihr ins Gesicht. Ich wußte keine Sprache, in der ich sie hätte ansprechen können. Ohne Lächeln ließ sie sich von mir führen, und schon lag sie nackt auf meinem Bett. Ihre schlanke Taille, ihre vollen Hüften, die überquellenden Becher ihrer Brüste machten sie den tausendjährigen Skulpturen Südindiens gleich. Die Begegnung war die eines Mannes mit einer Statue. Die ganze Zeit hielt sie die Augen offen, ungerührt. Sie verachtete mich mit Recht. Die Erfahrung wiederholte sich nicht.[167]

Eine Notiz wie diese wäre außerhalb der lateineuropäischen Sphäre schwerlich denkbar. Ihrem südamerikanischen Echo ist große Literatur entsprungen; sie hat bedeutende Zuwächse zur Bibliothek der bekennenden Wahrheiten geliefert. In Nerudas Zeilen, vier Jahrzehnte nach dem Vorfall aufgeschrieben, klingt nicht nur – in ferner Korrespondenz mit Baudelaires Entblößungssprache – das Bekenntnis zur Schönheit der Sünde nach; noch deutlicher ist das ungesprochene Wort des vom Leser zu vertretenden Beichtvaters vernehmbar: Dem Bekennenden werde die Absolution von der Schuld an seiner Tat erteilt, wenn er, Reue und Einsicht vorausgesetzt, gelobe, sie nicht wieder zu begehen. Indem der Autor die dunkle Episode aus einer fernen Vergangenheit heraufrief, konsolidierte er das kryptokatholische Verbum im Titel seiner Memoiren: *Confieso*, »ich beken-

167 Pablo Neruda, *Ich bekenne, ich habe gelebt. Memoiren*, München 1993, S. 126. [Im spanischen Original posthum 1974.]

ne«. Merken wir an, daß diese Episode im Konfessional der literarischen Öffentlichkeit, 1974 publiziert, schon wie um ein Weltalter getrennt erscheint von der organisierten Gnadenlosigkeit gegenwärtiger Tage, in denen öffentlich gemachte Anklagen fast mechanisch den Schuldspruch nach sich ziehen, nicht selten gefolgt von standrechtlicher Exkommunikation. Erfolgt eine Zurückweisung von Anklagen durch den Beschuldigten, wird dies zumeist als Geständnis gegen den Strich gedeutet.[168]

Überlegungen wie diese dienen der Konsolidierung der These, wonach Europa in topologischer Hinsicht etwas ganz anderes ist als nur eine geographische Größe. Es ist ein kulturelles Phänomen, dem man, um eine Marxsche Wendung aufzugreifen, einige »metaphysische Mucken« nachsagen darf; es bildet einen holographischen Körper, bei dem Oberflächenanblicke und Tiefendurchsichten auf intrikate Weise ineinander übergehen. Dank seiner Archive der sprechenden Subjektivitäten, in die man zahllose Lesezeichen einlegen könnte, erweist sich Europa, über seine Gegebenheit als Territorium und Schauplatz politisch-staatlicher Operationen hinaus, als eine Zone sprachlich erschließbarer Innenräumlichkeit und spürbarer Teilhaben – auf sie ließe sich Rainer Maria Rilkes im Herbst 1914 gefundene Wortschöpfung »Weltinnenraum« anwenden, sofern man unter »Welt« eine nach innen gezogene Sphäre aus Gegenständen möglicher Sorge versteht:

168 Eine chilenische Feministin postete 2016 ein Bild Nerudas, begleitet von dem Kommentar: »Ich bekenne, ich habe vergewaltigt.« Dies geschah offenbar nicht nur, um die Imago des Nationaldichters zu zerstören, in der Absicht, sie durch eine weibliche Ikone chilenischer Literatur zu ersetzen. Mehr noch ging es darum, die reinigende Funktion des Bekenntnisses durch die Gnadenlosigkeit der Anklage auszulöschen, die, wie im totalen Moralismus üblich, in die Exekution übergeht.

O Haus, o Wiesenhang, o Abendlicht
[...]
Ich sorge mich, und in mir steht das Haus.[169]

Es steht außer Frage, daß Rilkes Wortprägung einen subtilen Europäismus darstellt – in ihr hat die Geste des Geständnisses sich aufgelöst in die unerzwungene Selbstaussprache des momenthaften Empfindens; man dürfte nahezu sagen, das Innenweltbewußtsein habe hier einen Zustand erreicht, in dem das artikulierte Empfinden ins Bekennen übergeht, ohne daß Elemente von Schuldgefühl ins Spiel kämen – ausgenommen vielleicht den in Rilkes Gedicht leise mitklingenden Hinweis darauf, daß die zeitgenössischen Menschen in ihrer Alltäglichkeit zu zerstreut und betäubt sind, um zu verstehen, daß die Bilder des Äußeren in ihnen zur Ruhe kommen wollen.

Im übrigen ist die Vermutung nicht von der Hand zu weisen, daß schon in dem halb-archaischen Seelen-Begriff Heraklits eine ferne Präfiguration von Innenweltlichkeit aufleuchtete, als der Denker betonte:

> Der Seele Grenzen kannst du nicht ausfinden, und ob du jegliche Straße abschrittest; so tiefen Grund hat sie.[170]

Man hat es hier mit einem Diktum zu tun, das von einem Standort *vor* der für das spätere Europa verbindlichen Innen-Außen-

169 Rainer Maria Rilke, *Werke*, Band 2: *Gedichte und Übertragungen*, Frankfurt a.M. 2003, S. 92f.

170 *Fragmente der Vorsokratiker*, DK 22, B 45.

Unterscheidung artikuliert wurde. Im heraklitischen Weisheitsspruch kam die Größe der Seele (*psyche*) zur Sprache, um ihre Kon-Unermeßlichkeit mit der Ausdehnung des Kosmos hervorzuheben.

Bei Aurelius Augustinus hingegen, dem Stifter des literarischen Genres der Konfessionen auf okzidentalem Boden, einem latinophonen Autor, der aus platonischen und neu-platonischen Konzepten schöpfte, war der Prozeß der Verinnerlichung – begleitet von der Abwertung des Äußeren – so weit vorangeschritten, daß er die Geste des Bekennens auf alle Gegenstände beziehen konnte, die mit der sündhaft verirrten Existenz in der »äußeren Welt« zusammenhingen. Augustinus prägte die Geste des Geständnisses jenseits der frühchristlichen Übungen von Beichte und Buße neu, indem er die Suchbewegung seines Lebens insgesamt unter das Vorzeichen der Irre stellte. Dadurch ergab sich das Darstellungsprinzip, das die ersten neun Bücher der *Confessiones* bestimmt. Es scheint zu lauten: »Von einem Irrtum, der mir angenehm war, bewegte ich mich zum nächsten fort.« Der Nachhall dieses Schemas durchdringt die Geistesgeschichte Europas, wobei der Autor – unter Vorweisung des eigenen Falls – jede Art von extravertierter Glücks-, Heils- und Gottsuche als zum Scheitern verurteilt entlarven wollte. Die Welt, als äußere, könne nichts anderes sein als der Inbegriff der Trugbilder, die den Einzelnen von dem Einen, das nottut, ablenken. Wenn seine eigne Irrfahrt nicht ins Verderben führte, so weil die Hand der Vorsehung ihn immer erneut vor dem Abgrund zurückgezogen habe. In spirituellen Biographien asiatischer Meister würde es wohl heißen, der Suchende sei durch ein günstiges Karma davor bewahrt worden, sich »im roten Nebel der Zuneigungen« und im Dunst der »Anhaftungen« zu verlieren.

In seiner beispiellosen Selbstdarstellung erwies sich Augustinus als Anwender dessen, was man in jüngerer Zeit die »biographische

Illusion«[171] genannt hat; sie äußert sich als die zwanghafte Neigung des Individuums, sein Dasein in der Zeit als eine kohärente, sogar zielgerichtete Bewegung zu deuten, allen Umwegen und Leerläufen zum Trotz. Der Autor begradigte die Wellen seiner Lebenswanderung zu einer zielstrebigen Zeile, die von links nach rechts zu lesen war – wie um Paul Claudels Diktum vorwegzunehmen, wonach Gott gerade schreibe auf krummen Zeilen. Zugleich leistete Augustinus Pionierarbeit bei der Erschließung der Innenräumlichkeit okzidentaler Subjekte, indem er mit einer Fülle räumlicher Metaphern für die Bewohnbarkeit des »Hauses der Seele« plädierte. *Augusta* (ehrwürdig) sei das innere Haus, wenn Gott es bewohne, *ruinosa*, sobald der hohe Gast ihm fremd bleibe.[172] Hierbei entfernte Augustinus sich weit von der klassischen Gleichung zwischen *oikos* und *kosmos*, Haus und Universum, von welcher noch Hegel dem griechischen Denken rühmend attestiert hatte, es habe den Geist erst in der Welt heimisch gemacht.[173] Es sei dem griechischen Wunder zu verdanken, so der Philosoph, wenn das Unendliche eine irdische Adresse gefunden habe – daher kommt es, daß sich das deutsche Denken bei den Griechen sofort zuhause fühlt; die katholischen Christen jedoch, als Nachmieter des antiken Kosmos, seien die oft etwas undankbaren, der Weltflucht zugeneigten Bewohner des irdischen Orts gewesen.

Neben dem suggestiven Haus-Wort bot Augustinus Ausdrücke wie *aula*, *campi*, *antra*, *prata*, *cavernae*, *recessus*, *penetralia*, *domicilium* und andere auf, um dem Innenwelt-Postulat Nachdruck zu ver-

171 Pierre Bourdieu, »L'illusion biographique«, in: *Actes de la Recherche en Sciences Sociales*, Année 1986 (62-63), S. 69-72; deutsch: »Die biographische Illusion«, in: *BIOS. Zeitschrift für Biographieforschung und Oral History*, Heft 1/1990, S. 75-81.

172 *Confessiones*, a. a. O., I, 5, 5.

173 G.W.F. Hegel, *Werke*, Band 18, *Vorlesungen über die Philosophie der Geschichte*, Frankfurt a. M. 1986, S. 173.

leihen. Seine Dringlichkeit ergab sich aus der metaphysisch begründeten Annahme, daß »die Wahrheit« im Inneren gefunden werde und nirgendwo anders, ausgenommen die Heilige Schrift. Daher der von Augustinus im Jahr 390, drei Jahre nach seiner Konversion, formulierte Imperativ:

> Geh nicht nach draußen; kehre in dich selbst zurück; im inneren Menschen wohnt die Wahrheit![174]

Mit Raumbildern wie den genannten wird der *homo occidentalis* als das Lebewesen geprägt, dem die Fähigkeit zur »Einkehr« (*recueillement, contemplation, raccoglimento, examen de conciencia*) als erstes Merkmal seiner Emanzipation von der Banalität des Äußeren zukommt.

Die augustinischen Geständnisse lesen sich in weiten Abschnitten so, als wolle der Autor das Jüngste Gericht im eigenen Gewissen vorwegnehmen. Neun Jahre lang habe er sich im »Schlamm der Tiefe« (*limo profundi*)[175] gewälzt und sich von falschen Lehrern den »Wein des Irrtums« reichen lassen. Ja, er habe in den Monaten seiner maßlosen Trauer um einen verlorenen Jugendfreund sogar ein perverses »Ausruhen in der Bitterkeit« gefunden.[176] Spät habe er die Wahrheit geliebt (*sero te amavi*), und allzu lang habe er Freundschaft mit der Welt (*amicitia mundi*) gepflegt, eine Freundschaft, die letztlich der Hurerei (*fornicatio*)[177] gleichkommen mußte.

Es ist nahezu unmöglich, das Gewicht des Augustinismus für die Geschichte europäischer Subjektformationen zu überschätzen. Der provisorische Hinweis muß genügen, daß die lutherische Reforma-

174 Aurelius Augustinus, *De vera religione*, 39, 72.

175 Nach Psalm 68,3.

176 *Confessiones*, a. a. O., IV, 6, 11.

177 Ebd., I, 13, 21.

tion – oder, mit Rosenstock-Huessy, die »deutsche Revolution« – wie auch die Weltimpulse des Calvinismus nur als neo-augustinische Renaissancen innerhalb des lateineuropäischen und angloeuropäischen Christentums und seiner sozialen Expressionen begriffen werden können. Mit ihm ist die Allgegenwart kryptoplatonischer Denkfiguren verbunden – sie sorgten dafür, daß das natürliche Licht der Vernunft, das seit dem 18. Jahrhundert als das der Aufklärung gefeiert wird, mit einem übernatürlichen Licht verbunden blieb.

Dessen Einstrahlung setzt innenräumliche Licht-Verhältnisse voraus, wie sie durch die Begriffe der *memoria* und der *conscientia* angedeutet werden. Durch das Präfix *con* weist der letztere Ausdruck darauf hin, daß in der Selbstwahrnehmung des Subjekts ein begleitendes Wissen, somit ein »Mit-Wissen« angelegt ist, von dem man anfangs glaubte, es lasse sich nur aus der diskreten Allianz von Gott und Seele erläutern. Wenn europäische Menschen meinen, etwas zu haben, was sie Gewissen nennen, so weil ihre Existenz aus platonischer, auch kryptoplatonischer Sicht nur durch die Tatsachen des beobachtenden und beobachteten Bewußtseins verstanden werden kann. Das Subjekt existiert demnach immer schon unter dem Licht der Theoskopie – es ist wehrlos gegen seine Durchsichtigkeit für ein göttliches Auge, dem die Differenz von *intus* und *extra* nichts bedeutet. Was man *peccatum originale* nennt, meint unter lichttheoretischem Aspekt das beharrlich ausgelebte Phantasma des isolierten, das heißt letztlich: des vom absoluten Beobachter abgewandten Subjekts. Als solches bildet es sich ein, es könne sich zu irgendeinem Zeitpunkt ins Unbeobachtet-Sein zurückziehen und Dinge tun, die dem Auge des Anderen entgehen – ob es das mitmenschliche oder das göttliche wäre. Zu der Behauptung, daß eine absolute Beobachtung geschehe, ist die metaphysisch anspruchsvolle Annahme nötig, wonach Gott nicht nur allmächtig und allwissend sei, sondern mehr noch: daß er eine immer-aktuelle und all-aufmerksame Präsenz besitze, deren meist unbemerkte Ausläufer in mein prä-personales Bewußtsein reichen. Dem göttlichen Gedächtnis komme eine fortlaufende jenseitige Buchführung über alle Taten, gut oder böse, zu Hilfe – die Prototypen solcher Aufzeichnungen reichen in die bedrohlichen ägyptischen Vorstellungen über das Totengericht zurück. Die göttliche Über-Aufmerksamkeit durchdringe demnach nicht nur die äußeren Weltläufe, die für den menschlichen Verstand dunkel bleiben, sie durchleuchte auch die menschlichen Innerlichkeiten – und dies, wie Cusanus in seinem Traktat *De visione Dei* (1453) zu zeigen versuchte, nicht nur bei ausgewählten Einzelnen, sondern bei allen Sterblichen zugleich. Die *democratia christiana* – das mentale Präludium der Moderne – beginnt mit der Überzeugung, daß eine Intelligenz von ganz oben und ganz innen die menschlichen Innenwelten ausschöpft, sosehr diese auch gerne eine Zone privater und unausforschbarer Dunkelheit für sich behaupten möchten. Weswegen die vorgebliche »Entdeckung des Unbewußten« in den modernen Tiefenpsychologien keineswegs nur jene »Kränkung« mit sich brachte, auf welche Freud den Akzent setzte, sondern auch neue Rückzugsmöglichkeiten für Selbstillusionen eröffnete. Der europäische Mensch existiert gleichsam unter dem Regime einer göttlichen Gesichtserkennung – genauer: einer Innenweltdurchleuchtung von ganz oben und ganz innen, gemäß der augustinischen Anrede an den Höchsten: *superior summo meo, interior intimo meo* (»Du bist meinen höchsten Möglichkeiten überlegen, wie du auch mir innerlicher bist als ich mir selbst.«)[178] Mein Inneres, wie es mir selbst zugänglich ist, bedeutet aus der Sicht des Allerinnersten eine Extimität: Ich werde nicht nur von außen überwacht, sondern auch von innen durchschaut. Von innen gesehen, bin ich nicht nahe bei mir. Es sollte bis ins anbrechende 19. Jahrhundert dauern, als sich bei Schelling, Scho-

178 Ebd., III, 6, 11.

penhauer, Nietzsche und Freud der Gedanke durchsetzte, es gebe im menschlichen Inneren eine opake Schicht unbewußter Prozesse, an welche das bewußte Ich nicht heranreiche und deren Aufhellung, wenn nicht unmöglich, so doch stets prekär bleibe.[179]

Begnügen wir uns hier mit der Anmerkung, daß die theoskopische Struktur der menschlichen Selbstwahrnehmung, besser der Selbstvertrautheit des Daseins mit sich, erst in der Kulmination des deutschen Idealismus bei Johann Gottlieb Fichte explizit gemacht wurde: Indem er das unableitbare Prius des Bewußtseins seiner selbst vor allen Spiegelungen in anderem aufdeckte, machte er die Bedingung der Möglichkeit des Sagens der Wahrheit über sich selbst offenkundig – auch in Abwesenheit religiöser und literarischer Beichtstühle, um von den juristischen und polizeilichen Hilfsorganen des Geständnisses zu schweigen. Das Auge, das dem vitalen Selbst eingepflanzt ist, wird bei Fichte – zu Ehren der Muse der Himmelskunde – als ein uranisches Organ bezeichnet. In wenigen Verszeilen resümierte der Denker sein System: Das lichte Auge der Urania, in das ich einmal geblickt habe, »sieht nun in meinem Sehen, lebt in meinem Leben«. Es existiert eine anonyme Intelligenz, die in mir durch mich sieht, was sie sieht.[180] Vergleichbares hat, in nüchterner Tonart und ohne theologische Überhöhung des vorpersonalen Bewußtseins, der junge Jean-Paul Sartre in seinem Essay über die Transzendenz des Ego von 1936 notiert.[181]

179 Jean-Marie Vaysse, *L'inconscient des Modernes. Essai sur l'origine métaphysique de la psychanalyse*, Paris 1999.

180 Paraphrase nach J. G. Fichtes Sonnett: »Was meinem Auge diese Kraft gegeben«.

181 Michael Stolleis untersucht in seinem Essay *Das Auge des Gesetzes. Geschichte einer Metapher*, München 2004, die Verschiebung des Bilds vom Auge Gottes von der theologischen in die juristische Sphäre.

Die psychohistorischen Folgen dieser früh angelegten Dispositionen haben sich über anderthalb Jahrtausende vielfältig manifestiert. Neunhundertfünfzig Jahre trennen die Niederschrift der augustinischen *Confessiones* von Francesco Petrarcas Beicht-Opus *Secretum meum*[182] – einem Buch, dessen Bedeutung für die frühneuzeitliche Kultur der Selbsterforschung und Selbstbezichtigung kaum hoch genug veranschlagt werden kann. In ihm wird der Kirchenvater Augustinus als Beichtvater, genauer als Inquisitor des Gewissens, heraufbeschworen, um dem Verfasser – der mit etwa 45 oder 50 Jahren die Lebensmitte überschritten hatte und erste graue Haare zeigte – bei der Arbeit der Selbstdurchdringung *coram publico* zur Seite zu stehen. Den Ausgangspunkt der Schrift bildet das Bekenntnis des Autors, all seinen weltlichen Erfolgen zum Trotz noch immer ein unglücklicher Mensch zu sein: *ego sum miser*. Gemeinsam arbeiten der *confessor* und sein Schützling die Gründe des fortbestehenden Elends durch. Wenn Augustinus die Vermutung äußert, Franciscus habe sich mit der Tatsache seiner Sterblichkeit nicht ausreichend vertraut gemacht, kann dieser antworten, er habe über seinen Tod so intensiv im voraus meditiert, daß er zuweilen unter dem Anprall des Schrekkens zusammengebrochen sei.[183] Man darf sogar zugeben, Martin Heideggers Ausführungen über das »Sein-zum-Tode« in *Sein und Zeit*[184] boten aufs Ganze gesehen nicht viel mehr als phänomenologische Versachlichungen von Petrarcas Aussagen, die ihrerseits in mönchspsychologischen Übungen gründeten. Aufschlußreich bleibt der Umstand, daß das Zurückkommen von der Vorwegnahme des Todes ins gelebte Jetzt bei beiden Autoren nur indirekte Folgen zei-

182 Im Jahrzehnt vor 1353 verfaßt.

183 Francesco Petrarca, *Secretum meum – Mein Geheimnis*, Mainz 2013, S. 83-85.

184 Martin Heidegger, *Sein und Zeit*, Tübingen 2006 [1927], § 45-53.

tigt: Das Dasein soll bei Heidegger aus dem Vorlaufen in den Tod den Impuls zur »Entschlossenheit« gewinnen, ohne daß daraus etwas Bestimmteres folgte; Petrarca gibt zu, solche Übungen hätten ihn zwar ernster gemacht, dem Erlebnis glücklicher Geborgenheit stehe er aber so fern wie seit jeher.

In den späteren Abschnitten des dreiteiligen Dialogs fragt der Beichtvater Augustinus bei seinem Prüfling den klassischen, siebenteiligen Katalog der schweren Sünden ab: Was *gula*, maßlosen Appetit, angeht, hat Franciscus wenig zu gestehen, wenn er auch weiß, was es heißt, es sich manchmal allzu gutgehen zu lassen; *in puncto* Zorn, *ira*, hat er nicht mehr als das menschlich Übliche zuzugeben. Es folgt *luxuria*, die sexuelle Getriebenheit, von welcher der Beichtling versichert, er habe einen redlichen Kampf gegen sie geführt – von eventuellen Niederlagen hört man nichts Näheres. Die Nachforschungen über Neid (*invidia*) und Habsucht (*avaritia*) bringen nichts Nennenswertes hervor. So bleibt für die weitere Prüfung nur die gefährliche Plage der Seele, *aegritudo* oder *acedia*, übrig – nicht selten mit »Faulheit« übersetzt, für die man in moderner Zeit den quasi-meteorologischen Ausdruck »Depression« eingeführt hat, um sie, im säkularen therapeutischen Interesse, nach Möglichkeit aus der Bannmeile der moralisch verwerflichen Tatsachen zu entfernen. Zu den wirkenden Gründen der seelischen Dürre, sofern Petrarca sie gekannt hat, dringt die Analyse der Gesprächspartner nicht vor.

An letzter Stelle wendet die Untersuchung sich der Königin der Laster zu, dem Hochmut, *superbia*, von dem es unter Theologen als ausgemacht galt, dieses Übel sei durch die Revolte des Engels Satan gegen den Schöpfer in die Welt gesetzt worden. Die *superbia* ist es, mit welcher der Bekennende sich im letzten und härtesten Durchgang seiner Prüfung auseinanderzusetzen hat; allein mit ihrem Eingeständnis und mit der reuevollen Lossagung von ihr könnte das Exerzitium der Konfession zu einem erfolgreichen Abschluß kommen.

Tatsächlich setzt Augustinus, mit der sachlich gebotenen Grausamkeit argumentierend, im dritten Teil des *Secretum* dem eingeschüchterten Franciscus zu, indem er ihn mit dem Vorwurf des am tiefsten eingefleischten Übels konfrontiert. Hierbei bringt der Inquisitor den effektivsten Schraubstock zum Einsatz: Er nötigt dem Verfasser des berühmten *Canzoniere*, der viele Gesänge zur Verherrlichung einer noblen Geliebten enthält – die ihm zu Avignon vor Jahren von fern begegnet sei –, das Geständnis ab, seine Liebe zu der Dame Laura habe von Anfang an auch die Liebe zu dem Ruhm bedeutet, der in ihrem Namen versprochen war. Das Streben, ein *poeta laureatus* zu werden, habe den vermeintlich selbstlosen Affekt zugunsten der edlen Frau von Anfang an vergiftet. So hätten *Amor* und *gloria* das Wesentliche zu seinem seelischen Elend beigetragen – sie lenkten ihn ab von der Orientierung am höchsten Gut. Wo der Dichter vorgegeben hatte, ein nobles Ideal zu verehren, erlag er, wie er nun eingesteht, halb unbewußt, halb wissend der Versuchung, idolatrische Eitelkeiten zu treiben. Was blieb dem Bekenner solcher Verfehlungen am Ende übrig, als in den Rang der gewöhnlichen Sünder zurückzutreten, mochte er auch zu den berühmtesten Männern seines Zeitalters zählen?

An dieser Stelle nimmt das Beichtgespräch eine unerwartete Wendung. Franciscus zeigt sich gegen die Mahnungen Augustins, vom eitlen Streben nach Ruhm bei der Mitwelt und Nachwelt abzulassen, mit einem Mal widersetzlich. In nahezu unbußfertigem Ton bekennt er sich zu seinem Ruhmesverlangen – und vergeblich erinnert ihn der Partner daran, wie haltlos solche Hoffnungen seien. Wer von der Nachwelt zu viel erwarte, werde auf jeden Fall enttäuscht: Auch Inschriften auf Gedenksteinen verwittern – was einem zweiten Tod gleichkomme, und da die Bücher, von denen man sich Glanz und

Ehre bei den Nachgeborenen verspricht, mit den Bibliotheken verbrennen könnten, müsse man darauf gefaßt sein, einen dritten Tod (*tertia mors*) zu erleiden. Der eindringlichen Schlußrede des Kirchenvaters zum Trotz blieb Petrarca bei seinem Bekenntnis: »Ich habe nicht die Kraft, mein Verlangen zu zügeln« (*desiderium frenare non valeo*). So kann Augustinus zuletzt nur die Hoffnung bekunden, Gott möge die »ziellosen Schritte« (*gressus vagos*) des Dichters ins Sichere (*tutum*) geleiten. Woraus sich für den Leser unserer Tage eine Folgerung ergibt: Wer so offenen Widerstand leistet gegen die antik und mittelalterlich argumentierende Überredung zur Demut angesichts der Sterblichkeit, muß bereits ein europäischer Mensch von neuzeitlicher Verfaßtheit sein.

Es erübrigt sich, nach diesen exemplarischen Hinweisen weitere einzelne Fälle zu präsentieren. Der autobiographische Kontinent, der zugleich eine Welt der persönlich adressierten Briefe war – *le monde des lettres* –, hat seine Fruchtbarkeit, Jahrhunderte übergreifend, im Übermaß bewiesen. Der *casus* Petrarca zeigte überdies, daß es von der monastischen Psychologie zur Geniepsychologie nur ein Schritt ist. Eines der Schlußworte dieser Denkungsart hat Goethe seinem gefährdeten Double Faust als dessen Abschiedskonfession *in extremis* in den Mund gelegt:

Zum Augenblicke dürft ich sagen:
Verweile doch, du bist so schön!
Es kann die Spur von meinen Erdentagen
Nicht in Äonen untergehn.[185]

Denn wie Sonnenuntergänge nur Folge von optischen Täuschungen bei den Erdbewohnern seien, so müßten, dem Alten von Weimar im

185 J.W. Goethe, *Faust. Der Tragödie Zweiter Teil*, Akt 5.

Gespräch mit Eckermann zufolge, die zeitweiligen Verdunkelungen des Genies bei der Nachwelt nur episodischer Natur bleiben.

Was die Kunst des Geständnisses angeht, hat sich die europäische Neuzeit *summa summarum* auf den Bahnen Petrarcas weiterbewegt. Obgleich die Aspekte von Reue und Buße in den Hintergrund traten, blieb der Antrieb zur Aussprache der Wahrheit in eigener Sache fast ungebrochen. In den *Geständnissen* Rousseaus (1782 posthum publiziert) wurde das Motiv der Reue bereits von dem der Apologie überlagert. Der Autor hatte nicht weniger als eine adamitische Offenbarungsperformance im Sinn, als sei er der erste wirklich aufrichtige Mensch, der seit der Vertreibung aus dem Garten Eden das Wort ergriff. In den Memoiren von Nicolas Rétif de la Bretonne (1734-1806), einem Werk von freizügiger Uferlosigkeit, 1783 begonnen, über Jahrzehnte fortgeführt, ging die Apologie in libertinistische Provokation über.[186] Sein Werk legt den Gedanken nahe, der Autor habe Feuer an die Beichtstühle gelegt, um das Geständnis aus dem Geist des schlechten Gewissens durch den phallischen Schelmenroman zu ersetzen – man kommt kaum umhin, hier eine frühe Knausgardisierung der Boudoirs von Paris zu konstatieren. In Werken solcher Tonart nimmt eine Tendenz zur Inversion der Beichte ihren Anfang, die während des 20. Jahrhunderts in mehrfachen psychopolitisch folgenreichen Wellen zum Tragen kam, namentlich solchen, die der erotischen Liberalisierung mitsamt ihren sexologischen Überbauungen Vorschub leisteten. Das umgewendete Geständnis tritt als Unmöglichkeit, eine Sünde zu sein, hervor. Mit ein wenig historischer Phantasie kann man in den von 1970 an regelmäßig wiederholten *Gay-Pride*-Paraden in den USA und in Europa brennende Beichtstühle auf Rädern erkennen, in denen unter offenem Himmel eine

186 Nicolas Rétif de la Bretonne, *Monsieur Nicolas oder Das enthüllte Menschenherz*, Berlin 2017.

doppelte Befreiung, die von innerer Sündenlast und äußerer Diskriminierung, gefeiert wird.

In der Zeitspanne zwischen dem späteren 18. und dem beginnenden 21. Jahrhundert hat sich die europäische Kultur des *dire vrai sur soi-même* auf eine Weise entfaltet, für die andere Zivilisationen kein Gegenstück kennen. Spätestens seit dem Erscheinen von Goethes *Aus meinem Leben. Dichtung und Wahrheit*[187] war es ein offenes Geheimnis, daß das Wahr-Reden über sich selbst vor dem Publikum nicht ohne Zusätze an Fiktionalität zu haben ist. Das Auge der Öffentlichkeit kann zwar nicht die gleichen Ansprüche stellen wie das Auge Gottes, das auf Beichtende herabblickt und sie von innen durchschaut – doch duldet das Wahrheitsregime des literarischen Konfessionals nur so viel Fiktionalisierung, daß die Schwelle zur Impostur nicht überschritten wird.

Auf dem autobiographischen Feld macht sich die Vielsprachigkeit des Kontinents mit besonderem Reichtum bemerkbar. Während die höchsten Leistungen des Genres weiterhin der frankophonen Sphäre zuzurechnen sind – von Rousseaus *Confessions* (1782) über Chateaubriands *Mémoires d'outre-tombe* (1849-1850) und André Gides *Si le grain ne meurt* (1924) bis zu Sartres *Les mots* (1964) –, haben ihm auch italienische Autoren von Giacomo Casanova und Vittorio Alfieri bis Primo Levi, Cesare Pavese und Antonio Tabucchi Gewicht und Glanz verliehen. Die deutschen Beiträge zur Gattung reichen von den pathographisch relevanten Beichtschriften des Predigers Adam Bernd (1738) über die Höhenlinie der Schriften von Johann Wolfgang Goethe (1811), Heinrich Heine (*Geständnisse*, 1854) und Friedrich Nietzsche (*Ecce homo*, 1888/1908); ihnen schließen sich Hochformen literarischer Selbstbeschreibung an, die Autoren wie Ernst Toller (*Eine Jugend in Deutschland*, 1933) und Manès Sperber

187 Tübingen 1811 bis 1814.

(*All das Vergangene*, 1973-1977) zu verdanken sind. Zu ihnen gesellen sich Schriften von Elias Canetti, zu deren Qualitäten es gehört, daß der zuweilen böse Blick nach innen von dem nach außen an Schärfe übertroffen wird. In ihrer Summe scheinen die genannten Werke geeignet, den Ausspruch Albert Camus' in Frage zu stellen: *Aucun homme n'a jamais osé se peindre tel qu'il est.*

Wenn Aufzählungen im allgemeinen etwas Lächerliches an sich haben – falls man den Schiffskatalog der *Ilias* ausnimmt, der von der Poesie der glänzenden Eigennamen lebt –, ist auch die eben angeführte Liste nur als Geständnis von Unkenntnissen zu bewerten, gleich, ob es sich auf nordeuropäische und osteuropäische Literaturen bezieht oder auf das Universum weiblicher Beiträge zum Patrimonium oder Matrimonium von Wahrheitsaussagen in der ersten Person.

Hier freilich ist die Feststellung am Platz, daß das Gestehen und Wahr-Sagen aus Innerem vom europäischen Mittelalter an nie nur eine Domäne der Bekenntnisse *pro domo* gewesen ist. Man kann den europäischen Sprechern – mindestens seit dem 17. Jahrhundert, vollends seit dem 18. – eine Neigung attestieren, nicht nur im eigenen Namen zu beichten, sondern bei ihren Sondierungen nach innen gleichsam für die Gattung im ganzen Geständnisse abzulegen. Das Auftreten der Moralisten des 17. und 18. Jahrhunderts kommt der Einrichtung eines anthropologischen Beichtstuhls gleich. In ihm wurden keine individuellen Vergehen zur Aussprache gebracht, es ging hier um nicht weniger als die Generalbeichte des *homo occidentalis*, der im übrigen, wie sonst so oft, für den »Rest der Welt« mitzusprechen glaubte. Es waren die französischen Autoren, die man die Moralisten nannte, obschon sie als Psychologen argumentierten – von Pascal bis zu Vauvenargues, La Rochefoucauld und Rivarol –, die stellvertretend für die Menschheit ihrer Zeit, und virtuell jeder Zeit, jene Doktrin entwickelten, die allen späteren introspektiven Psychologien vorausging: Man wisse vom Menschen nur so viel, wie man von den manifesten und verborgenen Regungen seines *amour-propre* begriffen habe. Vom späten 17. Jahrhundert an – nachdem Pascal sein Votum *le moi est haïssable* vergeblich in die Waagschale geworfen hatte – entfaltete das Nachdenken europäischer Autoren über innenweltliche Vorgänge den Generalverdacht, wonach Menschen Wesen seien, in denen der *amour-propre* den Hauptantrieb bilde, so gern er sich auch unter idealischen und altruistischen Maskierungen verborgen hält. Man erkennt ohne Mühe, wie die Hauptsünde des christlichen Lasterkatalogs (*superbia*) im Übergang von monastischen zu bürgerlichen Verhältnissen sich das unauffällige Straßengewand der Selbstliebe zugelegt hatte; scheinbar allseitig verbindlich trat sie später in der banalen Maske der »kommunikativen Kompetenz« auf; in Ausdrücken der jüngeren Systemtheorie hätte man sie eher als eine Bemühung um das »Sich-sehen-lassen-Können« vor der Mitwelt charakterisiert. Bei der Umcodierung von Moralisten-Wissen in die Sprache der Psychologien des Unbewußten zu Beginn des 20. Jahrhunderts verwandelte sich der zum *amour-propre* neutralisierte »Hochmut« weiter in den »Narzißmus«. Von ihm läßt sich nach wie vor nicht leicht sagen, ob er nicht eine Art von konstitutiver ontologischer Neurose darstellt. Er könnte ja die *conditio sine qua non* sein, unter welcher Individuen den Aufenthalt in ihrer eigenen Haut ertragen – er wäre gleichsam die Impfung mit dem Serum der Bedeutsamkeit gegen den Zufall des Daseins an einer wahrscheinlich völlig unwichtigen Stelle in der Welt. Bei Fehldosierung werden pathologische Überreaktionen auffällig.

Die politischen Implikationen dieser Ausprägungen des Die-Wahrheit-Sagens über die inneren menschlichen Tatsachen liegen auf der Hand. Wenn moderne Europäer sich heute mehr und mehr darauf geeinigt haben, daß demokratische Lebensformen die ihnen gemäßesten seien, dann nicht, weil sie unter den sechs rotierenden Staatsformen, die seit den Tagen von Polybios im Gespräch sind, die passendste ausgesucht hätten.[188] Die Option für Demokratie ergibt sich bei ihnen aus der von Erfahrung gestützten Vermutung, sie liefere den politischen Mechanismus, der die Summe der Regungen der *superbia*, der Äußerungen von *amour-propre* und der Projektionen des kranken wie des gesunden Narzißmus (um die drei Stadien des »Egoismus« in diesem Teil der Welt nochmals zu erwähnen) am besten reguliert. Als multi-superbische, multi-selbstliebende, multi-narzißtische Sozial- und Staatsordnung vertraut das historisch erfahrene Europa auf die gegenseitig dämpfenden Wirkungen einer Mehrzahl von privaten und kollektiven Egoismen, besser wohl: einer Mehrzahl von zivilisierten Heucheleien, die sich in der Gestalt von Parteien und Korporationen sehen lassen.

Mit der Offenlegung des allgemein menschlichen Zugs zum *amour-propre* und der daraus folgenden Forderung nach demokratischer Zügelung multi-egoistischer Impulse ist der Geist des Die-Wahrheit-Sagens über sich selbst in dieser Weltgegend nicht erschöpft. Es gehört zu den Merkwürdigkeiten der europäischen Philosophie, daß ihre Kulmination im frühen 19. Jahrhundert eine selbstkritische Wendung einleitete, die zum Abbau der klassischen Metaphysik mitsamt ihren Überhöhungen führte: Beginnend in den antiken und mittel-

188 Polybios von Megalopolis (ca. 200-118 v. u. Z.) beschrieb einen Kreislauf von Verfassungen, der mit der Monarchie beginnt, um in die Tyrannis zu verfallen; gegen die kommt die Aristokratie an die Macht, die zur Oligarchie degeneriert; zu deren Abwehr entsteht die Demokratie, deren Entartungsform die Pöbelherrschaft (Ochlokratie bzw. Mobokratie) darstellt. Die wiederum wird durch eine neue Monarchie überwunden, mit der ein weiterer Zyklus beginnt.

alterlichen Logos- und Intellekt-Theorien, ausgereift in den Schriften von Locke und Leibniz über den »menschlichen Verstand«, vollendet in den Kantschen Kritiken und in Fichtes diversen Fassungen der Wissenschaftslehre, kehrte sich die philosophische Königsdisziplin der Vernunft-Kritik bei den Junghegelianern, bei Stirner, Marx und Kierkegaard, dann auch bei Nietzsche und bei den logischen Empiristen des Wiener Kreises sowie den Pionieren des *linguistic turn* mit einer unerwartbaren Heftigkeit gegen sich selbst. Die Geständnisse der Philosophen gingen über die humane Generalbeichte der *amour-propre*-Psychologen und der Narzißmus-Theoretiker weit hinaus. Sie rekonstruierten nicht bloß, auf Nietzsches Spuren, die »Genealogie der Moral« aus niederen Antrieben, sie deckten die Herkunft der technisch verkürzten oder »instrumentellen Vernunft« aus dem in Europa an die Macht gekommenen Trieb zur Naturbeherrschung auf. Damit wurde der maligne Narzißmus des *animal rationale*, jenseits individueller Eitelkeiten, als eine ambivalente Weltmacht bloßgestellt. Diese Entlarvungen gingen über die Kritik an der »Mondsüchtigkeit« der klassischen Metaphysik hinaus; sie reichten bis zur Aufdeckung des Unheils, das sich durch die globale Verdinglichung des Seienden unter dem Zugriff identifizierender Definitionen und ökonomischer Verwertungen vollzog – und zu vollziehen nicht aufhört. In dem Maß, wie das jüngere Philosophieren sich als Autobiographie der Vernunft präsentierte, mündete es in dem Geständnis, zunächst und zumeist der Machtergreifung einer herrischen, anthropozentrisch verengten Subjektivität gedient zu haben. In diesen Aussagen kamen – auf Nietzsches Spuren – so gegensätzliche Denker wie Martin Heidegger, Herbert Marcuse, Jacques Ellul, Theodor W. Adorno, Jacques Derrida und andere überein. Als Pathognostiker der eigenen Zivilisation gaben Autoren dieser Tendenz mehr oder weniger diskrete Hinweise darauf, wie die von weit her kommenden Fehlentwicklungen auf der Ebene der Gesamtkultur zu korrigieren wären – sei es im fatalistischen Ton, wie ihn der späte Heidegger anschlug, als er statuierte: »Nur noch ein Gott kann uns retten«[189], sei es im Modus der Vermittlung zwischen westlicher Ratio und östlicher Besinnung, wie zahlreiche Denker von Herrmann Hesse bis Raimon Panikkar ihn empfahlen, sei es in aktivistischer Tonart, wie sie jüngst in subkulturellen Zirkeln angeschlagen wird, wo man lernen möchte, Pipelines in die Luft zu jagen, um das Attentat der fossilenergetischen Zivilisation gegen die Ökosysteme des Planeten zu unterbrechen.

Unter den Kritikern der europäischen Rationalitätskultur, die sich zugleich als Therapeuten vernehmen ließen, kommt Autoren der phänomenologischen Schule eine besondere Bedeutung zu. Edmund Husserl hatte in seiner Schrift über *Die Krisis der europäischen Wissenschaften* von 1936, die auf Vorträgen in Wien und Prag aus dem Vorjahr basierte, gleichsam eine stellvertretende Generalbeichte für die Fehlentwicklungen der europäischen Rationalitätskultur *in toto* abgelegt, indem er deren destruktive Verirrungen offenlegte. Sie wurden, der Ansicht des Autors zufolge, vor allem durch die Mathematisierung der Naturwissenschaften und den grenzenlosen Irr-Glauben an die Meßbarkeit aller Dinge vorangetrieben. Husserl konstatierte an der Philosophie seiner Zeit eine bis auf Descartes und Locke zurückgehende bipolare Störung, die sich in den extremen Positionen des transzendentalen Subjektivismus und des physikalistischen Objektivismus manifestierte – beides sind komplexe Befunde, die an dieser Stelle nicht näher erläutert werden können.[190]

189 So der Kernsatz des am 23. September 1966 in Freiburg geführten Gesprächs zwischen Martin Heidegger, Rudolf Augstein und Georg Wolff, das eine Woche nach dem Tod des Philosophen am 31. Mai 1976 in einer wegen Pfingsten verfrüht ausgelieferten Ausgabe des *Spiegel* (23/1976) veröffentlicht wurde.

190 Der therapeutische Effekt von Husserls Erinnerung an die Lebenswelt ma-

Husserls zivilisationstherapeutische Rückverweisung auf das, was er die »Lebenswelt« nannte, brachte ganz unverkennbar die ur-europäische Trias von Geständnis, Kritik und Krise ins Spiel – sie mußte allerdings auf das Versprechen verzichten, daß jeder Diagnose eine wirksame Therapie zugeordnet werden könne. Erst recht vermochte die Erinnerung an den aufgeklärten Geozentrismus der Lebenswelt-Vernunft keine Gewißheit zu bieten, daß auf das Geständnis die Absolution folgen werde.

Wer heute einen Blick auf den Beichtspiegel für das alte und neue Europa wirft, kommt nicht umhin, zwei der intrikatesten Fragen zu beantworten, die einem Bewohner dieser Weltgegend früher oder später gestellt werden müssen. Zuerst: Wie hältst du es damit, daß dieses Europa ethisch in der platonisch-stoischen Idee der Selbstbeherrschung, religiös in der christlichen Friedens- und Liebesbotschaft gründet und doch eine beispiellose Chronik kriegerischer Gewalt und haßgetriebener Enthemmungen vorzuweisen hat? Es dürfte wenige Zeitgenossen geben, die noch ernsthaft glauben, dieses Problem sei schon in der Spätantike durch das Auftauchen der Figur des *miles christianus* gelöst worden – jenes getauften Soldaten im kaiserlichen Heer, der meinte, es müsse möglich sein, zugleich unter dem Adler und unter dem Kreuz zu dienen. Immerhin hat Martin von Tours (316-397) – der in Ungarn gebürtige Volksheilige Galliens, der seinen Mantel (*cappa*) halbierte, um einem frierenden Bettler zu helfen – den Archetypus eines Existenzmodus geschaffen, in dem Virilität und Mitgefühl sich die Waage halten. Würde es an solchen im

nifestierte sich umgehend in Maurice Merleau-Pontys Hauptwerk: *Phänomenologie der Wahrnehmung*, 1945; er wurde umfassend elaboriert im Œuvre des Gründers der Neuen Phänomenologie, Hermann Schmitz (1928-2021), das sich eindringlich mit Leiblichkeit, Gefühlen, Atmosphären und »einbettenden Situationen« befaßt.

guten Sinn des Worts exemplarischen Figuren fehlen, wäre Europa nur als die Heimstätte einer epochalen Schizophrenie zu bezeichnen. Auf sie träfe die von Nietzsches Zarathustra vorgebrachte Diagnose zu, die klingt, als sollte sie das Verhängnis des Ersten Weltkriegs im voraus resümieren:

> Nicht nur die Vernunft von Jahrtausenden – auch ihr Wahnsinn bricht an uns aus. Gefährlich ist es, Erbe zu sein.[191]

Die zweite der Fragen, denen kein Bürger der Alten Welt auf die Dauer entgehen kann, lautet: Wie hältst du es mit deinen jüdischen Mitbürgern? Unter den Lebenden unserer Tage kann niemand naiv genug sein, nicht zu wissen, daß damit an die älteste, nie geschlossene Wunde unserer Zivilisation gerührt wird. Es genügt heute auch nicht mehr, an das kurz vor seinem Tod (1963) verfaßte Bußgebet des Papstes Johannes XXIII. zu erinnern:

> Wir erkennen, daß das Kainszeichen auf unserer Stirne steht. [...] Vergib uns die Verfluchung, die wir zu Unrecht aussprachen über den Namen der Juden.

Analoge Wendungen hat Johannes Paul II. in sein siebenteiliges Schuldbekenntnis der katholischen Kirche vom März 2000 eingefügt. Hierbei ist anzumerken, daß die große Mehrheit der Europäer unserer Tage am christlichen Antijudaismus nicht mehr teilnimmt; dessen Spuren sind vom Evangelium nach Johannes über den späteren Luther bis zu einigen unbelehrbaren Theologen des 20. Jahrhunderts zu verfolgen. Er gründete in der für Gläubige schwer erträglichen Vor-

191 Friedrich Nietzsche, *Also sprach Zarathustra. Ein Buch für alle und keinen*, I, 1883, Von der schenkenden Tugend, 2.

stellung, daß die Angehörigen des Volks, das es wissen müßte, der fundamentalen Doktrin des Christentums, wonach Jesus der Messias sei, ihre Zustimmung verweigern. Die intime Abseitsstellung des Judentums gegenüber dem zentralen Lehrsatz der graecoeuropäischen wie der lateineuropäischen Religionskultur prädisponierte es für die Funktion eines Ressentiment-Containers. In Zeiten verblassender Christlichkeit konnten sich darin auch alle Arten von Fremdenfurcht, Verschwörungsphantasie, Elitenhaß, Anschuldigungslust und Wettbewerben unter vermeintlichen und wirklichen Opfern sammeln.

Wer weiterhin Argumente sucht für die These, daß Europa der Kontinent sei, den die Neigung bezeichne, seine Verirrungen zu gestehen, kann bis auf weiteres nichts Besseres tun, als sich mit den Werken von René Girard, dem Analytiker der Sündenbock-Mechanismen und Eifersuchtskonflikte, zu befassen. Zur Seite steht ihm der österreichische Historiker Friedrich Heer, der in seinem opus magnum *Gottes erste Liebe. 2000 Jahre Judentum und Christentum. Genesis des österreichischen Katholiken Adolf Hitler* (1967) den Versuch unternahm, als einzelner stellvertretend die Generalbeichte für einen der primären Irrwege der christlich-europäischen Zivilisation abzulegen. Wenn hier darauf verzichtet wird, in die Bücher von René Girard und Friedrich Heer Lesezeichen einzulegen, so weil wir postulieren, sie müßten in Tagen wie den heutigen ständig aufgeschlagen auf unseren Arbeitstischen liegen.

Lektion fünf
Geht, setzt die Welt in Brand!
Aus dem Buch der Ausdehnungen

Wer sich der Aufgabe widmet, über Europas langes zweites Jahrtausend zu sprechen, insbesondere über dessen turbulente spätere Hälfte, die mit der Kolumbusfahrt begann, kommt nicht umhin, auf ein Bewegungswort zurückzugreifen, ohne das man von der Seinsweise der Bewohner des zerklüfteten, den Landmassen Asiens vorgelagerten Halbkontinents nicht angemessen sprechen kann: »Ausdehnung«. Der Begriff hielt sein Geheimnis bei René Descartes noch verborgen, als dieser anläßlich seiner Einteilung der Welt in die *res cogitans*, das denkende Etwas, und die *res extensa*, das ausgedehnte Etwas, die Dimension Ausdehnung zu einer Eigenschaft der materiellen Größen beziehungsweise der Körper überhaupt verharmloste. Mehr Sinn für das unruhige Potential der Kategorie legte Goethe an den Tag, wenn er in seinen *Maximen und Reflexionen* statuierte, wir Menschen seien auf »Ausdehnung« und »Bewegung« angelegt – er zog daraus die zu seiner Zeit noch fast undenkbar kühne Konsequenz, Entsprungenes könne über die Bedingungen seines Ursprungs hinauswachsen.[192] Der Alte von Weimar blieb bei den höheren Allgemeinheiten des Evolutionsdenkens nicht stehen. Ihm war bewußt, daß dort, wo

192 Hermann Schmitz, *Goethes Altersdenken im problemgeschichtlichen Zusammenhang*, Bonn 1959.

der Wille zur Ausdehnung den Gang der Dinge bestimmt, auch harmoniesprengende Größen wie Enthemmung, Aggression und Beschleunigung obenauf kommen – für letztere prägte Goethe das prophetische Neu-Wort »veloziferisch«, als sei ihm daran gelegen gewesen, so früh wie möglich den Zusammenhang zwischen Beschleunigung und Teufelei zu benennen.[193] Lange bevor der Herold des britischen Imperialismus in Südafrika, Cecil J. Rhodes (1853-1902), seine Devise *expansion is everything* in die Welt gesetzt hatte, konnte man in *Faust. Der Tragödie Zweiter Teil* (1832) eine quintessentielle Theorie der Modernisierung in mephistophelischem Duktus lesen:

Nur mit zwey Schiffen ging es fort,
Mit zwanzig sind wir nun im Port.
Was große Dinge wir gethan,
Das sieht man unsrer Ladung an.
Das freie Meer befreit den Geist,
Wer weiß da was Besinnen heißt!
Da fördert nur ein rascher Griff,
Man fängt den Fisch, man fängt ein Schiff,
[...]
Hat man Gewalt, so hat man Recht.
Man fragt um's Was? und nicht um's Wie!
Ich müßte keine Schifffahrt kennen:
Krieg, Handel und Piraterie,
Dreyeinig sind sie, nicht zu trennen.[194]

193 »Für das größte Unheil unserer Zeit, die nichts reif werden läßt, muß ich halten, daß man im nächsten Augenblick den vorhergehenden verspeist [...]. [...] und so springt's von Haus zu Haus, von Stadt zu Stadt, von Reich zu Reich und zuletzt von Welttheil zu Welttheil, alles velociferisch.« J.W. Goethe, *Werke*, Band 49, Stuttgart/Tübingen 1833, S. 25f.

194 J.W. Goethe, *Faust. Der Tragödie Zweiter Teil*, 1832, Akt 5.

Die gewiß vor 1830 zu Papier gebrachten Verse machen deutlich, daß der später so genannte Pragmatismus nicht bloß als der späte Beitrag Nordamerikas zur »kontinentalen« Philosophie verstanden werden darf; noch viel weniger bildet er die *down-to-earth*-Antithese zu dieser. Für Ideen mit einer Strebung zum »Boden der Tatsachen« war in Deutschland vor allem die Truppe der Junghegelianer zuständig, die für ihre beste Nummer: das Vom-Kopf-auf-die-Füße-Stellen überspannter metaphysischer Sätze, bekannt wurden. Indessen wollten britische Empiristen und französische Positivisten mit ihren Mitteln schon seit längerem demonstrieren, daß sie nicht den Kopf in den Wolken hatten. Als eine von Goethe dem aufgeklärten Teufel in den Mund gelegte Redeweise ging die Wende zum Pragmatismus aus einer offensiven Selbstverständigung Europas am Zenit seiner Ausgriffe in die ozeanischen Sphären hervor. Die Seefahrt empfiehlt sich als das zeitgemäße Gegenstück zur Himmelfahrt. Der freie Geist lernt auf den Meeren, Besinnung sei entbehrlich. Wozu Begriffe, wenn Zugriffe genügen? Während die Denker der junghegelianischen Generation sich dem Versuch widmeten, den Himmel der Ideen auf die Erde herabzuholen, genauer: auf den Boden der Alten Welt, wo die Arbeit dem Gebet den Rang ablief, hatte Goethe schon begriffen, die maßgebliche Differenz werde künftig nicht die von Himmel und Erde sein, gleich, ob deszendent von oben nach unten gedeutet oder transzendent von unten nach oben. Über die weiteren Schicksale einer Menschheit unter Segeln entscheide das Verhältnis zwischen Häfen und Meeren. Das Jenseits, auf das man jetzt rechnen solle, sei die andere Küste, die nach der Überquerung eines Ozeans in Sicht kommt.

Der erste Pragmatismus, der in Europa als Geist des maritimen Unternehmertums zu sich kam, war naturgemäß nicht in den Universitäten Alt- und Neu-Englands zu Hause; erst recht nicht in Heidelberg und Jena, wo man mit landesherrlicher Erlaubnis räsonieren durfte, solange der Gehorsam gesichert war. Er residierte in Häfen, wo Schiffe aus transatlantischer Seefahrt einliefen – wie es auf dem Frontispiz von Bacons *Novum Organon* (1620) zu sehen ist: Dort strebt ein heimkehrendes Schiff, beladen mit Waren und neuen Kenntnissen, einem Hafen zu, der von den emblematischen, die atlantische Seefahrt freigebenden Säulen des Herakles markiert wird.[195] Das Prinzip der maritimen Bewegungen spricht Mephistopheles hellsichtig aus:

> Die hohe Weisheit wird gekrönt,
> das Ufer ist dem Meer versöhnt,
> Vom Ufer nimmt, zu rascher Bahn,
> Das Meer die Schiffe willig an.

Eine Philosophie, die wirklich ihre Zeit in Gedanken hätte fassen wollen, hätte sich als eine logische Hafenautorität Gehör verschaffen müssen. Daß ihre freiheitsfrohen Doktrinen nicht ohne einen Zusatz an moralischer Enthemmung in die Praxis »übergehen« würden – auch dies läßt sich der Mahnung des zynischen Konsultanten entnehmen:

> Was willst du dich denn hier geniren,
> Mußt du nicht längst colonisiren?

Wenn Goethes nüchterner Pragmatist die Figur der heiligen Dreieinigkeit in die Allianz von Krieg, Handel und Seeräuberwesen über-

195 Zum Übergang des modernen Denkens in Kategorien des Risikos vgl. Peter Sloterdijk, *Im Weltinnenraum des Kapitals*, Frankfurt a.M. 2005, S. 138-150.

setzt, macht er die realistische, doch auch von Kleingeistigkeit nicht freie Annahme, Menschen europäischer Herkunft würden sich nur unter dem Einfluß niederer Motive auf die Meere hinauswagen – seien es Machtlust und Gewinngier, seien es Präpotenz und Trieb zur Selbstaufblähung unter Flaggen oder weil ihnen auf dem Festland keine sinnvollen Aufgaben vor Augen stehen, um von glaubwürdigen Glückschancen nicht zu reden.[196] Wer nachvollziehen möchte, wie das Streben nach Ausdehnung zu Beginn der Neuzeit von europäischen Menschen Besitz ergriff, wird sich nach Studium der Akten nicht damit begnügen, das Menschenbild des Teufels zu bestätigen.

In den ersten Jahrzehnten des 16. Jahrhunderts, mit dem die später (bei Carl Schmitt und anderen) so genannte »Weltnahme« durch Angehörige der entstehenden europäischen Nationen in Gang kam, war kaum eine Spur von jenem Zug zur »Ausdehnung um der Ausdehnung willen« wahrzunehmen, von welchem Hannah Arendt behauptete, er stelle das Wesensmerkmal des Imperialismus dar – wobei unter diesem, enger gefaßt, der *modus operandi* europäischer Mächte in den Jahrzehnten von 1880 bis 1914 zu verstehen sei, wie er sich im »Wettlauf um Afrika« manifestierte.[197] Das Motiv der Ausdehnung im Raum war zu Beginn der Neuzeit an erster Stelle mit dem Geist der Seefahrt und seinen noch unabsehbaren geographischen Implikationen verbunden; es äußerte sich mehr in dem, was Ernst Bloch einst die »horizontale Schatzgräberei« nannte, als im Drang zur Reichsbildung in die Ferne – von welcher, als sie faktisch begonnen hatte, freilich zu Recht gesagt werden konnte, sie habe sich als

196 So bekennt Ismael, der Erzähler von Herman Melvilles Walfänger-Roman *Moby-Dick*, er begebe sich an Bord, wenn ihn an Land der Lebensüberdruß überkommt.

197 Hannah Arendt, *Elemente und Ursprünge totaler Herrschaft*, München/Zürich 1986, S. 275f.

»eine Mixtur aus Ansiedlung und Ausrottung«[198] vollzogen. Die anfänglichen Impulse europäischer Extraversion waren mehr gebunden an die sensationellen Regungen der explorativen Neugier und der religiösen Libido, die durch die Entdeckung ungetaufter Völker erwachte, als an das Bedürfnis der rivalisierenden Throne Europas, anderen Monarchien bei der Erschließung und Inbesitznahme des Globus zuvorzukommen. Die hyberbolischen Aussagen Oswald Spenglers über das fatale Wesen der Expansion lassen sich noch keineswegs auf die frühen Phasen der seit Jacob Burckhardt so genannten »Entdeckung der Welt und des Menschen« anwenden. Die Öffnung der iberischen Monarchien des 16. Jahrhunderts auf die Länder jenseits des Atlantiks haben nichts zu tun mit dem Fluch der alternden Hochkulturen, wonach diese schicksalhaft in eine Phase leerer Veräußerlichung und imperialer Erstarrung übergingen. Wenn Spengler notierte:

> Expansion ist ein Verhängnis, etwas Dämonisches und Ungeheures, das den Menschen des späten Weltstadiums packt [...] und verbraucht[199],

dachte er nicht an Heinrich den Seefahrer oder die *Reyes Católicos* von Kastilien und Aragon, ebenso wenig an Karl V. und Philipp II., deren Devisen *Plus ultra* (altfranzösisch: *plus oultre*, »immer weiter«) und *Orbis non sufficit* (»die Welt ist nicht genug«) bereits etwas vom Elan der großen Extraversion bezeugten; auch die Tatsache, daß die nach dem spanischen Infanten benannte Inselgruppe der Philip-

198 Gunnar Heinsohn, *Söhne und Weltmacht. Terror im Aufstieg und Fall der Nationen*, Zürich 2003, S. 26.

199 *Untergang des Abendlandes*, a.a.O., S. 51.

pinen im Jahr 1585 dem Herrschaftsgebiet der iberischen Krone eingegliedert wurde, ist in keiner Weise mit der Altersaufblähung einer sterbenden Zivilisation zu erklären. Spenglers beweiskräftiges Idol war erst der 1902 bei Kapstadt verstorbene Gold- und Diamanten-Schürfer Cecil J. Rhodes: Bei ihm glaubte er die Liaison von unternehmerischer Skrupellosigkeit, politischer Megalomanie und rassistisch plädierender Selbsterhöhung vorzufinden, die den Aufgaben seiner Zeit am meisten gemäß gewesen sei. Wurden diese Qualifikationen noch durch jene pikante Mischung aus Messianismus und Zynismus ergänzt, die Rhodes' Charisma bezeichnete, konnte an der Eignung des Mannes für die Herausforderungen der faustischen Spätphase kein Zweifel aufkommen.

Um hingegen an die älteren und vor-politischen Quellen der Ausdehnung zu rühren, ist es unumgänglich, nach den Motiven der frühen Seefahrer zu fragen, ohne die es zu den folgenschweren Ausfahrten nicht gekommen wäre. Indessen dürfte man das Wort »Motive« ebenso gut durch Ausdrücke wie »Delirien«, »Tagträume«, »fromme Wünsche« oder »leitende Irrtümer« ersetzen. Der Fall des Kolumbus ist in dieser Hinsicht instruktiv: Auf dem Grund seiner Antriebe fand sich ein unentwirrbares Amalgam aus Ambition und Aberglaube; in dieses hatte sich die autohypnotisch fixierte Überzeugung von der Richtigkeit seiner Auffassung von der Kugelgestalt der Erde eingeflochten. Das Gold, das Kreuz und der Globus bildeten die wirkende Trinität seines Weltentwurfs. Daß diese Synthese Erfolge im Realen inspirierte, lag zum einen daran, daß der Globusglaube durch die Fahrten des Kapitäns auf bestürzende Weise bestätigt, ja über-verifiziert worden war; er wurde zum *creator spiritus* der folgenden Jahrhunderte. Dieser Glaube an die Globusgestalt der Erde wird, im Guten oder Bösen, zum Dämon des dritten Jahrtausends werden – und Bruno Latours Rede von *Gaia* wird den Test bestehen müssen, ob wohl sie die Göttin sei, die allein noch uns retten könne.[200] Zum anderen vermochte sie einflußreich zu werden, weil der Kreuzglaube sich auch in der Neuen Welt als eine Botschaft von hoher Übersetzbarkeit erwies, man könnte ebenso gut von seiner interkulturellen Elastizität sprechen; zuletzt verschaffte die Trias des Kolumbus sich Geltung, weil der mächtige Metall-Aberglaube, befördert durch die Versklavung indigener Bevölkerungen, seine Eignung bewies, den Import von Silber und Gold aus »peripheren« Zonen in eine bestehende Geldkultur voranzutreiben. Kennzeichnend für die Figur des Kolumbus ist die Tatsache, daß er *pro domo* einen spezifischen Sendungsauftrag entwickelte: In seinem *Buch der Prophezeiungen* (1502), drei Jahre vor seinem Tod verfaßt, notierte er:

> Es ist [...] in Erfüllung gegangen, was da Jesaia prophezeit hat [...]. Der Herr hat mich zu einem Botschafter eines neuen Himmels und einer neuen Erde gemacht [...].[201]

Sätze wie diese zeugen für die Nähe ihres Verfassers zum Geist der beginnenden Neuzeit, wenngleich er in anderer Hinsicht ein Mensch des Mittelalters geblieben war – etwa indem er die Schätze der Neuen Welt für einen Kreuzzug zur Zurückeroberung Jerusalems verwendet sehen wollte. In den Selbstaussagen des Seefahrers tritt ein Phänomen in den Vordergrund, das man »autogene Religion« nennen könnte.[202] Sie erweist sich in den kommenden Jahrhunderten als eine Matrix, aus der unternehmerische Subjektivitäten hervorgehen.

200 Bruno Latour, *Kampf um Gaia. Acht Vorträge über das neue Klimaregime*, Berlin 2017.

201 Christoph Kolumbus, *Buch der Prophezeiungen*, 1502.

202 Nicht zu verwechseln mit der »zweiten Religiosität«, die Spenglers Deutung zufolge in den Spätphasen ausgebrannter Kulturen auftritt.

Ohne sie läßt sich die Existenz von typischen Neuzeitcharakteren nicht vorstellen, gleich ob es Kapitäne, Vize-Könige, Großhändler, Bankiers, Forscher, Künstler und Konsultanten sind – nicht zu reden von den zwischen dem 16. und 18. Jahrhundert amtierenden Fürsten, unter denen so gut wie alle von Autohypnosen in den lokalen Tonarten politischer Theologie Gebrauch machten. Man vergesse nicht: Schon ihre mittelalterlichen Vorgänger waren bemüht gewesen, zumeist unter Mithilfe des hohen Klerus, ihre Stellung an der Spitze der sozialen Pyramiden als ein politisches Sakrament auszulegen und seine Ausübung als apostolische Funktion zu deuten – gelegentlich sogar, indem sie die Analogie zwischen dem Titanen Atlas, dem Christus und dem Fürsten betonten, die allesamt als Träger des »Gewichts der Welt« (*onus mundi*, *cargo imperii*) dargestellt werden durften. Die Inhaber von Macht, Sendungsbewußtsein und Initiative neuerer Zeiten betätigten sich nicht selten als Priester in eigener Sache, indem sie die Drehbücher zu ihren Handlungen selbst verfaßten. Kolumbus machte aus sich geradewegs einen Apostel unter Segeln; ihm war, wie er meinte, seinem Taufnamen gemäß, der Auftrag zugefallen, Christus erneut über das Wasser zu tragen, diesmal über die atlantische Furt. Um mit Jean-Paul Sartre zu reden, hatte Kolumbus seine Freiheit für den großartigen Irrtum des Aufbruchs nach Indien »engagiert«; der Seefahrer selbst hätte mit der Unterstellung, er habe aus Freiheit gehandelt, wenig anzufangen gewußt – er sah in sich nichts anderes als einen loyalen Diener der spanischen Krone und einen instrumentalen Beauftragten Gottes.

Eines der beiden Schlüsselworte, die das Tor zu einem komplexeren Verständnis neuzeitlicher Muster von Ausdehnungshandeln an der ozeanischen Front aufschließen, findet sich in einem im Jahr 1541 getätigten Ausspruch des Ignatius von Loyola, des Gründers der *Societas Jesu*, jenes neuen Ordens, der soeben (1540) seitens Pauls III. die

Anerkennung des Heiligen Stuhls erlangt hatte: Es handelt sich um einen Befehlssatz von epochaler Tragweite, der – wie die Ordenslegende es wissen will – vor der Abreise des Basken Francisco de Xavier (1506-1552) zu seiner indischen Mission gesprochen worden sein soll: »*Ite, inflammate omnia!* – Geht, und setzt die Welt in Brand!« Francisco war kurz zuvor aufgrund der vom portugiesischen König Johann III. an den Papst gerichteten Bitte um die Entsendung von Missionaren nach Indien zum Apostolischen Nuntius für Asien insgesamt ernannt worden – er traf als Mitreisender der königlichen Flotte im Mai 1542 in Goa ein, dem seit 1510 wichtigsten Stützpunkt der Portugiesen an Indiens Westküste. Dort entfaltete er im Lauf weniger Jahre eine *prima vista* überaus erfolgreiche missionarische Praxis – er soll über 50 000 Einheimische getauft haben.[203] Außer Zweifel steht, daß das lateinische Verbum *inflammare* an dieser Stelle sinnverwandt, ja nahezu gleichbedeutend ist mit dem Verbum *evangelizare*, das in der lateineuropäischen Hemisphäre von antiken Tagen an zur Kennzeichnung der apostolischen Tätigkeit geläufig war – angelehnt an das griechische Nomen εὐαγγέλιον, das soviel wie »gute Nachricht« bedeutet.

Das zweite Schlüsselwort zur Erhellung der neuen Lage findet sich in dem Ausdruck *missio*, der als lateinisches Lehnwort spontan in die modernen Nationalsprachen einging: französisch: *mission*, englisch: *mission*, spanisch: *misión*. Als Destillat jesuitischer Begriffsarbeit gelangte das Konzept zwar erst um die Mitte des 16. Jahrhunderts in den Wortschatz von Kirche und Welt; es setzte sich spontan

203 Sein als Reliquie verehrter Leichnam liegt seit 1554 in der Basílica Do Bom Jesus in Goa; der rechte Arm, »müde vom Taufen Zehntausender«, wurde 1615 in die Hauptkirche des Ordens Il Gesù zu Rom überführt.

und mit einer Selbstverständlichkeit durch, als sei es von den ersten Tagen der Apostel- und Kirchengeschichte an gebräuchlich gewesen. Mit seinem Auftauchen schloß sich – nahezu unbemerkt – eine bis dahin offene Lücke im Vokabular der christlichen Kulturen. Indem man von »Mission« sprach, verfügte man künftig über einen Ausdruck, der eine Handlung, ihre Begründung und ihre Organisation in einem bezeichnete.

Im ignatianischen Sendungsbefehl am Beginn der Asien-Mission wurde indirekt, doch unverkennbar, die klassische neutestamentliche »Stelle« (Matthäus 28,19) zitiert, an welcher der Auferstandene seine Jünger aussendet, um durch Lehre und Taufe in seinem Namen sowie dem des Vaters und des Heiligen Geistes ein Bekehrungswerk auszuüben, so dringend wie ausgreifend; es bezog sich zunächst auf einen zeitlich eng begrenzten Horizont, da die Wiederkehr des Herrn »in seiner Herrlichkeit« (griechisch: *doxa*) zum Gerichtstag über die Welt als ein nahe bevorstehendes Ereignis angenommen wurde. Spätere Jahrhunderte mußten das Motiv der Wiederkehr in einen Schleier aus übertragenen Bedeutungen hüllen. Was den Ordensgründer (1491-1556) anging, so hatte sich für ihn und seine Zeitgenossen ein auf unerhörte Weise geweiteter Horizont aufgetan – Ignatius konnte unmöglich glauben, Gott habe die Entdeckung neuer Erdteile und zahlloser fremder und ungetaufter Menschen zugelassen, hätte er das Endgericht in zeitlicher Nähe vorgesehen. Er zog den Doppelbefehl – zu lehren und zu taufen – zu dem kompakten Auftrag *inflammate omnia* zusammen. Das lateinische *omnia* vermag das griechische *panta ta ethne* (»alle Völker«) halbwegs adäquat zu ersetzen, jedoch nur unter der Prämisse, daß die für frühchristliche Ohren unüberhörbare Synonymie von »Völker« (griechisch: *ethne*, lateinisch: *gentes*) und »Heiden« (griechisch: *eidōlatres*, lateinisch: *pagani*) in ihm nachklingen sollte. Wenn *inflammare* nicht nur das Taufen (*baptizein*), sondern auch das Lehren (beziehungsweise das »Zu-Jüngern-Machen«[204] – *matheteuein*) inkludierte, kam in der aktualisierten Aussendung ein offensiver, ja sogar polemogener Zug obenauf – der Weltlage nach Kolumbus, Vasco da Gama und Luther entsprechend. Loyolas Auftrag klang nicht anders, als ob die Missionierung der Völker auf fernen Kontinenten eine zweite Front im europäischen Religionskrieg eröffnen sollte. Nirgendwo sonst ließen sich so große Zahlen an Neugläubigen für die katholische Sache rekrutieren wie in Südamerika und Asien, wenn sie auch fürs erste noch nicht zu Aufgaben an der heimischen Front einsetzbar waren. Wie bei den entstehenden Staaten erwies sich für die Kirche der frühen Neuzeit die Vermehrung ihrer Populationen als ein gebieterisches Motiv.

Die Verknüpfungen zwischen der Redefigur des In-Brand-Setzens und der Dynamik missionarischer Mobilität als solcher treten an kaum einer anderen Stelle der geistlichen Literatur mit solcher Deutlichkeit hervor wie in einer Passage der Apologie Franz Xavers, die der deutsche Barock-Prediger Abraham a Sancta Clara (eigentlich Johann Ulrich Megerle, 1644-1709) vom Orden der Augustiner-Barfüßer im Jahr 1677 bei einem Wiener Verleger in Druck gab: *Die heilige Hof-Art. Das ist: Ein schuldige Lob-Red von dem grossen Wunderthätigen Indianer-Apostel Francisco Xaverio.*[205] Darin beschreibt der Redner, wie der Asien-Missionar von einem Volk zum anderen geeilt sei, um alles zu taufen, was ihm vor Augen kam.

204 Wie es in den späteren Ausgaben der Luther-Bibel heißt.

205 Der Titel »Die heilige Hof-Art« erklärt sich durch den Umstand, daß der Redner im April 1677 durch Leopold I. zum kaiserlichen Hofprediger ernannt worden war; es ist zu vermuten, daß die Predigt bei Hof gehalten wurde, bevor sie im Druck erschien. Sie ist wiederabgedruckt in dem Band: P. Abraham a St. Clara, *Geistlicher Kramer-Laden voller Apostolischer Waaren und Wahrheiten*, Lindau 1867, S. 261-287.

> Was hat ihn also triben? Was treibt ein Ragget [Rakete] / daß selbiges von freyen stucken mit seinem hilzenen [?] Appendice fliegt in die Höhe? Und allda ein Knallen und Schallen hören läßt? Ein Feuer treibt es; eben diesen Wunder-Mann hat getrieben das Feuer der Lieb zu den Seelen / daß er allenthalben geprediget / auff dem Meer in den Schiffen /in den Kirchen auff den Canzlen / in den Stätten auff den Gassen [...]
>
> Ein rechter Prediger soll seyn als wie der metatalline Ochs Berilli, den dieses tyrannische Hirn also ausbrüt / daß er inwendig holl / und also wenn man einen armen Menschen darein gesperrtet / und nachgehends bei solchem Metallinen Ochsen ein Feur angezünnt / hat der ellende Tropf Hitz halber jämmerlich geschryen / und solches Geschrey zu dem Maul dises Ochsens ausgangen, und es wunderlich scheinte / als schreye dieser lebenslose Ochse, so aber ware die Stimm eines anderen. Voce mugit alienâ[206]: also solle ein Prediger gearth seyn / aus dessen Mund nicht seine Stimm sondern vilmehr die Stimm deßjenigen erschalle / der wie ein feurige Zung über die Apostln kommen / non enim vos estis, qui loquimini, sed Spiritus Patris vestri qui in Coelis est.[207]

Die Überlegungen Abrahams a Sancta Clara legen offen, wie das Ausdehnungshandeln der jesuitischen Missionare sich mit Hilfe von pyrotechnischen Analogien erläuterte. Um die aktuelle spirituelle Aktivität zu deuten, wurden archaisch anmutende mediumistische Prämissen ins Spiel gebracht. Dem personalen Medium-Konzept zufolge wird die Botschaft, die ein Sprecher übermittelt, nicht diesem

206 »Mit fremder Stimme brüllt er.«

207 *Evangelium secundum Matthaeum* 10,20: »Nicht ihr seid es nämlich, die sprecht, sondern es ist der Vater, der im Himmel ist.«

selber zugeschrieben, sondern dem Sender, der *durch* ihn spricht. Offensichtlich besaß das Christentum von Anfang an die Verfassung eines Systems absendergetriebener Kommunikationen – es erklärte sich wie von erster Stunde an durch das Konzept des Apostolats. Mit den ersten Zwölf beginnend, erreichte es in der Figur des Paulus, des selbstberufenen »dreizehnten Apostels«, eine Ausweitung auf Personen, die Jesus, den ersten absoluten Vermittler, nicht zu seinen Lebzeiten gekannt hatten; es verzweigte sich in Ketten von Sendboten zweiter, dritter und weiterer »Generationen«. Diese Abstufungen vermehrten sich in dem Maß, wie in den Jahrzehnten, dann den Jahrhunderten *post christum natum* klar wurde, daß mit der Wiederkehr des Messias in näherer Zukunft nicht zu rechnen sei.

Die frühe Ausbreitung der christlichen Botschaft hatte einen zweifachen Überredungseffekt zur Voraussetzung: Er vollzog sich durch die Synergien der medial beflügelten Rede *alias* Verkündigung (*kérygma*) mit den ansteckenden Wirkungen der kommunitären Freundlichkeit *alias* Liebe (*agápe*). In der jüngeren missiologischen Literatur werden solche Vorgänge als Diffusion durch »Kapillarität«[208] umschrieben – in Erweiterung dieses Bildes könnte man davon sprechen, die arteriellen Impulse der gepredigten Botschaft seien in die Haargefäße der Sympathie übergegangen, wobei sie einen selbstverstärkenden Kreislauf suggestiver Belebungen in Gang hielten. Was William Harvey im Jahr 1626 in seinem epochemachenden Traktat *De motu cordis et sanguinis* am Blutkreislauf dargelegt hatte, holten im 20. Jahrhundert Religionswissenschaftler und Mediologen für die Phänomene ansteckender selbstregelnder Gläubigkeit zögernd nach.

208 Michael Sievernich, *Die christliche Mission. Geschichte und Gegenwart*, Darmstadt 2009.

Der unauffällige Glanz des abstrakt allgemeinen *missio*-Begriffs[209] geht anfangs unmittelbar in die Selbsterklärung des mediumistisch interpretierten Handelns über. Darum war das jesuitische Pathos unbedingten Gehorsams nicht nur durch eine autoritäre Idiosynkrasie des Ordensgründers oder seine nachwirkende soldatische Vergangenheit bedingt; es gründete in der aktuell gewordenen Explikation des mediumistischen Schemas, ohne das sich das apostolische Ausdehnungshandeln, das jetzt missionarisch heißt, unter den Bedingungen der nach-kolumbischen, nach-vasco-da-gamischen, nach-magellanischen Situation nicht denken läßt. Man könnte geradezu behaupten, Ignatius habe in einer Art von Parallelaktion zur frühmodernen Staatenbildung einen neuen Typus des heiligen Beamten kreiert, der dem Souverän der zur Partei gewordenen Kirche in besonderer Weise zugeordnet war: In der jesuitischen Agentur verschärfte sich der mönchische Gehorsam zu einem spezifischen Papstgehorsam – besiegelt durch das Vierte Gelöbnis –, der seinerseits in den bedingungslosen Gehorsam gegenüber den Ordensoberen übergehen sollte.[210]

Im Aufbau dieses Systems gestufter Selbstlosigkeiten machte sich die Einsicht geltend, daß im Dienst an der Missionsfront ein besonders hoher Grad an interessierter Interesselosigkeit gefordert wurde. Die sollte sicherstellen, daß die Akteure gleichsam als pure Kanäle mit einem Minimum an Rauschen zu gänzlich durchlässigen Medien ihrer Sendung würden. Wenn der kategorische Imperativ Kants

209 Er erscheint anfangs zumeist im Plural: *missiones*. Sein *locus classicus* liegt im Vierten Gelübde der Jesuiten bei der Feierlichen Profess der traditionellen Ordensgelübde: Armut, Keuschheit, Gehorsam. »Darüber hinaus verspreche ich besonderen Gehorsam gegenüber dem Papst in Bezug auf die Sendungen (*circa missiones*).«

210 Johannes Günter Gerhartz SJ, *Insuper promitto … Die feierlichen Sondergelübde katholischer Orden*, Rom 1966.

in einer seiner Fassungen sinngemäß besagte, man dürfe Mitmenschen – wie auch sich selbst – niemals nur als Mittel benutzen, sondern habe sie immer auch als Zwecke zu achten[211], kommt ihm eine jesuitische Einschränkung zuvor: ausgenommen den Fall, daß du selbst als reines Mittel des Papstes fungierst, der seinerseits – *idealiter* – sein Amt als reines Mittel Gottes ausübt. Durch die Transzendenz des Zwecks wird die vollständige Selbst-Instrumentalisierung legitimiert, sollte sie denn je gelingen. Sie bildet ein Schema, das unter atheistischen Prämissen im frühen 20. Jahrhundert bei den von Lenin geformten Berufsrevolutionären wiederkehrte. Die Idee der Eigenschaftslosigkeit, der Robert Musil ein viel bewundertes und selten verstandenes Denkmal gesetzt hat, geht auf den sakralen Mediumismus des nach-tridentinischen Christenmenschen im Außendienst zurück; dieser nimmt seinerseits Motive der Mystik des 14. und 15. Jahrhunderts auf, nach welchen Gott durch die völlige Selbstentleerung des menschlichen Subjekts zum Einfließen in das Gefäß der Leere genötigt werden könne. Wo die Utopie des von oben motivierten Lebens in Europa Gestalt annahm, kamen die »zwei Körper des Subjekts« ins Spiel. Wie beim König war auch beim Boten das begeisternde Element vom begeisterten zu unterscheiden. Im übrigen läßt sich die Geschichte der Moderne im ganzen auch als eine fortgehende Profanierung der personalen Medium-Qualitäten beschreiben; ein späteres Kapitel darin würde von Pink Floyds Song »Brain Damage«, 1973, handeln, aus dem die Zeile hervorragt: *There's someone in my head but it's not me.*[212]

211 Wörtlich: »Handle so, daß du die Menschheit sowohl in deiner Person, als in der Person jedes anderen jederzeit zugleich als Zweck, niemals bloß als Mittel brauchst.« Immanuel Kant, »Grundlegung der Metaphysik der Sitten«, in: ders., *Werke*, Band 4, *Kritik der reinen Vernunft*, Berlin 1968, S. 429.

212 Text von Roger Waters.

Das Kennwort »Gehorsam« deutet punktgenau auf das Gebot, die subjektiven Bedingungen der *vita activa* im Zeitalter der beginnenden Globalisierung neu zu bestimmen. Notwendig wurde eine Regelung, als die Gefahr eines deregulierten Expansionismus am Horizont aufgetaucht war. Hatte nicht die lutherische Häresie schon mit der Deutlichkeit der Katastrophe gezeigt, was geschehen kann, wenn eigenmächtige Lektüren der Heiligen Schrift um sich greifen? Kaum waren die neuen Erdteile entdeckt und die Verkehrswege zu ihnen aufgezeigt, mußte bei vielen Akteuren die Versuchung sich regen, von der Aussendung durch höchsten Auftrag zur Eroberung auf eigene Faust überzugehen. Unter welchen noblen Vorwänden auch immer sie sich verbergen würden – die Zugriffe der Fürsten und ihrer seefahrenden Delegierten auf neu entdeckte Länder konnten früh unter den Verdacht geraten, *summa summarum* allein den Regungen des Eigennutzes und der räuberischen Aneignung zu dienen. Nur die vollkommene asketische Selbst-Instrumentalisierung der apostolischen Boten wäre geeignet gewesen, solchen Neigungen entgegenzuwirken. Daß Bemühungen dieser Art nicht immer vergeblich waren, zeigen die bekannten, vom frühen 17. Jahrhundert an errichteten »Reduktionen« der Jesuiten in Peru, Brasilien und Paraguay, die sich der kolonialen Ausbeutung bewußt entzogen; ihr Schutz vor Ausbeutung war freilich nur um den Preis zu erlangen, daß die Indios in einem Zustand »ewiger dem Staat unnüzer Kindheit« gehalten wurden, wie Alexander von Humboldt es nannte.[213] Spuren erfolgreicher jesuitischer Disziplin verraten sich im übrigen auch in der Tatsache,

213 Alexander von Humboldt, *Über die Freiheit des Menschen. Auf der Suche nach Wahrheit*, hg. v. Manfred Osten, Frankfurt a. M./Leipzig, 2017 [1999], S. 132. Der Autor entwickelt von S. 151f. an eine umfassende Kritik an der »Willkürherrschaft der Mönche«, die vor allem die Verhältnisse in Venezuela, doch auch in den Missionsdörfern Kolumbiens und Perus betrifft.

daß noch im heutigen Indien über vierhundert nach *Saint Xavier* benannte Colleges existieren; auch Kim, der Waisenjunge aus Rudyard Kiplings Meisterwerk von 1901, besuchte – erzählerisch plausibel – eine solche Internatsschule in Lucknow im heutigen Bundesstaat Uttar Pradesh. Wie aus der Versuchung durch Gewalt schnell böseste Wirklichkeit wurde, zeigte sich in Mittel- und Südamerika schon wenige Jahre nach der »Entdeckung«: Zwar vollzog sich die Eroberung des Kontinents *pro forma* im Namen erhabener Sender, hier im Auftrag der iberischen Könige; in der Praxis nahm sie seitens der Eroberer am Ort die Züge enthemmter »Selbstverwirklichung« an, weit entfernt von jeder Obedienz – mochten auch die spanischen Invasoren vor dem Beginn ihrer Massaker auf die Knie gefallen sein, um für den Erfolg ihrer Waffen zu beten. Schon in der ersten Stunde der nautischen Globalisierung manifestierte sich in den Taten der Konquistadoren und der Siedler auf den *encomiendas*[214] die Neigung von Europäern an der äußeren Front, durchaus nicht das Wertvollste zu exportieren, was die Alte Welt zu geben gehabt hätte, sondern das Schlimmste, nicht selten etwas von beidem, mit Übergewicht des letzteren, in kaum entwirrbarer Allianz.

Die Ambivalenzen des Expansionismus wurden früh bemerkt – das bewiesen die Schriften des Dominikaners Bartolomé de Las Casas[215] und seine Interventionen bei den von Karl V. motivierten Disputationen von Valladolid 1550 und 1551 zugunsten der von spanischen Siedlern hart ausgebeuteten Indios. Ihm war sein Ordenskollege Antonio de Montesinos (1475-1540) zuvorgekommen: Er

214 Man könnte den Ausdruck (von span. *encomendar*, »anvertrauen«) mit Begriffen wie »Leibeigenschaftsbetrieb« bzw. Komturei wiedergeben.

215 Bartolomé de Las Casas, »Die Disputation von Valladolid«, in: Horst Pietschmann (Hg.), *Werkauswahl*, Band 1: *Missionstheologische Schriften*, Paderborn/München u. a. 1994, S. 336-436.

hatte schon im Jahr 1511 gewagt, den spanischen Siedlern von Santo Domingo in Anwesenheit des Vize-Königs Diego Colón, des älteren Sohns des Kolumbus, in einer Predigt vorzuhalten, sie befänden sich ausnahmslos im Stand der Todsünde, da sie es versäumten, den Indios im Geist brüderlicher Liebe zu begegnen, statt sie zu versklaven und auszubeuten.

Das ganze Ausmaß der Zweideutigkeiten wurde den meisten Europäern erst mit großer Verspätung bewußt, falls es bei ihnen überhaupt je zu einem Moment der Besinnung kam. Bereits um 1803 fällte Alexander von Humboldt über den Kolonialismus als solchen ein vernichtendes Urteil, indem er die »Idee der Kolonie« als ein *per se* unmoralisches Konzept verwarf.[216] Von einstigen Sendungsgewißheiten, ob christlich oder zivilisatorisch, blieb wenig zurück, als man im Zeitalter der beginnenden Entkolonialisierung daranging, die Bilanz der Expansionseffekte zu ziehen.[217] Auf den Begriff der Mission als solcher fiel ein schwerer Schatten, weswegen in jüngerer Zeit nicht wenige Autoren das M-Wort nur noch wie hinter vorgehaltener Hand zu benutzen wagten. Manche suchten Schutz bei der Behauptung, die Missionsorden seien die Vorläufer der »sozialen Medien« in einem günstigen Sinn des Worts gewesen.

Mit positiver Tendenz blieb das Konzept »Mission« bis auf weiteres in seiner säkularisierten Version verwendbar: Sie setzt den Übergang des apostolischen Handlungsbegriffs in eine Bezeichnung für jedes tätige Wirken unter einer beliebigen expansiven Motivierung voraus – gleichgültig, ob dessen Ausrichtung politisch, diplomatisch, unternehmerisch, karitativ, geheimdienstlich oder militärisch sei; auch in der Raumfahrt, der imaginären wie der realen, ist es üb-

216 *Über die Freiheit des Menschen*, a.a.O., S. 121f.

217 Boris Barth, Jürgen Osterhammel (Hg.), *Zivilisierungsmissionen. Imperiale Weltverbesserung seit dem 18. Jahrhundert*, Konstanz 2005.

lich geworden, mit dem Ausdruck *mission* auf ein Konzept expansiver Operationen im Weltall zu deuten.

Wenn allerdings der Dichter Novalis um 1800 die Sentenz notierte: »Wir sind auf einer Mission: zur Bildung der Erde sind wir berufen«[218], schlug er einen Ton an, dessen Frequenz oberhalb des gewöhnlichen Hörvermögens seiner und unserer Zeitgenossen liegt. Daß der Satz einem modernen, nach-apostolischen Regime angehörte, verrät sich an seinem geo-gnostischen Klang: Nicht mehr nur die Völker sollen bekehrt werden, auch der Planet als solcher bedürfe einer Verwandlung – wenngleich undeutlich blieb, in welcher Richtung sie geschehen sollte. Aus heutiger Sicht ist evident, daß der Planet selbst als Botschaft begriffen werden sollte – und daß die Differenz von Himmel und Erde zur inneren Angelegenheit der Erdbewohner werden mußte.

Im übrigen ist zu bedenken, daß der von dem kanadischen Kulturtheoretiker Marshall McLuhan in seinem Hauptwerk geprägte Leitsatz zeitgenössischer Kommunikationstheorie: *The medium is the message*[219], ein kryptotheologisches Theorem ausdrückt. Es bildet ein unbemerktes Säkularisat der johanneischen Doktrin, wonach im Logos, dem inkarnierten Gotteswort, Bote und Botschaft eins sind.[220] McLuhan hatte das logische Defizit der Moderne hinsichtlich des Funktionierens von Medien im allgemeinen erfaßt: Ihm

218 Novalis, *Blüthenstaub*, 1798, Fragment No. 32.

219 Marshall McLuhan, *Understanding Media. The Extensions of Man*, New York 1964, S. 17ff.

220 Die Einheit von Botschaft und Bote spiegelt sich bei Johannes in mehreren Gleichnissen mit teilhabelogischer Tendenz; Vgl.: Joh 15,5f.: »Ich bin der Weinstock, und ihr seid die Reben. Wer in mir bleibt und in dem ich bleibe, der bringt reiche Frucht; denn getrennt von mir könnt ihr nichts vollbringen.« Die Reben sind mit dem Weinstock im Modus organischer Zugehörigkeit »eins«.

war klar geworden, daß die moderne Kultur einen abstrakt allgemeinen Botschafts- oder Sendungsbegriff benötigte, jenseits der Differenz von sakral und profan, um sich über ihr kommunikatives Handeln im »globalen Dorf« angemessen verständigen zu können. Er glaubte, ihn in dem Terminus *message*[221] gefunden zu haben. Dieser bildet einen Ausdruck höchster Abstraktionsstufe, dem das mathematische Konzept »Information« – das seinerseits eine theologische Vorgeschichte besitzt – zugeordnet werden kann. Mit ihm wurde im Bereich des modernen (tele-)kommunikativen Handelns eine gleich hohe Ebene »realer Abstraktion« erreicht, wie sie sich in der Sphäre des herstellenden Handelns im Industriesystem durch das bei Adam Smith und David Ricardo erreichte Konzept »Arbeit« artikuliert hatte. Und, wie Marx betonte, dieses sei erst im voll entwickelten System der Kapitalvermehrung als wertschöpfende »Arbeit überhaupt«, »Arbeit *sans phrase*«, begreifbar geworden[222], so hätte McLuhan hervorheben dürfen, daß man es erst in modernen Tagen mit mediengetragener »Botschaft überhaupt«, »Botschaft *sans phrase*«, zu tun hat. Der diskrete Katholik McLuhan (gest. 1980) würde freilich zunehmend betrübt beobachtet haben, wie die reziproke Bedingtheit von Medium und Botschaft im digitalen Regime sich in dem Maß auflöst, wie die Netz-Provider gegenüber den Angeboten von *content* eine fast grenzenlose Gleichgültigkeit an den Tag legen. Was man seit dem 19. Jahrhundert »Nihilismus« nannte, verwirklicht sich erst ganz und gar, seit das Medium, hier als Netz-Angebot im Spiel, jedes Interesse an der Botschaft abgestreift hat.

221 Eine auch aus etymologischer Sicht treffende Begriffswahl: Das altfranzösische Wort *message* geht auf das vulgärlateinische *messaticum* (als Partizip Perfekt vom klassischen Verbum *mittere* abgeleitet) zurück, das sowohl »Botschaft«, »Sendung« als auch »Bote«, »Gesandter« bedeuten konnte.

222 MEW 42, Abschnitt I, 3.

Auch Nietzsche müßte zur Kenntnis nehmen, daß der in seinem Lenzer Haide-Fragment von 1887 beschworene »Europäische Nihilismus« seinen Namen kaum noch verdient, seit ihm der Silicon-Valley-Nihilismus den Rang abgelaufen hat. Dostojewskijs gute alte Dämonen, die in die militanten Anarchisten gefahren waren, wechselten zu Beginn des 20. Jahrhunderts den Provider. Ob sie noch bei Lenins, Dscherschinskis und Stalins Taten mitwirkten, ist auch unter den Kartographen der »Blutländer« und anderen Experten des staatgewordenen Bösen umstritten. In unseren Tagen bessern sie, wie es scheint, ihre Renten auf, indem sie Putins Machtstaat bei seinen Versuchen zur Demoralisierung des Westens Beihilfe leisten.

Zu den Aspekten der globalen Expansion Europas zwischen der Kolumbusfahrt und dem Ausbruch des Ersten Weltkriegs, die für die heutige Wahrnehmung der Vorgänge am peinlichsten und zugleich am wenigsten zu leugnen sind, gehört die unauflösbare Bindung der von Europa ausgehenden expansiven Energien an die Bedingungen strikter Einseitigkeit. Ihretwegen lagen das kinetische Moment und die Fülle der Initiativkraft ausschließlich auf der europäischen Seite, während für die »Partner« an den anderen Ufern meistens nur die Rollen von Untertanen, ja, oft von Sklaven blieben, bestenfalls die von machtausübenden Kollaborateuren oder von geduldeten lokalen »Herrschern« und deren subalternen Helfern. Wenige Historiker unserer Tage besäßen noch die zynische Gelassenheit, mit welcher Carl Schmitt in seinem späten Hauptwerk konstatierte:

> Entdeckungen werden ohne die vorherige Genehmigung des Entdeckten gemacht. Ihr Rechtstitel liegt daher in einer höheren Legitimität. Entdecken kann nur, wer geistig und geschichtlich überlegen genug ist, um mit seinem Wissen und Bewußtsein

> das Entdeckte zu begreifen [...]. Die geistige Überlegenheit war ganz auf der europäischen Seite [...].[223]

Daher sei es falsch, zu sagen, die Azteken und Inkas hätten ebenso gut Europa entdecken und kartographieren können, wie die Spanier es mit ihnen und ihren Ländern getan hatten. Daß es gleichwohl schon früh ein Unbehagen in der Asymmetrie der Beziehungen gab, verraten nicht nur die Fiktionen der Missionstheologie, wonach die ungetauften Völker der Neuen Welt ihrer Entdeckung, Bekehrung und Erlösung unbewußt entgegenfieberten; es zeigt sich auch in einer so prominenten wie symptomatischen Passage des portugiesischen Nationalepos *Os Lusiadas*, 1572 im Druck erschienen, das die Entdeckung des Seewegs nach Indien durch Vasco da Gama im Jahr 1497 feiert. Im Vierten Gesang des großen Gedichts erscheinen dem portugiesischen König Manuel dem Glücklichen (*Manuel o Venturoso*)[224] im Traum zwei Gestalten:

> Er sieht, daß aus dem Wasser nun entstiegen
> Und eilten großen Schrittes ihm entgegen
> Zwei Männer, die sehr alt ihm schienen,
> Von wildem, aber ehrenvollem Wesen;
> Von ihren Haaresspitzen tropfte ihnen
> Am ganzen Körper hin ein Wasserregen;
> Die Farbe ihrer Haut war schwarz und hart,
> Voll Stacheln ungeschoren, lang der Bart.
> [...]
> Der Würdigste der beiden fing sogleich

223 Carl Schmitt, *Der Nomos der Erde im ius publicum europaeum*, Berlin 1950, S. 102.

224 Er regierte von 1495 bis 1521.

Von weitem an, zum König so zu reden:
»Du, dessen Krone, dessen großem Reich
Ein großer Teil der Welt ist vorgesehen,
Wir, so berühmt in jeglichem Bereich
Und deren Haupt man nie gebeugt kann sehen,
Wir sagen euch, die Zeit ist jetzt erreicht
Daß man euch große Gaben überreicht.

Ich bin der große Ganges, der im Land
Das himmlisch ist, den wahren Ursprung hat;
Er ist der Indus, König, und er fand
Den Ursprung im Gebirge, das dort ragt.
Wir kosten dich noch manchen harten Kampf;
Hast du jedoch zuletzt dann ausgeharrt,
Werden nach großen Siegen, ohne Bangen
Die Völker hier in deine Macht gelangen.«

Nicht weiter sprach der heilige Fluß zuletzt,
Und beide wurden wieder unsichtbar.
Dom Manuel erwacht zutiefst entsetzt […][225]

Das Traum-Gesicht des 1580 verstorbenen Luís de Camões illustriert, daß das europäische Ausdehnungshandeln sich nicht nur durch die juristische Fiktion des Entdecker-Rechts und die religiöse Suggestion, die Seelen der Heiden seien durch apostolische Sendungen zu retten, zu legitimieren suchte; es stützte sich auch auf die geopolitisch-poetische Fiktion, wonach es ein Entgegenkommen des Zu-Entdeckenden gebe, das gleichsam ungeduldig auf seinen künftigen

225 Luís de Camões, Os Lusíadas – *Die Lusiaden*, zweisprachig, Berlin 2010, Canto Quarto, V. 71-75.

Herrn warte. Die Rede des »illustren Ganges« wies darauf hin, die Eroberung werde wohl nicht ohne Widerstände geschehen, nach deren Überwindung jedoch würden die indischen Herrschaftsgebiete sich dem König wie große Geschenke (*tributos grandes*) selbst offerieren. Ganz offensichtlich steht das Camõessche Phantasma im Dienst des von den Eroberern empfundenen Bedürfnisses, ihren imperialen Unilateralismus in ein transaktionales Geschehen umzudeuten. Tatsächlich bezeichnete es die Ambivalenzen der »Weltnahme« durch Agenten aus europäischen Zentren schon zu früher Stunde, daß die Träger der Initiative mehr als Glücksbringer denn als Gewalttäter wahrgenommen werden wollten – wäre es auch nur in ihren eigenen Spiegeln. Man exportierte nicht bloß Seefahrer, Missionare, Händler, Kolonisten und Vize-Könige, sondern auch die fatale Annahme, das bisherige Leben der Völker sei alles in allem ein Brüten in aussichtslosen Verhängnissen gewesen, ja, es habe von sich her nie mehr bedeuten können als eine real existierende Heillosigkeit. Die Existenz der vielen da draußen unter der »Knechtschaft des Vergänglichen« – um mit dem Theologen Jürgen Moltmann zu reden[226] – habe es auch aus immanenten Gründen verdient, an ein Ende zu kommen. Die von Europa Entsandten durften sich nicht zu schade sein, für den fälligen Einschnitt im Dasein der »Barbaren« zu sorgen.

Martialische Metaphern waren in jesuitischen Sprachspielen die gängigste Münze: Was man bei den Fremden vollbringen wollte, war nicht weniger als eine *conquista espiritual*. Auch daher stammte das Interesse der kolonisierenden Instanzen an Berichten über grausame, suspekte und empörende Sitten bei den Eingeborenen – ob es rituelle Kindstötung war oder Witwenverbrennung oder Polygamie. Eine besondere Attraktion ging von den Schilderungen kannibalischer

226 Zitiert nach: Carl Amery, *Das Ende der Vorsehung. Die gnadenlosen Folgen des Christentums*, Reinbek 1974, S. 217.

Bräuche aus, die man gern als Beweise für den halb tierischen, unbedingt missionsbedürftigen *modus vivendi* der »Wilden« deutete.[227] Man widmete sich solchen Erscheinungen, um sich für ihre Abschaffung gratulieren zu können. Die moralisch Sensibleren unter den Trägern der Kolonisierung salvierten ihr Gewissen mit Hilfe der Vorstellung, auf einer tieferen Ebene, ob man sie metaphysisch, menschlich oder zivilisatorisch nennen wollte, *erwartet* worden zu sein. Allzu gern hätten sie geglaubt, daß für die Bekehrten der Missionar die Botschaft sei. Sie mußten freilich von Anfang an damit rechnen, aus der Sicht der Unterworfenen werde der Bringer der Unterdrückung die wirkliche Botschaft bleiben.

227 Erst mit dem 1928 publizierten »Anthropophagen Manifest« des brasilianischen Surrealisten Oswald de Andrade begann eine Umdeutung des Kannibalismus: Er sollte nicht mehr als Manifestation unmenschlicher Barbarei gelten, vielmehr sei er als Urform des Widerstands gegen Eurozentrismus und Kolonialismus zu begreifen. Vgl. Lektion sieben: *Get a-way, you old peoples!*, S. 257-293.

Lektion sechs
Lose Fische
Von Schiffen, Globen und überzähligen Söhnen

Den bisher ausgeführten Überlegungen ist eine Erkenntnis zu entnehmen, mit der die Sorgen unserer Tage sich in eine von weit her kommende Beunruhigung einfügen: Die Aufgabe, den von der Modernisierung der Staaten und des Welthandels ergriffenen Europäern ihre Lage in der Welt neu zu erklären, reicht, wie gesehen, bis in das Zeitalter der beginnenden atlantischen Seefahrt zurück. Als ein Mann auf der Schwelle zwischen den Zeitaltern hatte Ignatius von Loyola in seinen jüngeren Jahren noch Ritterromane gelesen und war *per pedes apostolorum* und zur See nach Jerusalem gepilgert; indem er sich zum Organisator der Asien-Missionen wandelte, überschritt er die weltgeschichtliche Datumslinie und wurde ein Mann jener Epoche, die man Neuzeit nennt. Sie wird zu Recht so bezeichnet, weil ihr dramaturgischer Inhalt, die Geltendmachung des von dem damals neuen Medium »Erdglobus« definierten »Weltbildes«, die kommenden vier oder fünf Jahrhunderte ausfüllte. Die Globuszeit ist das Vorspiel zu dem, was heute die Anthropozän genannte heiße Episode der Erd-Welt-Geschichte darstellt. Ihr Inhalt ist der terrestrische *lockdown*, der aus den nautischen Tatsachen folgt. Der Sinn des Globus ist die Einkreisung der Erde.

Man darf behaupten, die wesentliche »Neuzeit« bilde den vorbildlosen Abschnitt in der Geschichte der nach-babylonischen Menschheit, in dem es zur »Globalisierung« in buchstäblichem Sinn kam. Läßt man die Phrasen der Ökonomen und der politischen Großsprecher beiseite, bedeutet sie die praktische Wahrmachung des kugelgestaltigen Bildes von der Erde als planetarischer Singularität. Sie führt die Apokalypse der Erde – ihre Offenbarung als lebentragender Himmelskörper – herbei. Man hat bisher so gut wie nie daran erinnert, daß die Globalisierung in der intensiven Auslegung des Worts nicht nur gleichbedeutend war mit der Ozeanisierung des Verkehrs und der Ausdehnung der europäischen Befehlszonen – um von der Machtergreifung der schnellen Nachrichten- und Transportsysteme im 20. Jahrhundert und ihren synchronisierenden Wirkungen hier nicht zu reden. Ihre wirkliche und unabsehbare Bedeutung geht aus der Beobachtung hervor, wonach mit der atlantischen und pazifischen Seefahrt der Europäer ein Zeitalter der Versammlung beziehungsweise Wiederversammlung einsetzte: Sie bereitete den Effekten des Turmbaus zu Babel, ja der gesamten *Out-of-Africa*-Periode von *homo sapiens*, ein Ende, indem sie ein Geschehen in Gang brachte, das man aus anthropologischer Sicht nicht anders als die »Diaspora-Umkehrung« nennen kann. Waren die Angehörigen der Menschengattung nach dem afrikanischen Exodus bisher stets die in der Zerstreuung Lebenden und die meistens in gegenseitiger Unkenntnis Fixierten – oft unter Bedingungen der agrokulturellen Seßhaftigkeit und der pedestrischen Beschränktheit (die nur durch kurzlebige reiternomadische Plünderungsgruppen und frühe Formen von Seefahrt durchbrochen wurde) –, so hat für sie im frühen 16. Jahrhundert *nolens volens* ein Regime begonnen, das – vor allem bedingt durch geopolitische und kognitive Konsequenzen der von Europa ausgehenden nautischen Ausgriffe – einen unvorhergesehenen Zwang zur Rückkehr in die bewußte Koexistenz fast aller mit fast allen zur Folge hat – über große Entfernungen hinweg –, ob im aktiven oder passiven Modus. An die Stelle des biblischen Turms sind neuartige Kollektor-Gebäude getreten, unter denen das von Mehrsprachigkeit brausende UN-Gebäude von New York dem babylonischen Original am nächsten kommen dürfte.

Was die moralische, politische und kulturelle Deutung der globalisierten Situation angeht, besteht unter den Interpreten keine Einigkeit – sie divergieren vor allem je nachdem, ob sie sich eher auf der agierenden oder der leidenden Seite des Geschehens befanden. Außer Zweifel steht, daß die Weltwerdung der Welt, von den Franzosen *mondialisation* genannt, sich in erster Linie als ein Prozeß der von Schiffen, Waren und Waffen getragenen Machtausweitung vollzog. Dabei vertiefte sich die bis in magische Zeiten zurückreichende, in den frühen Imperien reich elaborierte Beziehung zwischen Bild und Macht.[228] Wir erinnern daran, daß Martin Heidegger in seinem klassisch gewordenen Vortrag *Die Zeit des Weltbildes* aus dem Jahr 1938 darauf hingewiesen hatte, die Signatur der Neuzeit zeige sich nicht darin, daß ein neues, modern genanntes Weltbild ein früheres, das »mittelalterliche«, abgelöst habe; vielmehr sei mit der Neuzeit als solcher die »Zeit des Weltbilds« angebrochen. Das entscheidende »Ereignis« zeige sich in dem Umstand, daß die Welt von nun an umfassend in visuelle Vorstellungen gefaßt und damit dem Zugriff technopolitischer Mächte ausgeliefert werde; in diesem Geschehen wandle sich die Wissenschaft zunehmend zur Magd der Technik, während diese ganz zum Organ eines von Europa emanierenden herrschaftlichen Willens werde, der immer lauter Ich-kann und Ich-will-können sagt. Bedenklich bleibt, daß Heidegger es unterließ, *expressis verbis* von den effektiven Medien der neuen Ins-Bild-Setzung zu sprechen – es fällt bei ihm kein Wort über die um 1500 aufkommenden neuen Erdgloben, die der Verständigung der Europäer über ihre La-

228 Paul Zanker, *Augustus und die Macht der Bilder*, München 2009.

ge im ganzen zu Hilfe kamen[229]; auch erwähnt er nicht die Planisphären, die den gewölbten Globus in zwei ebene Hälften projizieren, um auch die Rückseite der Kugel in die simultane Sichtbarkeit zu bringen; er ignoriert die lange Zeit geheimnisumwitterten Seekarten, auch die fortwährend aktualisierten Atlanten, die Schiffstagebücher, die anfangs wie Staatsgeheimnisse gehütet wurden, und die zahllosen übrigen Medien des Macht-Ausgriffs durch das informierte Auge. Diese reichten von den in der Buchdruckzeit inflationär auftretenden Emblemata, die das Sinn-Monopol der Schrift in Frage stellten, bis zur darstellenden Geometrie, aus der im 17. Jahrhundert die Infinitesimalrechnung, die Muttersprache der mathematischen Modernität, hervorging. Nachdem Kopernikus um 1543 mit seinem heliozentrischen Modell hervorgetreten war, wurde dem seit Kolumbus und da Gama aktiven Impuls zur nautischen Umrundung der Erde die bestmögliche geographische Grundlage an die Hand gegeben. Im übrigen darf man bezweifeln, ob es das von Historikern gern so bezeichnete Ereignis der »kopernikanischen Wende« jemals wirklich gegeben hat. Die Haupttatsache der neuen Lage war nicht, daß die Erde um die Sonne läuft. Dies blieb eine dem Augenschein widersprechende Doktrin, die nur für abgehobene theorietreibende Eiferer von Interesse war. Was Epoche machte, war der Umstand, daß europäische Gelder, Waren und Personen in Form von Schiffen und mit Hilfe von Schiffen die Erde umkreisten.

Ein Zug zu tragischer Ironie im gesamten Geschehen zeigte sich nicht nur in dem Amalgam von Heilsbotschaft und kolonialen Verbrechen, das vor allem den frühen spanischen Expansionen anhafte-

229 Wobei zu bemerken ist, daß bis zum Beginn des 19. Jahrhunderts die Globographen-Kunst meistens Erdgloben *und* Himmelsgloben nebeneinander hervorbrachte. Die globographische Moderne beginnt in der ersten Hälfte des 19. Jahrhunderts mit dem Verzicht auf den Himmel und seine Darstellung.

te. Ihre wirkliche Fatalität, ob im schlimmen oder günstigen Sinn, scheinbar vom Zufall gelenkt und doch unumkehrbar, bestand darin, daß mit jedem Schiff, das nach der Umfahrung des Kaps der Guten Hoffnung Indien erreichte oder nach der Überquerung des Atlantiks in Mittelamerika, später auch in Nord- und Südamerika vor Anker ging, ein Ensemble geographischer Wahrheiten exportiert wurde, die Kugelgestalt der Erde und die Verteilung von Land- und Wassermassen betreffend. Selbst wenn die Missionare nicht das Christentum gepredigt hätten, sondern mit einem synkretistischen Angebot aus griechischen, römischen und gallischen Mythen losgefahren wären: allein die Tatsache ihres Auftauchens an den Küsten anderer Kontinente implizierte die Verifizierung eines »Weltbilds«, das *eo ipso* aufhörte, bloß Bild, bloß Phantasma, bloß Griff ins Leere zu sein. Indem eines der fünf Schiffe aus der Magellanflotte, die 1519 in Richtung Südatlantik ausgelaufen war, nach dreijähriger Fahrt im Jahr 1522 wieder im Hafen von Sanlúcar de Barrameda bei Sevilla einlief, erbrachte es den schlagenden Beweis für die Über-Tatsache der folgenden Jahrhunderte. Die Schiffe, die – dem Karls-Motto: *plus ultra!* folgend – hinausgesegelt waren, fanden ihren Ausgangspunkt als faktisches *non plus ultra* wieder. An die Stelle des Verbots, über die »Säulen des Herkules« hinauszunavigieren, trat die neu entdeckte Unmöglichkeit, sich vom Ausgangspunkt weiter als einen halben Erdumfang zu entfernen. Die kontraintuitive Vorstellung von der Kugelgestalt der Erde, vormals eine logische Kühnheit, verlor nach der maritimen Umrundung des Planeten den Status einer Hypothese und erlangte den Rang eines unerschütterten Fundaments – obschon es von den Anhängern des kontinentalen Konservatismus noch lange mit Mißtrauen und Widerwillen betrachtet wurde – bis heute. Das folgende halbe Jahrtausend sah darum die Spaltung Europas in Menschen, die mit der Öffnung ihrer Länder auf die Ozeane kooperierten, und Menschen, die ihre unvordenklichen Orientierungen an den Axiomen der Territorialität beibehalten wollten – eine Spaltung, die in unseren Tagen als Opposition zwischen dem europäischen Atlantizismus und dem russischen Territorialismus noch immer eine gewisse Aktualität beansprucht. Wenn eines späteren Tages Nietzsches Zarathustra seine Freunde beschwor: »Bleibt der Erde treu«, hatte er längst ein Erd- und Weltbild vor Augen, das ein Gesamt aus Meeren und Landmassen umschloß, mithin die Summe der terrestrischen Immanenz. Deswegen könnten für ihn, den Kolumbus des entgrenzten Weltzustands nach den Jenseitsreligionen, die Betonungen der Gegensätze von Land und Meer, aus denen Autoren wie Carl Schmitt und seine westlichen und östlichen Epigonen viel Aufsehen machen, zu nicht mehr als aufgebrachten Provinzialismen führen.

Dies aber macht deutlich: Man konnte vom 16. Jahrhundert an nicht Missionar sein, ohne neben der christlichen Botschaft auch die Wahrheit über die Erdgestalt, die planetarische Tatsache, zu verkünden, wäre es auch auf indirekte Weise. Sie verbarg sich anfangs in dem fast mirakulösen Faktum der eigenen Anwesenheit bei den fernen Fremden. Nicht ganz ohne Grund hielt man mancherorts die auf Schiffen gekommenen weißen Männer für Götter – von ihnen hatten die eigenen Priester zuweilen geträumt. Wo man sie nicht für Götter hielt, behandelte man sie mancherorts als Feinde, die man sich aufgrund heimischer Traditionen – die später als Akte des »Widerstands« gedeutet wurden – in kannibalischen Mählern einverleibte;[230] in Japan erwachte schon früh ein Sinn für die missionsfeindliche Parodie, etwa als der machthabende Warlord Toyotomi Hideyoshi (1537-1598) im Februar 1597 neun Missionare, sechs davon

230 Auf eine kannibalische Mahlzeit nahm Oswald de Andrade Bezug, wenn er sein »Anthropophages Manifest« von 1928 mit der Formel: »Im Jahr 374 nach der Verschlingung (*Deglutição*) des Bischofs Sardinha« signierte. Vgl. Lektion sieben: *Get a-way, you old peoples!*, S. 257-293.

Mitglieder der Franziskaner und drei Jesuiten, sowie siebzehn konvertierte Japaner bei Nagasaki kreuzigen ließ.[231]

Ist schon die Schrift als solche die Botschaft, so muß man auch das Schiff, das den Ozean überquert, als eine Botschaft eigenen Rechts begreifen. Sie transportierte den Zwang, die Prämissen der Seefahrt auf dem globalen Gewässer und ihre Folgen zu dulden. Entdeckt wird nicht nur das Verdeckte, Verborgene, Unterirdische – entdeckt wird an erster Stelle das Offenkundige: daß für den, der weiß, wie man hinkommt, jeder Punkt der Erde an der Oberfläche liegt. Das Medium Schiff – als schwimmende Tasche zum Heimbringen von erworbenen Gütern[232] – verkörperte die für Händler und Piraten maßgebliche Botschaft, daß kein Tauschobjekt, kein Raubgut weiter weggeführt werden kann, als bis zu einem antipodischen »Standort« auf der umrundeten Erde. Der spanische Jesuit Baltasar Gracián prägte in seinem 1651 erschienenen Roman *El Criticón* die luzideste Metapher für das Schiff, das ausläuft, um neue Welten zu erschließen: »das tragbare Europa«.[233]

Tatsächlich brachte das neue Medium Erdglobus – sein Prototypus war der 1492 zu Lissabon hergestellte Behaim-Globus, der heute im Germanischen Nationalmuseum Nürnberg zu sehen ist[234] – ei-

231 Die 26 »Märtyrer von Nagasaki« wurden zu Beginn des 17. Jahrhunderts seliggesprochen, doch erst 1862 durch Pius IX., den Papst des offensiven Antimodernismus, heiliggesprochen.

232 François Dagognet, »Éloge du sac et de la corde«, in: *Médium. Transmettre pour innover*, 2/2005, S. 33f.

233 Baltasar Gracián, *Das Kritikon*, Frankfurt a. M. 2004, S. 13. Die Wendung *la portátil Europa* bezieht sich zunächst auf die südatlantische Insel Sankt Helena, die »Perle des Meers oder Smaragd der Erde«, auf der die Abenteuerreise des Romanhelden beginnt; sie gewinnt ihren vollen Sinn als Metapher für die von Europa ausgehende nautische Expansion.

234 Adolf Hitler soll sich während der Nürnberger Parteitage nach 1933 den Behaim-Globus mehrmals auf sein Zimmer im Hotel Deutscher Hof haben

nen Schub zugunsten der Korrespondenztheorie der Wahrheit mit sich: Ein Satz beziehungsweise ein Bild, das einen Sachverhalt oder einen Gegenstand nicht schlechter darstellt als ein Erdglobus den Planeten Terra, darf als, wenn nicht absolut wahr, so doch »wahr genug« gelten. Andererseits wurde Goethes kryptoplatonische Devise: »Man sieht nur, was man weiß«, ironisch vorweggenommen von der Entdecker- und Kolonialherren-Maxime, die auch die der Piraten war, wonach einem nur das wirklich gehörte, was man, an Land wie zur See, mit eigenen oder gemieteten Händen geraubt hatte.

Die konquistadorische Praxis neigte von Anfang an dazu, sich unter einen geduldigen Himmel halbwegs subtiler Fiktionen von Legitimität und gerettetem Gewissen zu stellen. Unter ihnen rangierten an vorderster Stelle mehr oder weniger sophistische Konzepte wie: das Entdecker-Recht, das Finder-Recht, das Prisen-Recht, gefolgt von naturrechtlich begründeten Postulaten wie dem Besuchsrecht, dem Siedlungsrecht, dem Handelsrecht oder dem Kommunikationsrecht – Figuren und Fiktionen, denen auch ein fleißiger Leser von Seefahrer-Literatur wie Immanuel Kant Beifall spendete.[235] Dem amerikanischen Romancier Herman Melville verdankt man eine nur halb satirische Herleitung all dieser wohlklingenden Fabrikationen aus der Hochsee-Fischerei, namentlich dem Walfang. In ihm soll von alters her die Unterscheidung zwischen »festem Fisch« und »losem Fisch« als ehernes Gesetz gegolten haben. Der Erzähler von *Moby Dick* räsoniert in einer ruhigen Stunde auf See darüber, daß »fester Fisch« (*Fast-Fish*) in den Augen der Seeleute rechtens dem gehöre, der (durch eine Harpune) als erster daran »festgekommen« war; hingegen habe »loser Fisch« (*Loose-Fish*) als Freiwild (*fair game*) für jene

bringen lassen. Auch in Hitlers Arbeitszimmer in der 1939 eröffneten Neuen Reichskanzlei zu Berlin war ein großer Erdglobus aufgestellt.

235 Immanuel Kant, *Zum ewigen Frieden. Ein philosophischer Entwurf*, Königsberg 1795.

Jäger auf den Meeren gegolten, die sich seiner zuerst bemächtigten. Melville fügte hinzu, auch bei der Jagd auf Länder sei man dieser Unterscheidung gefolgt.

> Was war Amerika im Jahr 1492 anderes als ein loser Fisch, in den Kolumbus die spanische Standarte einpflanzte, um ihn für seinen königlichen Herrn und seine Herrin auszuflaggen? Was war Polen für den Zaren? Was Griechenland für die Türken? Was Indien für England? Was ist letzten Endes Mexiko für die Vereinigten Staaten? Alles lose Fische!
>
> Was sind die Menschenrechte und die Freiheit der Welt anderes als lose Fische? [...] Was ist der Erdball selbst, wenn nicht ein loser Fisch?[236]

Melvilles Hinweis auf die Errichtung der spanischen Standarte auf dem Boden der Neuen Welt zitiert die Geste der rituellen Besitzergreifung, mit deren Hilfe sich rohe Aneignungen als völkerrechtlich legitime Akte camouflierten. Die portugiesischen Expansionen machten von der feierlichen Aufrichtung der *padrãos* ausgedehnten Gebrauch – übermannshoher, von einem Kreuz gekrönter Stelen aus Stein, die an Bord der Expeditionsschiffe mitgeführt wurden. Daß die so hohle wie fatale Geste der Besitzergreifung an herrenlosem Gut im Repertoire politischer Symbolik bis in die Gegenwart virulent blieb, zeigte die im Jahr 2007 erfolgte Aufstellung einer russischen Flagge im Meer nahe dem Nordpol in 4000 Metern Tiefe – sie diente zur Markierung russischer Ansprüche auf die dort vermuteten reichen Lager an Erdöl und Erdgas. Indes dürften die rechtlichen Implikationen dieser Ausflaggung kaum weiter reichen als die der symbolischen Aufrichtung einer chinesischen Fahne auf

236 Herman Melville, *Moby Dick oder Der Wal*, München 1999, S. 485.

dem Mond, die seit dem Jahr 2020 den bei sechs früheren Landungen (von Apollo 11, 1969, bis Apollo 17, 1972) hinterlassenen, längst zerfallenen US-Fahnen Gesellschaft leistet – es sei denn, daß Rußlands engagierten Geologen der Nachweis gelingt, sein kontinentales Schelfgebiet, das dem nationalen Territorium zurechenbar wäre, erstrecke sich bis ins arktische Polarmeer.

Wer vom Geist der Ausdehnung in gebührender Ausführlichkeit sprechen wollte, würde nicht umhinkommen, zahllose Tage und Nächte in Archiven zu verbringen, in denen sich die Dokumente zu den beiden mächtigsten nach-katholischen, essenziell modernen Imperialismen stapeln – die napoleonisch-französischen und die viktorianisch-britischen, beide lange vorbereitet durch nautisch-merkantil-militärische Ausgriffe beider Länder zu fernen Zonen. In papierenen Unterwelten findet sich ein Unmaß an Belegen für die These, daß die »zivilisatorische Mission«, ob anglophon, ob frankophon, vom frühen 19. Jahrhundert an den christlich artikulierten iberisch-römischen Bemühungen *circa missiones* den Rang abgelaufen hatten. Hierbei vollzog sich ein folgenschwerer Wandel beim Gebrauch der Begründungen von kolonialer Diskriminierung: Hatte man vom frühen 16. Jahrhundert an fast exklusiv mit der Differenz von Christen und Heiden argumentiert, die wenig später durch die von Zivilisierten und Wilden (*alias* Barbaren), nachmals »Primitiven«, überlagert wurde, setzte sich vom 19. Jahrhundert an die Rede von kulturell Erwachsenen und Kindern durch – mit der Konsequenz, daß die Kolonisatoren sich mehr als Erzieher denn als Unterdrücker empfinden wollten. Ja, sollte ein Quantum Unterdrückung am Platz sein, dann nur in dem Maß, wie die Widerspenstigkeit der Schüler eine harte Lehrerhand nötig zu machen schien. Hier kam ein Unterschied ins Spiel, der mehr als eine Nuance bedeutete: Die erzieherischen Zwänge, über deren Notwendigkeit man sich in Europa, dem Rousseauismus und der Verklärung des Kindes in der Romantik zum Trotz, bis ins Zeitalter der Reformpädagogik um 1900 wenig Gedanken machte, betrafen bei inländischen Kindern allein die Minderjährigen, bei Fremdvölkern die Populationen im ganzen; von denen konnte Rudyard Kipling, nicht in seinem besten Moment, noch unbefangen behaupten, man finde bei ihnen zweideutige Züge – *half devil and half child.*[237] Daß spätere Dekolonisierungskämpfe oft auch als Forderungen nach politischer Erwachsenheit ausgetragen wurden, ist völlig begreiflich. Reklamationen von Erwachsenheit mündeten hier und da in unreife Nachahmungen der Kolonialherren durch vormalige Untertanen. In seinem Drama *La Tragédie du roi Christophe* (uraufgeführt bei den Salzburger Festspielen 1964) hat der franko-karibische Dichter Aimé Césaire (1913-2008) vorgeführt, bis in welche psycho-kulturellen Tiefenschichten eine effektive Befreiung von invasiven Vorbildern aus Zeiten fremder Herrschaft vordringen müßte. Das Stück zeigt, wie der ehemalige Sklave Henri Christophe (1767-1820) sich selbst zum König von Nord-Haiti erklärt und zu einem grausamen Despoten wird. Die eingeschliffenen Gesten der Kolonialpädagogik setzten sich während des letzten Drittels des 20. Jahrhunderts in dem System der »Entwicklungshilfe« fort, die man kaum anders denn als ein Stipendienwesen für politisch-ökonomisch Heranwachsende interpretieren kann. Das impliziert die Einsicht, daß das Denken in Begriffen der Entwicklung mit dem in Begriffen der Gleichheit unverträglich bleibt – ein Sachverhalt, der, sollte er überhaupt ohne Zynismus oder Fatalismus aufgefaßt werden können, allein durch Übergangskunst, sprich Diplomatie, traktierbar würde.

En passant sei notiert: Die demokratische Pädagogik unserer Tage, sofern sie ein Fitmachen für die »nächste Wirklichkeit« sein möchte,

237 Rudyard Kipling, »The White Man's Burden«, in: *McClure's Magazine*, New York 1899.

weist seit geraumer Zeit ihrerseits die Züge eines vorauseilenden Kolonialismus nach innen auf, indem sie die Anpassung der heute Lebenden an die halb-anonyme Herrschaft der evolutionär unberechenbaren, kurzfristig prognostizierbaren technischen Strukturen von morgen doziert.[238]

Doch auch die ins Innere der europäischen Nationen gerichteten politisch-pädagogischen Systeme des 16. bis 19. Jahrhunderts – vor allem jene, mit denen die Maximen der Gegenreformation durchgesetzt werden sollten –, gleich, ob es die »Inkulturation« der süddeutschen Länder durch die nach-reformatorische *missio in Germaniam* der Jesuiten betraf oder die Unterwerfung Frankreichs unter das staatskatholische Regime von Versailles und der Île-de-France –, sie alle beruhten auf Programmen nationaler Homogenisierungen von den Hauptstädten her. Als wirksamstes Mittel erwies sich hierbei – neben dem ausgedehnten Schulzwang – auf die Dauer vor allem die Entsendung von Gendarmerien bis auf die Ebene von Kleinstädten und Dörfern, zumal in Gegenden, wo das Banditenwesen bis ins 19. Jahrhundert nicht aufhörte, sich über die Heraufkunft des Rechtsstaats hinwegzusetzen; dies bildete einen Zug von »Gegenkultur«, der vor allem in Italien bis in die Gegenwart prägend blieb. Man sollte – um die innereuropäischen Effekte des Kolonialismus zu begreifen – nie vergessen, daß die Beamten des kurzlebigen napoleonischen Imperiums auf die einheimischen Eliten der Toscana und Spaniens mit der gleichen Verachtung herabblickten wie die britischen Sahibs in Indien auf die Landeskinder und die spanischen und portugiesischen Gouverneure auf die Indios. Die Europäer von heute sind in der Regel Menschen, von denen man annehmen möchte, daß sie sich – indem sie sich als Bürger ihrer Nationalstaaten ver-

238 Johann Chapoutot, *Libres d'obéir : Le management du nazisme à aujourd'hui*, Paris 2020.

standen – mit den Effekten einer Kolonisierung nach innen definitiv abgefunden hätten.[239] Die neuen Populismen zeigen jedoch, daß die Annahme voreilig war: Nicht wenige Bürger Europas empfinden sich als von den Eliten ihrer Länder Kolonisierte; sie verhalten sich zunehmend so widerspenstig wie Bewohner einer Peripherie. Tatsächlich öffnet sich – politologisch wenig erwartet – vor allem in den wohlhabenden Ländern eine Diskrepanz zwischen den metropolitanen und den ländlichen Zonen. Von der »Landlust« zum Landfrust ist es dort oft nur ein Schritt. Aus dieser Sicht überrascht es nicht wirklich, wenn in Frankreich und im *United Kingdom* jüngst Sphären sozialer Unruhe auffallen, die sich als Kolonien der Hauptstädte und als Manövriermasse ihrer Eliten empfinden. Was man heute den Populismus nennt, meint oft nichts anderes als den Traum der Provinz, der Metropole eine Lektion zu erteilen, die sie nicht so schnell vergißt.

Auch der kürzeste Auszug aus dem europäischen Buch der Ausdehnungen kann auf die Einfügung eines Lesezeichens in das mit dem Namen Cecil John Rhodes überschriebene Kapitel nicht verzichten. Der legendäre, 1853 geborene britische Pfarrersohn aus der Grafschaft Herfordshire in der nördlichen Peripherie Londons, von Jugend an kränklich, zeitlebens physisch labil (er erlitt einen ersten leichten

239 Der Befund hat eine delikate sprachpolitische Seite. Als der progressiv engagierte Abbé Grégoire (1750-1831) in seiner Ansprache an den Konvent vom Juni 1794 zur Ausrottung der Dialekte (*patois*) aufrief und die Erhebung des Französischen, wie es in der Île-de-France gesprochen wurde, zur nationalen Norm postulierte, mit dem Argument, es sei das »Idiom der Freiheit«, obschon es von kaum einem Fünftel der politischen Population gesprochen wurde, inaugurierte er den linguistischen Jakobinismus, der sich erst durch die Kulturpolitik der Dritten Republik nach 1875 verwirklichte. Vgl. Jürgen Trabant, *Der Gallische Herkules. Über Sprache und Politik in Frankreich und Deutschland*, Tübingen/Basel 2002.

Herzinfarkt mit 19 Jahren), ein Mann, der sieben Testamente verfaßt hatte, bevor er im Alter von 49 Jahren starb, war einer der explosiven Selbstvergrößerer und Selbstausdehner seines Jahrhunderts – ja, die exemplarische Kunstfigur des kulminierenden imperialen Zeitalters. Sein Charakter war ganz nach dem Geschmack seines mit-neurotischen Interpreten Oswald Spengler – auch darum verdient er hier eine Erwähnung, jenseits von Applaus und Denkmalsturz. Anhand einer Erscheinung wie der von Cecil Rhodes lassen sich die Tendenzen eines nach-christlichen, doch mehr denn je missionarisch prätentiösen Expansionismus europäischer, jetzt genauer: britisch-imperialer Prägung deutlicher illustrieren als an jeder anderen Gestalt seiner Epoche. Sein Profil gewinnt Schärfe nicht so sehr durch den unerwartbaren Aufstieg eines fragilen Jugendlichen, der als Achtzehnjähriger mit Pflanzungen von Baumwollfeldern in British South Africa begonnen hatte, an einem fernen Außenposten des *Empire* Fuß zu fassen, um bald danach als Diamantenschürfer und Goldsucher sein Glück zu machen, bis er nach einer Serie kluger Schachzüge und lukrativer Allianzen in seinen Dreißigern und Vierzigern an die Spitze von Weltmonopolen der Diamant- und Goldindustrie gelangte. Wenn man immer noch Grund hat, an den Mann zu erinnern, der von 1890 bis 1896 auch Premierminister der Kapkolonie war[240], dann, weil er eine Schlüsselfigur zum Verständnis der säkularen Metastasierung des Missionsgedankens darstellt. Rhodes gehörte zu den Unternehmerfürsten des späten 19. Jahrhunderts, für welche die ökonomische Bereicherung nur ein Vorspiel zu höheren Ermächtigungen bedeutete – unnötig, hier aktuelle Namen aus dem Olymp der Philanthropie diesseits und jenseits des Atlantiks zu erwähnen. Während seiner prä-

240 Eine Funktion, von der er wegen seiner Unterstützung des Jameson-Raid, einer gescheiterten Rebellion gegen die von Paul Krüger geführte Regierung der südafrikanischen Republik, im Dezember 1895, zurücktreten mußte.

sidentiellen Jahre wuchsen in ihm Gedankenspiele von weltweitem Ausgriff heran. Seine leitende Idee betraf die Synthese eines sprachlichen Motivs mit dem, was er für den rassenpolitischen Imperativ seiner Epoche hielt. Wie es für Rhodes keinen Zweifel daran gab, daß die weiße Rasse an die Spitze der anthropologischen Pyramide gestellt sei, war für ihn auch evident, daß die Welt als ganze allein durch Englischsprachigkeit zu einer sinnvollen Einheit gebracht werden müsse – wobei ihm die für Mediologen wichtige Differenz zwischen Anglophonie und Anglographie kaum bewußt war, obschon Imperien von alters her viel mehr postalisch, mithin fernschriftlich, als telephonisch, d. h. fernmündlich, regiert wurden.[241] Der geopolitische Grundriß für Entwürfe dieses Umfangs war wie von selbst durch die Ausdehnung des britischen Empire gegeben. Im Regungsherd von Rhodes' Überlegungen fand sich eine kontra-faktische Träumerei von pikanter Anmaßung und welthistorischem Anspruch. Ihr springender Punkt lag in seiner Weigerung, die am 4. Juli 1776 erfolgte Lossagung der Vereinigten Staaten von der britischen Krone als endgültige Sezession hinzunehmen. In seinen Tagträumen stellte die englisch sprechende »Rasse«, bedauerlicherweise über eine Mehrzahl von Nationen verteilt, weiterhin eine virtuelle Einheit dar – ihr sollte durch eine geeignete Politik zu aktueller Wiederherstellung verholfen werden, und wäre es unter amerikanischer Führung. Hierbei kam dem Pfarrerssohn Rhodes – früh bekehrt zu dem von Darwin beeinflußten Glauben, Gott sei mit der weißen Exzellenz – das Denken in großen Analogien zu Hilfe. Er sah in der Spaltung der Christenheit durch die Reformation im 16. Jahrhundert ein Verhängnis, das sich als unumkehrbar erwiesen hatte, der jesuitischen Gegenoffensive zum Trotz. Die amerikanische Sezession war in seinen Augen ein vergleichbares Unglück – jedoch eines, von dem ihm nicht ausgemacht schien, es

241 Harold Innis, *Empire and Communications*, Toronto 2007 [1950].

müsse irreversibel bleiben. Um die zerbrochene anglophone Katholizität wiederherzustellen, sei eine umfassende Initiative an der Zeit: Als eine Art von besserem Jesuitentum müßte ein ordensartiges, männerbündisches Organon aus britischen Elite-Kräften ins Leben gerufen werden, das sich die Wiederherstellung der Welteinheit zum Ziel setzte. Diese Synthese sei nur durch die Synthese von Weißheit, Anglophonie und technischer Zivilisation vollziehbar; als ein Paradigma der letzteren stand Rhodes der Ausbau der Telegraphenlinie von Kairo bis Kapstadt vor Augen, die zu seinen bevorzugten Projekten gehörte – mit der klassisch imperialen Implikation, daß effektive Ausdehnung im Raum die Überwindung von Abständen zur Voraussetzung wie zur Folge habe, indessen unbesiegter Abstand von alters her die Möglichkeit von Widerstand gegen den Befehl aus dem Zentrum darstellte. Imperialismus und Telekommunikation führen zunächst und zumeist denselben Kampf.

In seinem siebenten und letzten Testament hatte der hochträumende Imperialist verfügt, der Großteil seines Vermögens solle einer Stiftung zugutekommen, die solchen Vorgaben verpflichtet wäre. Um diese *Foundation*, die vorgeblich die Gestalt einer Geheimgesellschaft, besser noch: einer Tafelrunde homophiler Fädenzieher annahm, ranken sich noch immer suggestive Gerüchte, gleich ob sie sich auf die *Round Tables* oder die Bilderberg-Konferenzen beziehen, als ob diese nichts anderes als die Oberfläche von Verschwörungen wären, die sich auf Unsichtbarkeit verpflichten. Tatsächlich existieren die seit 1903 vergebenen Rhodes-Stipendien – im Schatten der Nobelpreise – bis in die gegenwärtigen Tage fort; in ihren Statuten ist von okkulten kulturpolitischen Projekten nicht die Rede. Ihr bekanntester Stipendiat war der spätere 42. Präsident der Vereinigten Staaten von Amerika, Bill Clinton.

Merken wir an, daß der Typus Rhodes noch einhundert Jahre nach seinem Tod seine unwiderlegte Zeitgemäßheit unter Beweis stellt:

sein psychodynamisch-oligarchisches Antriebssystem ließ sich erfolgreich ins 21. Jahrhundert transponieren: Die Rhodes unserer Tage, anglophoner denn je, bevölkern die Seiten der Wirtschaftsblätter. Zu keiner Zeit hat der säkularisierte Missionsgedanke seine Attraktion verloren, er ist als ein Denken in Impulskreisen von einem Sendezentrum aus so aktuell wie in den Tagen Loyolas und der Herrnhuter Mission. Was das Schema der »autogenen Religion« betrifft, wie sie in der Renaissance aufgekommen war, um dem unternehmerischen Leben – nach dem kolumbischen Vorbild – zu einer Transzendenz aus eigener Tasche zu verhelfen, hat es die Reise durch die vergangenen fünf Jahrhunderte weitgehend unbeschädigt überstanden. Das Jenseits der Konten macht erst den leuchtkräftigen Milliardär, die Milliardärin. Wo die Sekte war, soll die Stiftung werden. Von Rhodes ist überliefert, er habe von jungen Jahren an ständig eine zerknitterte Taschenausgabe von Marc Aurels *Eis heauton* (»Ermahnungen an sich selbst«) mit sich getragen. Seine Testamente, wenn sie auch keine Geständnisse enthalten, bezeugen sein Bedürfnis, über den Besitz von monetären Machtmitteln und hohen Posten hinauszugehen. Sein Wort auf dem Sterbebett: *so much to do, so little done*[242], läßt sich als ambivalenter Eintrag ins europäische Buch der Geständnisse werten. Um eine Idee von dem Eindruck zu erhalten, den Rhodes auf intelligente Zeitgenossen zu machen wußte, lohnt es sich, einen Passus aus den Kommentaren zu zitieren, die William T. Stead (1849-1912), einer der bedeutendsten britischen Journalisten jener Zeit, seiner Edition von Rhodes' *Last Will* beigefügt hat:

242 William T. Stead (Hg.), *The Last Will and Testament of Cecil John Rhodes.* With Elucidatory Notes to Which Are Added Some Chapters Describing the Political and Religious Ideas of the Testator, London 1902, S. 184.

> Er ragt nicht als ein makelloser Heiliger hervor, in weißesten parischen Marmor gehauen. Er erwies sich nicht als ein Erzengel von strahlender fleckenloser Reinheit, er war aber auch kein klumpfüßiger Teufel. Um ihn nach seinem Rang in bezug auf Einfluß, Autorität und Antriebskraft zu beurteilen, so gehörte er zur Ordnung der Erzengel; doch war er ein grauer Erzengel, mit einem verkrüppelten Flügel. Das brachte es ihm ein, daß er inmitten von Stürmen der Rasseleidenschaft und der politischen Intrige einen etwas abwegigen Kurs verfolgte. Ein grauer Erzengel, mit einem Jesuiten gekreuzt, seinen Zwecken so sehr verpflichtet, daß die Mittel ihm gleichgültig wurden [...].[243]

Daß diese Charakterisierung zumindest ebenso viel über ihren Verfasser besagt wie über den Portraitierten, dürfte auf der Hand liegen. Rhodes hatte William T. Stead zunächst als einen seiner Testamentsvollstrecker eingesetzt, ihm jedoch zuletzt das Vertrauen entzogen, weil der vormalige Intimus sich für seinen Geschmack zu weit ins Gebiet des Spiritismus vorgewagt hatte – dem Fischen im Drüben konnte Rhodes nichts abgewinnen; seine Megalomanie blieb pragmatisch grundiert, seine Höhenflüge brauchten jenseitige Kräfte nicht zu bemühen. Stead kam am 15. April 1912 beim Untergang der *Titanic* ums Leben.

Die bisher angestellten Überlegungen zum Phänomen des europäischen Expansionshandelns haben das Merkmal gemeinsam, daß sie sich mit bewußter Einseitigkeit auf den Aspekt der Motivationen beziehungsweise der geistigen Zwecksetzungen beschränkten. Sie weichen von den Üblichkeiten der »materialistischen Geschichtsschrei-

243 Ebd. [Eigene Übersetzung]

bung« ab, indem sie, aristotelisch gesprochen, den Zielursachen (*causae finales*) den Vorrang vor den materialen und wirkenden Ursachen (*causae materiales, causae efficientes*) einräumen – nicht nur auf der Ebene der Darstellung, sondern in der Sache selbst. Diese einseitige Betonung der »geistigen« Motive soll zuletzt durch den Hinweis auf einen Aspekt der wirkursächlichen Ausdehnungsmotorik kompensiert werden.

Um die stürmische Expansion Europas – vor allem den im späten 15. Jahrhundert plötzlich auftretenden Andrang zu den Schiffen – aus sozialen Kausalgrößen zu erklären, kommt man nicht umhin, auf die Energetisierung der Geschehnisse infolge eines jähen Wandels der demographischen Verhältnisse einzugehen. Tatsächlich läßt sich der Übergang zur wirkursächlichen Betrachtung der längerfristigen Vorgänge am plausibelsten mit Hilfe des Begriffs »Populationismus« erläutern – eines Ausdrucks, der vom 18. Jahrhundert an zirkulierte, indessen er in der Sache die schon viel früher einsetzende Sorge der Fürsten um eine expansive Bevölkerungspolitik betraf. Er charakterisiert jene Tendenz frühneuzeitlicher »Biopolitik«, die sich durch das Interesse der Regierenden an einer möglichst ausgedehnten Reproduktion der Bevölkerung zum Ausdruck brachte. Ihr Ausgangspunkt lag in den langzeitigen Folgen der unter dem Namen »Schwarzer Tod« (*mors atra*) bekannt gewordenen Beulenpest-Pandemie von 1346 bis 1353, die nach Schätzungen von Historikern mindestens ein Drittel der Bevölkerung Europas das Leben kostete. Ihre Gesamtzahl soll binnen dieser Jahre von 78 Millionen auf 45 Millionen abgefallen sein. Die folgenden Jahrhunderte – sie reichen bis 1900 – lassen sich summarisch als eine Epoche der demographischen »Wiederaufforstung« deuten. Sie wurde durch das häufige Aufflakkern der Seuche – ebenso durch die Verwüstungen des 30-jährigen Krieges – gestört, doch nicht entscheidend aufgehalten. Den tiefsten Stand seiner Bevölkerungszahl soll Europa in dem schlimmen Pestjahr 1400 gesehen haben, als sie, auch infolge mehrerer Nachfolge-Epidemien, noch unter den Stand von 1353 sank.

Erst im letzten Drittel des 15. Jahrhunderts hatten die Bemühungen um Wiederbevölkerung durch Geburtenförderung markant an Fahrt aufgenommen. Der Ökonom und Kulturhistoriker Gunnar Heinsohn (1943-2023) legte von den 70er Jahren des 20. Jahrhunderts an Argumente vor, wonach die im 15. Jahrhundert – unter dem Vorwand der Hexenbekämpfung – einsetzende Ausrottung der Weisen Frauen, sprich der Hebammen, vor allem durch das akut gewordene »biopolitische« Interesse an »Repeuplierung« zu begreifen sei.[244] Der »Hexenwahn«, der zur Zeit der Renaissance Europa überflutete, verliert das meiste von seinen irrationalen Zügen, sobald man ihn als Instrument einer Kampagne zur Vermehrung der Staatsschätze an »Menschenmaterial« interpretiert – mag dieser zynische Ausdruck auch erst eine spätere deutsche Wortprägung sein.[245] Ihre ideologische Ausrichtung ist durch Dokumente wie die *Hexenbulle* des Papstes Innozenz VIII. von 1484 belegt, mehr noch durch den ominösen *Hexenhammer* (*Malleus maleficarum*) des dominikanischen Inquisitors Heinrich Kramer von 1487 sowie die *Constitutio Criminalis Bambergensis* von 1507. Schriften dieser Tendenz bezeugen die Faszination von Klerikern durch die Vorstellung, der Teufel sei bevorzugt an der zweckwidrigen Verwendung der Geschlechtsorgane interessiert. Wer, wenn nicht der Teufel, könnte an der Sabotage der Schöpfung durch Hinterziehung von Geburten seine Freude haben?

Von den 80er Jahren des 15. Jahrhunderts an besaß Europa mit

244 Gunnar Heinsohn, Rolf Knieper, Otto Steiger, *Menschenproduktion. Allgemeine Bevölkerungslehre der Neuzeit*, Frankfurt a. M. 1979.

245 Zuerst mehrfach auftauchend in Karl Marx, *Das Kapital 1*, 1867, danach häufiger Sprachgebrauch des deutschen Generalstabs im Ersten Weltkrieg.

einem Mal wieder zahlreiche »Horden sexuell frustrierter nichterbender Söhne«[246], wie Heinsohn trocken formulierte – ein Sachverhalt, der besonders für die Estremadura, Spaniens desperaten Osten, gültig war; die aride Region stellte mit Figuren wie den Brüdern Pizarro, Cortés, de Soto, de Valdivia und de Balboa ein beispielloses Aufgebot an extravertierten Gewaltmenschen bereit. Für die Flut an Jungmännern, die, weil sie Zweitgeborene (spanisch: *secundones*) waren, im eigenen Land keine ihren Ambitionen entsprechenden Positionen finden konnten, öffnete sich das Fenster der Emigration in die Neue Welt genau zu der Zeit, als die Welle anstieg.

Daß Europa in seinen virulentesten Jahrhunderten ein Quasi-Monopol auf Menschen-Export besaß, manifestierte sich in der demographisch gut erklärbaren Asymmetrie zwischen dem spät so benannten »anderen Kap« und dem »Rest der Welt«. Ein Blick in die Statistiken genügt, um das Rätsel in Begriffen der Quantität zu lösen. Europas Population hat sich zwischen 1400 und 1900 verzehnfacht – über den schweren Einbruch des frühen und mittleren 17. Jahrhunderts hinweg: Sie war von 45 Millionen auf 450 Millionen angewachsen – und dies, wie bemerkt, keineswegs selbstläufig, sondern vor allem infolge einer kohärent betriebenen Politik der Geburtenentfesselung, bei welcher Throne und Altäre sich trotz sehr verschiedener Logiken einig waren. Im Hinblick auf die Feinabstimmung des Wiederbevölkerungs»projekts« führte die populationistische Praxis – jene eigentliche »Biopolitik«, zu der Foucault, der Gründer des »Diskurses« zu diesem Gegenstand, merkwürdig wenig zu sagen hat – zu einer Fehlfunktion mit chronischen Folgen: Für die entstehenden Staaten wurde das gewollte Zuviel an Geburten – spätestens von 1550 an – mehr zur Belastung als zur politischen Ressource. Allzu viele Menschen hatten sich »die Mühe gegeben, gebo-

246 *Söhne und Weltmacht*, a. a. O., S. 88.

ren zu werden« – um mit Beaumarchais' Figaro zu reden.[247] Aufgrund des fatalen Zuviel nahm das Verbrechen, arm zu sein, in den führenden Nationen der Neuzeit epidemische Ausmaße an: Immerhin bildeten das frühe Hospitalwesen und die Einrichtung der städtischen Armenpflege in der beginnenden Neuzeit erste Antworten der Kommunen und Staaten auf den wachsenden Bevölkerungsdruck. Der spanisch-flandrische Humanist Luis Vives (1492-1540) legte mit seinem Traktat *De subventione pauperum* von 1526, dem Magistrat von Brügge gewidmet, die Grundlagen dessen, was eine spätere Zeit »Sozialpolitik« nennen sollte.

Selbst der gewaltige Menschenverbrauch infolge der Napoleonischen Kriege – man spricht von vier bis fünf Millionen Opfern zwischen 1795 und 1815 – hielt die Vermehrungswelle nur mit marginalen Wirkungen auf. Zum Abbau der demographischen Überschüsse beziehungsweise zur Beruhigung der Zuwächse konnte es erst vom späteren 19. Jahrhundert an kommen, als die Wiedererfindung der Empfängnisverhütung den Druck schlagartig absenkte.[248] Die Auswanderung von 50 Millionen Menschen bis zum Ende des 19. Jahrhunderts änderte nichts an dem Befund, daß in den europäischen Na-

247 Figaros Worte zielten gegen die Anmaßung der noblen Abstammung: »Noblesse, fortune, un rang, des places, tout cela rend si fier! Qu'avez vous fait pour tant de biens? Vous vous êtes donné la peine de naître, et rien de plus.« Beaumarchais (1732-1799), *La folle journée ou Le mariage de Figaro, comédie en cinq actes, en prose*, Paris 1785, V, 3.

248 Im Ersten Weltkrieg standen noch überwiegend Kämpfer aus Jahrgängen mit Überschüssen an systemisch »entbehrlichen« Söhnen im Umfang von ca. 9 Millionen Gefallenen an den Fronten. Sechs Millionen Zivilisten verloren ihr Leben, ohne daß die Populationsbilanz im ganzen abstürzte. Zu Beginn des Zweiten Weltkriegs hingegen war Frankreich bis zur Wehrunfähigkeit ausgeblutet, während Hitler seine Truppen bereits mit der reproduktiven Substanz, am Ende sogar mit Kindersoldaten auffüllen mußte.

tionen mehr oder weniger stetig zunehmende Überschüsse an nicht erbberechtigten Nachkommen heranwuchsen, um vom Anschwellen der arbeitsweltfernen Armutszone am breiten unteren Rand der frühmodernen Gesellschaften nicht zu reden[249]; unter den Überzähligen bildeten die starken Reserven an zweiten und dritten Söhnen, den Bastarden des Adels und des Klerus[250] vergleichbar, eine ambitionsdynamisch virulente Größe – aus ihnen rekrutierten sich, sofern sie nicht zum Verbrauch bestimmte Soldaten wurden, zahllose Geistliche, Missionare, Gelehrte, Literaten, Künstler und aufrührerische Besiedler innerer »Gegengesellschaften«, die von den Mirakelhöfen und Mansarden der Großstadt über die Vorstadtspelunken bis zu den Universitäten reichten. Wenn solche Gruppen Gründe sahen, sich gegen »bestehende Verhältnisse« aufzulehnen, dann nicht gegen ein System, das ihre Fähigkeiten ausbeutete, sondern gegen Zustände, in denen sie überflüssig waren. Wie sehr die Entsendung in Missionarsdienste im 17. und 18. Jahrhundert unter den Überzähligen der katholischen Regionen als attraktive Laufbahn galt, läßt sich an Zehntausenden von Bewerbungsbriefen ablesen, die in den Archi-

249 Das von Marx und Engels in Umlauf gesetzte böse Wort vom »Lumpenproletariat« impliziert das unfreiwillige Zugeständnis der Verfasser, die sichtbare Armut der unteren Klassen könne nur bei dem industriellen Teil des Proletariats durch seine Ausbeutung mittels niedriger Löhne erklärt werden. Der weitaus größere Teil der Armutspopulationen in der europäischen Neuzeit war jedoch durch die monarchisch-klerikal fehlgesteuerte Überbevölkerungspolitik bedingt. Das Scheitern des marxistischen Ansatzes zur Erklärung moderner Verhältnisse begann schon auf der Ebene der Terminologie: Wenn *proles* Nachkommen bedeutet, müßte »Proletariat«, richtig verstanden, den Teil der Bevölkerung bezeichnen, in dessen Interesse es läge, das »Produktionsmittel« Sexualität beiseite zu lassen und auf Nachkommen, die zur Armut prädestiniert wären, zu verzichten.

250 Peter Sloterdijk, *Die schrecklichen Kinder der Neuzeit. Über das antigenealogische Experiment der Moderne*, Berlin 2015.

ven des Jesuitenordens zu Rom lagern.[251] Sie dürften von ferne den gewundenen *personal statements* beziehungsweise den Motivationsschreiben geglichen haben, mit denen sich ausländische Studenten heute um Plätze an den Elite-Universitäten der USA bewerben.

Wer, von Hinweisen wie diesen instruiert, im Buch der europäischen Ausdehnungen weiterblättert, wird bemerken, daß die vergangenen fünf Jahrhunderte in diesem Teil der Welt nicht nur ein unabgeschlossenes Experiment über die zunehmende Auflösung der Herkunftsordnungen in Gang gebracht haben – mit der Tendenz, die für die älteren genealogischen Verhältnisse maßgebliche Unterscheidung zwischen legitimen Kindern und Sprößlingen des falschen Betts ebenso zu löschen wie die zwischen adligen und bürgerlichen Geburten, ja, auch die zwischen traditionellen Ehen und Konkubinaten Gleichgeschlechtlicher, die inzwischen mit Ehen gleichgestellt sind. In derselben langen Zeitspanne hatte man es auch mit dem Experiment einer rigorosen Unterdrückung vormals gut bekannter Formen der Geburtenregelung zu tun; es führte zu dem Ergebnis, daß das Ökosystem der Kultur im ganzen durch ausufernde Vermehrungen jahrhundertelang aus dem Gleichgewicht gebracht wurde.

Kurzum: Man kann das Wort »Expansion« nach seiner materialen Seite kaum sinngerecht benutzen, solange nicht klargestellt ist, daß es nicht nur religiös-missionarische Motive waren, die seine Entfaltung bedingten; es waren auch nicht allein die von Klerikern befeuerten Aufblähungen monarchischer Ambitionen, die sich angesichts der Nachrichten über neue Welten zu Ausgriffen ins Ganze erhoben – wobei vor allem in Spanien die Vorstellung ins Gewicht fiel, den »per-

251 Johannes Meier (Hg.), *Sendung – Eroberung – Begegnung. Franz Xaver, die Gesellschaft Jesu und die katholische Weltkirche im Zeitalter des Barock*, Wiesbaden 2005, S. 67-96.

manenten Notstand«[252] des königlichen Fiskus durch den Zufluß von münzbaren Metallen aus fernen Kolonien zu mildern. Das Geschehen im ganzen wies von sich her mehr die Züge eines halbblinden Überquellens auf als die eines wohldefinierten Projekts. Wenn die Neue Welt ins Visier der Tatendurstigen aus Europa kam, dann nicht nur als Projektionsfläche für die Glücksträume von Kapitänen, Königskonsultanten, Kreditgebern, Reedern und Schatzgräbern; sie diente vor allem als Überlaufbecken für europäische Überschüsse an Menschen, Frustrationen und vagen Energien auf der Suche nach lohnenden Aufgaben – Energien, die eines Tages an der Ostküste des Atlantiks unter dem Titel *pursuit of happiness* mit Verfassungsgarantien umkleidet wurden.

Faßt man die Metapher »Überlaufbecken« genauer ins Auge, wird auf der Stelle erkennbar, daß das Überfließen europäischer Kräfte nicht ohne das Zurückströmen von Gewinnen aus den äußeren Geschäften zu denken gewesen wäre. Es ist ein in den *post-colonial studies* verbreiteter Irrtum, die Hauptmasse der transatlantischen Beute, wie auch die Gewinne aus den Indienfahrten zur See, einfachhin als Plünderungen – in aktueller Terminologie: als nackte »Extraktionen« aufzufassen. Aus europäischer Sicht besaßen sie schon früh eher den Charakter eines *return on investment*, somit einen geldwirtschaftlichen und kreditgetriebenen Zug. Um dies zu erkennen, ist in Betracht zu ziehen, daß die Überseeschiffe, die Hightech-Gebilde ihrer Zeit – Galeonen, Karacken, Karavellen – in der Regel bereits als schwimmende Kredite auf den Meeren kreuzten. Ihre Fahrten standen unter der Nötigung, genügend Profit zu generieren, damit nach der Tilgung von Darlehen und Zinsen ein Überschuß verblieb, der

252 Zu diesem parodistisch getönten (auf Trotzkis Idee der »permanenten Revolution« anspielenden) Ausdruck vgl. Ernst H. Kantorowicz, *Die zwei Körper des Königs*, a. a. O., S. 295

die Mühe lohnte. Daher war das europäische Buch der Ausdehnungen von Anfang an mit dem Buch der Erfindungen[253] verknüpft – nicht zuletzt in bezug auf Schiffbau, Segeltechnik, Schiffsartillerie und Navigationsinstrumente.

Glücklicherweise fällt es nicht mit seinem ganzen Umfang in die »Universalgeschichte der Niedertracht«. Aus dieser hatte Jorge Luis Borges in seinem 1935 erschienenen Werk dieses Namens einige Kapitel im Stil des düsteren *baroccismo* geboten. Sie bestätigten die Sentenz Franz Kafkas, wonach man vom Bösen wissen, aber nicht daran glauben könne – denn mehr Böses, als da ist, gebe es nicht. Weil es in seiner schlimmen Beinahe-Allgegenwart da ist, jedoch kein Prinzip verkörpert, widerspricht nichts dem Versuch, es zu vermindern. Als Ganzes geht das Buch der Ausdehnungen in das noch unredigierte Buch der Zweideutigkeiten ein, das dem breiten Publikum des 20. Jahrhunderts unter dem Titel »Globalisierung« zugänglich gemacht wurde – einem Wort, das, wie gezeigt, zugleich zu viel und zu wenig sagt.

253 Vgl. Lektion eins: Die Grande École der Welt, S. 63-97.

Lektion sieben
Get a-way, you old peoples![254]
Aus dem Buch der Gegenstimmen: Europa im Akkusativ

»Wenn Europa ein Buch wäre«: Im Gang der vorliegenden Überlegungen wurde vom Gleichnis des Buchs umfangreich Gebrauch gemacht – durchaus auf den Bahnen alteuropäischer Symbolik[255]; dabei wurde die Suggestion gefördert, der »Europa« genannte Komplex sei nicht nur wie ein Buch lesbar, man könne es sogar in Kapitel, ja in separat lesbare Bücher gliedern, die sich zu einem Über-Buch zusammensetzen – einem naturgemäß unabgeschlossenen Dokument. Die »Lesezeichen« wurden an Stellen gesetzt, die man wieder aufblättern sollte, falls einem am Verständnis der Zusammenhänge im Großen gelegen ist. Zudem haben wir von einer gewissen Übersteigerung des Gleichnisses profitiert, indem wir so taten, als ob eine geographisch stark zerklüftete Weltgegend, ein Vorgebirge Asiens, das man zu Unrecht einen Kontinent nannte, ein sich selbst schreibendes Buch sein könnte – ein Buch, dessen Leser seine Bewohner sind und dessen Lektorat gelegentlich von Generälen, Kapitänen und gekrönten wie ungekrönten Megalomanen beiderlei Geschlechts übernommen wurde.

254 »Fort mich euch, ihr alten Völker!«; Rudyard Kipling, »Der Ausgelöschte«, in: ders., *Der Mann der König sein wollte. Indische Erzählungen*, Berlin 2014, S. 151

255 Ernst Robert Curtius, *Europäische Literatur und lateinisches Mittelalter*, Bern/München 1967 [1948], S. 306-352.

Und doch, es war nicht nur eine barocke Suggestion, wenn behauptet wurde, man habe in diesem Teil der Welt, der die »Welt« erfand, seit einem halben Jahrtausend in periodischen Abständen immer neue Anlässe gefunden, das Ensemble von Menschen, die man zunehmend oft »die Europäer« nannte, über den Stand ihrer Angelegenheiten im Inneren und Äußeren zu benachrichtigen. Tatsächlich ließen sich die Europäer, wenn sie nicht durch die Furcht vor den Winden des Wandels eingeschüchtert und durch Trotz gegen das Neue, Unbewiesene, von der Seeseite her Kommende befangen blieben, von ihrem selbstverfassenden Drehbuch Zug um Zug darüber belehren, woran sie mit sich selbst und mit ihrer Rolle im Ganzen waren – einem Ganzen, dessen Hauptmasse »den Rest der Welt« zu nennen man seit einer Weile zögert.

Die Rede von einem selbstverfassenden Buch ist weniger hybrid, als es fürs erste erscheinen könnte. Bevor die Bewohner Europas von der Mitte des 19. Jahrhunderts an durch neue Wissenschaften wie die politische Ökonomie und die Soziologie erfuhren, daß sie in »Gesellschaften« leben – so hießen bis dahin Kampfgemeinschaften vom Typus des Jesuitenordens, dann auch Handelskompanien und Shareholder von börsennotierten Unternehmen alias *sociétés anonymes* –, wären sie wohl in ihrer Mehrheit bereit gewesen zuzugeben, daß sie – obschon bisher zumeist als »Völker« bezeichnet – so etwas wie erweiterte Gesprächskreise bildeten. An ihnen hatten die Toten und die Ungeborenen teil, vorausgesetzt, man versteht unter Gesprächen nicht nur verlorene Worte zwischen Passanten, Salonbesuchern und Abonnenten von Telefon-Flatrates. Die Bewohner Europas älterer Zeiten ließen sich durch ihre Themengeber: die Fürsten, Priester, Händler, Poeten, Forscher und Verbreiter von Gerüchten, die Gegenstände vorschreiben, die sie zu realen sprechenden Gemeinschaften machten; durch ihr sprechendes Dasein wurden sie, jeweils in eigenen Sphären, zu Feldern geteilter Sorge, geteilter Neugier, geteilter

Empörung – in selteneren Fällen, wie bei Inthronisationen, Fürstenhochzeiten und Friedensschlüssen, auch zu Klangkörpern gemeinsamer Jubilation. Die Verszeilen aus Friedrich Hölderlins um 1802 entstandenem Hymnus »Friedensfeier« – »Seit ein Gespräch wir sind und voneinander hören« – brachten den Sachverhalt abschließend auf den Begriff, wie er sich vor dem Siegeszug des erstickenden Geredes von der »Gesellschaft« präsentierte.

Was man seit dem 19. Jahrhundert mit dem Etikett »Gesellschaft« belegt, verkörpert unter der Optik jüngerer Medientheorien so etwas wie einen strukturierten Sandhaufen; »Gesellschaften« vollbringen aufgrund von Markteffekten und – um einen religionskritischen Terminus Régis Debrays zu zitieren – von mentalen »Kommunionen«[256] (die mit dem Schulwesen beginnen und in Parteitagen oder Staatsfeiern kulminieren) das Kunststück, aus zahllosen Körnern etwas zu machen, was einer animierten Ganzheit gleichkommt; oder, um noch einmal eine fast zu elegante Wendung Debrays aufzugreifen, es gelingt ihnen zeitweilig mehr oder weniger gut, *du tas au tout*[257] überzugehen.

Auf dem letzten Abschnitt unseres Vorhabens möchten wir dem Gleichnis vom »Buch Europa« im Rahmen des Möglichen treu bleiben. Weil dessen Autorschaft nun an Nicht-Europäer übergeben wird, wie der Titel dieses Kapitels es ankündigt, kann das nur um den Preis geschehen, daß unserem Buch sein Privileg entzogen wird, sich ganz aus Eigenem zu verfassen. Kurzum, wir möchten auf die Tatsache eingehen, daß Europa seit längerem im Begriff ist, das Quasi-Mono-

256 Régis Debray, *Les communions humaines: Pour en finir avec »la religion«*, Paris 2005.

257 »Vom Haufen zum Ganzen«. Es bleibt zu bedenken, daß das Korn im Haufen, als Atom oder als Individuum gedacht, sowohl physikalisch als auch soziologisch erst in späten Abstraktionen zum Thema wird.

pol, die Gestaltung seines Bilds betreffend, an Portraitisten von anderswo zu verlieren.

Spätestens seit der amerikanischen *Declaration of Independence* von 1776 wußte Europa, nun seit geraumer Zeit die Alte Welt genannt, sich einer Mehrzahl von Rückblicken, Gegenblicken, Fremd-Blicken ausgesetzt. Sie erodierten seine Gewißheit, jeder möglichen Ansicht von außen eine robuste Selbstdarstellung entgegensetzen zu können. Es waren *de facto* Europäer im Außendienst, namentlich dominikanische Missionare wie Antonio de Montesinos und Bartolomé de Las Casas, die ihren Oberen in den Heimatländern seit dem frühen 16. Jahrhundert bedenkliche Berichte vom Verhalten der Kolonisten in der Neuen Welt zurückspiegelten. Zudem lieferten die Fahrten der »Pilgerväter« und anderer Auswanderer den Beweis, daß es zunehmend Gründe gab, von der Alten Welt Abschied zu nehmen, ohne eine Rückkehr zu planen.

Niemand wird behaupten, die Fähigkeit, sich selbst von außen zu sehen und den Kopf zu senken, habe zu Europas angeborenen Tugenden gehört. Dennoch ist festzuhalten, daß die bis heute fortwirkenden Gesten der Gewissensprüfung und der Beichte – aus denen die spätere »Kritik« wurde – seit dem frühen 13. Jahrhundert in die mentale Grammatik der damals noch nahezu allumfassenden katholischen Sphäre eingeprägt wurden.[258] Wenn aber selbst Thomas von Aquin (1225-1274) um 1260 eine *Summa* verfaßte, die *contra gentiles*[259] (»gegen die Heiden«) gerichtet war, brachte auch er, obschon am magistralen Monopol der Kirche noch kein Zweifel bestehen konnte, eine erworbene und fortbestehende Nervosität der Kirche gegen metaphysische zweite Meinungen zum Ausdruck. Sie verkör-

258 Vgl. Lektion vier: *Dire vrai sur soi-même*, S. 173-204.

259 Auch bekannt unter dem Titel: *Liber de veritate catholicae fidei contra errores infidelium.*

perten sich in der Existenz von Juden und Muslimen, die den christlich verfaßten Gemeinwesen obstinat den Beweis vor Augen stellten, daß es ein dissidentes Außen gab – das eine so beunruhigend wie das andere. Beide Andersgläubigkeiten präsentierten aufgrund ihrer monotheistischen Orientierung den christlich geschulten Theologen ein skandalöses *nahes Anderes*. Nichtsdestoweniger ging es in den Spannungen zwischen den Reden über Jahwe, den trinitarischen Gott und Allah um mehr als den Narzißmus der kleinsten Differenz. Jede dieser Theologien entwarf ein anderes Schema des menschlichen Seins-zu-Gott – mithin eine andere Art des In-der-Welt-Seins und des Fertig-werden-Müssens mit der Endlichkeit, wie es sterblichen Wesen aufgegeben ist. Die Gründung der Inquisition gegen Ende des 12. Jahrhunderts verdeutlichte zudem, in welchem Maß schon die noch ungespaltene Kirche glaubte, einer belagerten Festung gleich, sich nicht nur gegen äußere Feinde, die Lügen über das Höchste verbreiten, rüsten zu müssen, sondern, noch quälender, gegen Manifestationen innerer Abweichung, die wie von Anfang an eine häretische Schattenwelt bildeten.

Man hatte aufs Ganze gesehen bis ins frühe 18. Jahrhundert zu warten, um behaupten zu können, für Europa und die Europäer habe wirklich das Zeitalter des Gegenverkehrs begonnen, somit das der Gegenbeobachtung und der Gegenbeurteilung, ja sogar der Gegenmission – nach Jahrhunderten eines einseitigen Ausdehnungs-, Beobachtungs- und Beurteilungsprivilegs. Wir wollen uns hier nicht weiter bei dem *per se* faszinierenden und facettenreichen Phänomen aufhalten, das man als Europas »orientalisches Spiegelstadium« umschreiben könnte.[260] Es wurde – nach Vorspielen, die bis in die Mär-

260 Von dem hat der von Foucault inspirierte amerikanische Kulturwissenschaftler palästinensischer Herkunft Edward W. Said (1935-2003) in seinem Buch *Orientalism* (New York 1978) behauptet, es sei immer nur ein Phantasma westlicher Akteure gewesen, die sich ihr östliches »Anderes«

chenorient-Träume des Mittelalters reichen – eingeläutet durch das Erscheinen des raffinierten polyphonen Briefromans in französischer Sprache, der im Jahr 1721 in Amsterdam ohne Nennung eines Autornamens unter dem Titel *Persische Briefe* publiziert wurde. Sein Verfasser erlaubte sich darin den ernsten Spaß, den brieflichen Austausch von noblen Besuchern aus Persien über die von ihnen bemerkten Seltsamkeiten der lokalen Zustände in Europa, namentlich in Frankreich, zu dokumentieren. Montesquieus (1689-1755) frivoles Jugendwerk, das überaus populär wurde und umgehend der Zensur verfiel – möglicherweise mehr der Erotica als der Politica und der Moralia wegen –, bildete unmißverständlich das Dokument eines erweiterten europäischen Selbstgesprächs. Die beginnende »Aufklärung« widmete sich hier dem Versuch, die Kultur der Meinungsdifferenz – wie sie vom hohen Mittelalter an im Umfeld der Hohen Schulen in ritualisierten Disputen blühte – auf das Niveau einer gutgelaunten öffentlichen Unterhaltung zwischen Inhabern ungleicher Ansichten zu heben. Wenn die Ungleichheit der Ansichten vom Ver-

nach eigenen, das heißt eurozentrisch-imperialen Vorlieben zurechtmachten, ohne den »wirklichen Orient« je zu berühren. Diese Ansicht blieb seitens der wissenschaftlichen Orientalistik nicht unwidersprochen. Saids Thesen konnten nicht bloß der tendenziösen Verzerrung der behandelten Dokumente überführt werden. Man konnte ihnen mit guten Gründen vorwerfen, das Ethos der Geisteswissenschaften zu verletzen. Indem sie aus der Sphäre der *pax academica* ausbrachen, verzerrten sie die Sphäre der Universität in ein Schlachtfeld ideologischer Kampfreden. Said denunzierte die Gründung Israels, das als Zufluchtshafen für die verfolgten Juden Europas geschaffen wurde, als westliches Kolonisationsprojekt auf der Linie des Imperialismus. Seit dem Hamas-Überfall vom 7. Oktober 2023 auf israelische Dörfer am Rand des Gaza-Streifens liegt offen zutage, daß der Saidismus sich auf dem Umweg über akademische »postkoloniale Diskurse« zum Terrorismus als legitimer Aktion des »Widerstands« bekennt. Als Gegengift gegen die verzerrte Darstellung europäischer Sehnsüchte nach dem Osten wäre zu konsultieren: Mathias Enard, *Kompass*, Berlin 2016.

fasser auf die Ungleichheit der Klimata und der ihnen entsprießenden »Kulturen« bezogen wurde, lieferte dies der Forderung nach Toleranz eine frühökologische Begründung.

Was als frivole Komparatistik begonnen hatte, erweiterte sich nach Montesquieu zur aufklärerischen Zivilisationskritik – mit dem Fokus auf der Destillierung einer allgemeinen normativen Theorie menschlicher Koexistenz in geregelten sozialen Verbänden: Während die lokalen Kulturen insgesamt als Konglomerate aus Dogmen, Sitten und Gebräuchen den Sphären der »Vorurteile im Leibe« zugerechnet werden durften – die sich gegenseitig teils ausschlossen, teils ergänzten, teils ironisierten –, hob sich im Lauf der Zeit, durch fortgehende Sammlung und Vergleichung, ein Massiv aus zivilisatorischen Prinzipien hervor, die nicht mehr bloß als lokale Nachlässe der Vergangenheit, als Erbstücke gewesener Weltzustände oder als Erfolgsrezepte überholter Lebensweisen gedeutet werden konnten. Erst nach Montesquieu und den Schriften der ersten Forschungsreisenden sowie der frühen Absolventen eines *giro del mondo*[261] konnte die Frage auftauchen, ob es – jenseits der örtlich eingelebten Vorurteile, die die Welt bedeuten – einen allumgreifenden Horizont gebe, in dem die verstreuten lokalen Motive der Daseinskunst sortiert und als Beiträge zu einem System höherer Ordnung zusammengefügt werden könnten.

Sollte ein solches Gebilde zu errichten sein, es wäre ein Konstrukt, für das bis auf weiteres kein besserer Ausdruck als das (seit dem 18. Jahrhundert im Umlauf gekommene) archi-europäische Wort »Zivilisation« zur Verfügung stand – ein Wort, in dessen Konnotationen der römische Name des Stadtbewohners (*civis*) ebenso mitklingt wie

261 Der erste Bericht von einer »Reise um die Welt« stammt von dem kalabresischen Juristen Giovanni Francesco Gemelli Careri (1651-1725), dessen *Giro del mondo* zwischen 1699 und 1700 in sechs Bänden erschien – es gilt als Gründungsdokument des modernen »Tourismus«.

die Forderung nach »Bildung«, womit die Erlangung von Verkehrsfähigkeit in einer polyphonen und polymorphen Welt gemeint ist, den lateinischen Wörtern *educatio*, »Herausführung aus einem primitiven Zustand«, und *eruditio*, »Entrohung«, »Kenntniserweiterung«, entsprechend – beides vereint in dem ciceronischen Konzept der *cultura animi*, wörtlich: »Seelenbestellung«, von dem sich alles herleitet, was bis heute unter den Leitworten »Kultur« und »Humanität« verstanden wird.

Was in Europa vom 18. Jahrhundert an »die Aufklärung« hieß, war in der Sache nichts anderes als ein Programm zur Klärung des Sinns des Begriffs *Zivilisation*. Seine Explosivität sollte sich erst im Lauf des 19. und 20. Jahrhunderts enthüllen – um im 21. Jahrhundert vollends ins Zentrum dessen zu geraten, was der späte Nietzsche »große Politik« genannt hätte. Deren Protagonisten tragen die Namen geschichtemachender Nationen – nach den neueren Zentren imperialer Machtausübung heißen sie: Britisches Empire, Französische Nation, Deutsches Reich, Russisches Reich, Vereinigte Staaten von Amerika, gefolgt von einer Gruppe von Machtanwärtern zweiten Ranges. Ihre Zusammenstöße nannten sich Weltkriege. Auch Weltkriege können Verfahren sein, den Sinn des Begriffs »Zivilisation« zu ermitteln. Ihre Sieger müßten nicht bloß den Beweis geliefert haben, daß sie über die stärkeren militärischen Mittel verfügten, sie sollten imstande sein zu zeigen, daß sie es in zivilisatorischer Perspektive verdienten, die Erfolgreicheren zu sein. Sie zeigen es, indem sie ihren *modus vivendi* zur freiwilligen Nachahmung vorschlagen.[262]

262 Solche Vorschläge gingen zeitweilig von der Sowjetunion der Nach-Stalin-Ära aus, die in Mittelamerika und Afrika punktuell angenommen wurden; sie emanierten während einiger Jahrzehnte auch vom maoistischen China. Vgl. Julia Lovell, *Maoismus. Eine Weltgeschichte*, Berlin 2023. Es waren jedoch weder die sowjetischen noch die chinesischen *ways of life*, die Ausstrahlungen bewirkten; es ging bei solchen Allianzen um strategische

Man kann es nicht als einen bloßen Zufall ansehen, daß eine der ersten radikal europa-kritischen Programmschriften, das Buch des russischen Naturforschers Nikolai Jakowlewitsch Danilewski (1822-1885) *Russland und Europa*, zwischen 1865 und 1867 verfaßt, 1871 in Petersburg erschienen, ohne Umschweife auf das Problem der »Zivilisation« zusteuert (von dem man im übrigen nicht behaupten darf, es sei inzwischen auf allgemein befriedigende Weise gelöst). Für Danilewskis Argumentation ist bezeichnend, daß er nicht zögerte, das Konzept der »Zivilisation« als ein Produkt der europäischen Sphäre zu bezeichnen: Ohne wesentliche Einwände setzte er es zunächst mit dem Einflußbereich der germanisch-romanischen Kulturen gleich. Nichtsdestoweniger weigerte er sich zuzugeben, daß die romanisch-germanischen Definitionen von »Zivilisation« den möglichen Sinnumfang des Ausdrucks vollständig erfaßten. Im Gegenteil: Die Ausstrahlung des westlichen Modells habe sich bereits erschöpft, während im russischen Osten Europas der Nukleus einer völlig eigensinnigen gegenwestlichen Zivilisation auf seine Entfaltung warte. Danilewskis Ambition zielte auf den Nachweis, wonach es die Mission der slawischen Völker sei, des russischen an erster Stelle, dem angeblich verbrauchten und diskreditierten okzidentalen Komplex eine östliche Alternative entgegenzusetzen. Er brachte zwei gute Nachrichten zugleich in Umlauf: zum einen, dass eine andere Welt möglich, zum anderen, dass sie als die slawische Welt im Erwachen sei. Die müsse sich nur endlich zu einem eigenständig gerundeten Universum ausformen, indem sie die westlichen Einflüsse wie eine überwundene Versuchung abschüttelt. In frühchristlicher Rechtgläubigkeit gegründet, werde die im Werden begriffene Zivilisation – östlich von Euro-

Kooperationen, das heißt um Militärpakte, Entwicklungshilfen und blockpolitische Manöver. Noch träumen die Massen der Welt nicht davon, wie die Russen oder die Chinesen zu leben.

pa, doch alles andere als bloß ein Osteuropa – frei sein von den machtsüchtigen Konstrukten des römischen Katholizismus; sie würde sich fernhalten von der egomanischen Anarchie, die durch den Siegeszug der Protestantismen in Nordeuropa und Nordamerika ausgebrochen sei. Um zu diesem Ziel zu gelangen, müsse Rußland, das zwar nie eine europäische Kolonie, jedoch eine allzu gefügige Einflußzone des Westens gewesen sei, sich von seinem Hang zur Selbstkolonisierung unter deutschen, französischen und britischen Vorbildern freimachen, um sich auf sein wirkliches »Wesen«, seine von Grund auf eigene humane Qualität zu besinnen, die zugleich dem wahren, dem frühesten Christentum nahe geblieben sei.

Die Schicksale der panslawistischen Ideen wurden im 20. Jahrhundert *nolens volens* mit denen der sozialistischen Sowjetunion zwischen 1922 und 1991 verwoben, obschon auf paradox verdrehte Weise. Die Union der sozialistischen Sowjetrepubliken brachte zwar nach und nach so gut wie alle slawischen Völker unter ihre Kontrolle – durch militärische Gewalt, nicht aufgrund freiwilligen Anschlusses –, ihre Führer waren aber nicht willens, die semi-biologischen Zivilisationskonzepte Danilewskis zu verteidigen. Sie wurden von nicht wenigen Bolschewiki, die sich an internationalistischen Vorstellungen orientierten, als Relikte eines rassistischen Nationalitätsdenkens aus volksromantischen Quellen verworfen.

Was Danilewskis äußerem Blick auf den europäischen Zivilisationskomplex seine Schärfe gibt, ist die Entschlossenheit des Autors, der slawischen Welt in ihrer Gesamtheit eine Fülle von Vorzügen zuzuschreiben, die dem Westen in seinen Augen fehlten – vor allem Duldsamkeit, Kooperativität, Frömmigkeit, nachbarschaftliche Gesinnung und Abwesenheit von Streitlust, während die negativen Gegenstücke hierzu: Intoleranz, Eigenmächtigkeit, Häresie, Egoismus und streitsüchtiges Gebaren, sich auf der germanisch-römischen Seite lokalisierten. Somit tauchte durch Danilewskis Entgegensetzung von »Russland« und »Europa« dem europäischen und nordamerikanischen Raum gegenüber ein drittes »nahes Anderes« auf, das sich von der fernen Andersheit Asiens deutlich unterschied. Sein Appell widerrief jene forcierte Annäherung an die zivilisatorischen Normen der romanisch-germanischen Sphäre, die seit Peter dem Großen (1672-1725) auf der Agenda russischer Politik gestanden hatte. Nicht ganz unerwartbar, doch mit eruptiver Heftigkeit, formulierte Danilewskis Intervention nicht weniger als den Anspruch, eine überzeugende Antithese zu Europa zu sein – eine eigenartige und eigenwertige »Zivilisation«, die, um zu sich zu kommen, dem korrumpierenden Einfluß des Westens abschwören müsse. Ja, ihre Abwendung von Europa sei unvermeidlich, damit sie erfüllen könne, was ihre Mission im Weltgeschehen ausmache: das rechtgläubige Erbe zu bewahren, das – frei von römischen Fälschungen – über Byzanz via Kiew nach Moskau transferiert worden sei.

Danilewskis Buch, zeitweilig als die »Bibel des Panslawismus« gepriesen, erregte in Rußland großes Aufsehen, nicht zuletzt, weil das Land, gedemütigt von der Niederlage im Krimkrieg (1853-1856) gegen die politisch und kulturell suspekte europäisch-osmanische Allianz, für ideologische Kompensationen mit europhober Tendenz empfänglicher geworden war. Es wurde bevorzugt von den *Narodniki* (»Volkstümler«) genannten Intellektuellen gelesen, die sich von den 70er Jahren des 19. Jahrhunderts an dem Traum eines direkten Übergangs der bäuerlichen Gesellschaft in den Sozialismus verschrieben hatten – unter Auslassung des im Westen dominierenden »Entwicklungsstadiums« der industriellen, egoistisch-kapitalistischen Lebensformen. Auf sinnverwandte Weise verlieh zur selben Zeit auch Fjodor Dostojewskij seinem erbitterten Haß gegen alles Westliche literarischen Ausdruck.[263] Daß aus einer radikalen Abspaltung der

263 Fjodor Dostojewskijs Reisefeuilleton »Winterliche Aufzeichnungen, über

»Volkstümler«, die sich *Narodnaja Wolja* (»Volkswille«) nannte, die Urheber des erfolgreichen Attentats gegen den Reform-Zaren Alexander II. im März 1881 hervorgingen, wurde für die weitere Geschichte Rußlands folgenreich, weil der junge Lenin sich von der Linie der anarchistischen Attentatspolitik abwandte, um sie durch die Strategie der Eroberung des Staatsapparats zu ersetzen. Als die neue Linie im Herbst 1917 offen die Bühne betrat, suchte sie von Anfang an ihre Ergänzung in der staatsterroristischen Absicherung des Komplotts an der Macht – damals noch unter dem Namen Tscheka – eine Option, die in der bis ins 21. Jahrhundert andauernden Geheimdienstherrschaft weiterlebt.

In der europäischen Literatur des späten 19. Jahrhunderts blieben die Stimmen des russischen Hasses gegen den Westen nicht unbemerkt. Es war insbesondere der junge britische Schriftsteller Rudyard Kipling, der, 1865 bei Bombay[264] geboren, seine jugendlichen Jahre in Indien verbracht hatte, bei dem sich frühzeitig eine Sensibilität für die Wechselfälle des *Great Game* zwischen Rußland und England auf dem südwestasiatischen »Schachbrett« entwickelte. In seiner 1891 verfaßten Erzählung »*The Man who was*« (deutsch: »Der Ausgelöschte«)[265] fing er die gewittrige Stimmung in den europäisch-russischen Beziehungen ein. Sie manifestiere sich auf denkwürdige Weise an einem britischen Militärstützpunkt in der damals noch indisch ver-

sommerliche Eindrücke« von 1862 vermittelt eine Vorstellung von den Aversionen des Autors gegen französische und britische Zustände.

264 Eine von portugiesischen Seefahrern unter dem Namen »schöne Bucht« (*boa bahia*) im 16. Jahrhundert gegründete Siedlung, die im 17. Jahrhundert britisch wurde und 1996 unter dem Einfluß hindu-nationalistischer Argumente in Mumbai umbenannt bzw. »zurückbenannt« wurde.

265 »Der Ausgelöschte«, a. a. O., S. 133-152.

walteten Garnisonstadt Peschawar, dem Sitz der Weißen Husaren Ihrer Majestät der Königin, nahe der späteren pakistanischen Grenze.

Bei einem von britischen Offizieren veranstalteten Festabend aus Anlaß eines gewonnenen Polo-Spiels ist ein russischer Gast, ein Kosakenoffizier namens Dirkowitsch, zugegen, von dem es heißt, er fungiere unter wechselnden Namen als Korrespondent russischer Zeitungen. Auf welchem Passweg er von Norden nach Indien gelangt war, weiß niemand. Empfehlungsschreiben von hoher Stelle lobten ihn als einen willkommenen Gast. Ob nüchtern oder betrunken, schwärmt er von der englisch-russischen Allianz, die eines Tages gemeinsam die Aufgabe der Zivilisierung Asiens in Angriff nehmen werde – obwohl ihm bewußt sein muß, daß dies nur hohle Worte sind. Er erweist sich als ein Mann von grenzenloser Trinkfestigkeit – einer Eigenschaft, die ihn für geheimdienstliche Funktionen qualifiziert, da er auch unter Einfluß von Alkohol nicht dazu gebracht werden könnte, Staatsgeheimnisse zu verraten. Im Lauf des Fests der britischen Offiziere gibt Dirkowitsch Beweise seiner Aufnahmefähigkeit, indem er unzählige Branntweingläser leert – in solchen Mengen, daß er vorübergehend wie betäubt unter den Tisch sinkt.

Der heitere Abend wird gestört durch das Auftauchen einer elenden Gestalt, von der man annimmt, sie sei auf den Diebstahl eines Karabiners aus gewesen – ein an britischen Garnisonen übliches Delikt, da die Landeskinder ihre Streitigkeiten gern mit modernen westlichen Waffen austrugen. Nach einer Weile stellt sich heraus, daß das weinende Lumpenbündel in Wahrheit ein Weißer ist – ja, man entdeckt, er sei ein ehemaliger Angehöriger dieses Regiments gewesen: Er war nach den Gefechten um Sewastopol wegen unehrenhaften Verhaltens bei einem Gefangenenaustausch übergangen und dem russischen Feind überlassen worden. Irgendwie mußte es dem nahezu entmenschten Individuum gelungen sein, aus den Lagern Sibiriens zu fliehen und nach Jahrzehnten, wie »ausgelöscht«, zu seiner

Garnison zurückzufinden. Tatsächlich entdeckt man in der Registratur der Peshawarer Truppe Listen aus der Zeit des Krimkriegs, in denen sich der Name des Mannes wiederfindet: »Lieutenant Austin Limmason. Vermißt.«

Nun jedoch, inmitten der allgemeinen Bestürzung, erwacht der Russe aus seinem Rausch und schwingt sich zu einer unerwarteten Rede auf: An den Zaren, an den glaube er selber nicht mehr im geringsten, so wenig wie an Napoleon, der doch bloß eine Episode gewesen sei. Aber die slawischen Völker: An die wolle er glauben! Noch hätten die Slawen in der Welt nichts Nennenswertes vollbracht, aber, hört gut zu! Sie seien 70 Millionen Menschen und mehr! Ihre Arbeit werde bald getan werden! Schaut euch dieses Lumpenbündel an! So wie ihm, diesem »Mann, der war«, diesem Ehemaligen und Ausgelöschten, würde es ihnen allen ergehen, sie aber, sie würden nicht zurückkehren, nicht hierher und nicht nach Hause in England – sondern dorthin: Dabei deutet er auf einen an die Decke des Saals gemalten Sarg. »Siebzig Millionen – fort mich euch, ihr alten Völker!«[266]

Kiplings Erzählkunst spart die Enthüllung von Dirkowitschs Gesinnung für das Ende der Geschichte auf. Wäre der russische Agent auch fähig gewesen, noch im stärksten Rausch politische Geheimnisse zu bewahren, erwies sich der Alkohol hier als geeignet, ideologische Bekenntnisse an den Tag zu fördern. Die unerwartbare Pointe wird zu Beginn der Geschichte von einer ambivalenten Sentenz in völkerkundlicher Tonart vorbereitet:

> Man muß sich darüber im Klaren sein, daß der Russe ein ganz entzückender Mensch ist, solange man sein Hemd nicht sieht. Als Orientale genommen, ist er einfach hinreißend – wenn er

266 Ebd., S. 151.

> aber verlangt, als Östlichster der Westlichen behandelt und angesehen zu werden, statt als Westlichster der Östlichen, dann hat man eine Kategorie Mensch vor sich, von dem man beim besten Willen nicht weiß, wie man mit ihm umspringen soll. Hat man ihn zu Gast, so weiß man nie, welche Seite seiner Natur er im nächsten Augenblick herauskehren wird.[267]

Die Figur des russischen Offiziers läßt sich am besten als ein ins Machtgebiet der Briten verirrter Danilewskianer begreifen. Ihm fiel in Kiplings Geschichte die Rolle zu, in einem Augenblick der Enthemmung die Maske fallen zu lassen: Der in Kränkungen schwelgende Osten wünschte den Briten und ihresgleichen den Tod. In ein betrunkenes Orakel verwandelt, legte der entfesselte Russe den antiwestlichen Zivilisationshaß der slawistischen Bewegung offen, nicht ohne zuzugeben, es handle sich im Grunde um das Ressentiment eines Ensembles von trägen Völkern gegen die aktiven Vormächte – eine Rachsucht, die sich in näherer Zukunft zur Weltbedeutsamkeit aufschwingen werde. Die Zahl »70 Millionen«, mit Nachdruck genannt, erhielt ihr Gewicht durch die Tatsache, daß Großbritannien, die bei weitem führende Macht unter den »alten Völkern«, in demographischer Sicht damals weniger als die Hälfte der russischen Massen vorzuweisen hatte.

Die Erinnerung an Kiplings Erzählung »Der Ausgelöschte« ist geeignet, einen historischen Moment zu evozieren, in dem Europa, nun des öfteren schon »der Westen« genannt, als »Kontinent« zwischen zwei Vokativen ins Visier geriet – oder an den Pranger: Von der äußeren Seite her wurde der Ruf: »Weg mit euch!« so deutlich vernehmbar, bis er als ein Programmwort der Entkolonialisierung ins

267 Ebd., S. 133.

allgemeine Bewußtsein drang, auch in Weltgegenden, in denen die aus Europa importierte Idee des souveränen Staats hartnäckig als Vorwand für Staatsstreiche, Militärputsche und diktatoriale Regime gedeutet wird[268]; von der anderen Seite, die sich naturgemäß überwiegend im Inneren der zurückweichenden Kolonialmächte formierte, ging der entgegengesetzte Zuruf aus: »Nimm deine Aufgabe in der Welt dort draußen weiterhin an, auch wenn man dir ins Gesicht spucken wird!« Was im Jargon der Historiker, der Politologen und der Soziologen seit 1900 »Imperialismus« genannt wird – ein Ausdruck, dessen inflationärer Gebrauch schon früh seinen Inhalt verzerrte –, war anfangs und der Sache nach vor allem der Konfliktraum dieser Vokative. Wenn der Name Europas vormals primär im Nominativ auftauchte: »Europa weiß«, »Europa will«, »Europa beschließt«, findet man ihn in jüngerer Zeit vor allem in der Position des Satzobjekts oder als Adressat einer Anklage, einer Beschimpfung, bestenfalls eines vokativischen Seufzers, wie Hans Magnus Enzensbergers inzwischen klassisches Buch *Ach Europa!* ihn artikulierte.[269] Der erste Ruf – er verbindet die Anklage mit uncachierter Unhöflichkeit – enthielt die Forderung, Europa und seine Delegierten, ob Kolonisten oder Missionare, letztlich auch Touristen, mögen überall dort verschwinden, wo sie – außer unausgereiften erzieherischen Träumen und einseitigen wirtschaftlichen Vorteilen – nichts zu suchen hätten; der andere insistierte darauf, der Westen solle seine Pflichten auch weiterhin an all den Orten erfüllen, wo er durch sein Auftauchen, seine Einmischungen und seine kaum je gehalte-

268 Im Mai 2024 trugen Demonstranten am Flugplatz von Niamey, der Hauptstadt des Sahel-Staats Niger, Plakate mit der an amerikanische Schutztruppen adressierten Aufschrift: *You leave, you move, you vanish*; zugleich wurde die Allianz mit der neuen Schutzmacht Rußland begrüßt.

269 Hans Magnus Enzensberger, *Ach Europa! Wahrnehmungen aus sieben Ländern*, Frankfurt a. M. 1987.

nen Versprechen eine Welt von »undankbaren Aufgaben« sich zugezogen hatte.

Binnen eines Jahrhunderts hat sich Rudyard Kiplings zumeist plump machtpolitisch verstandener Appell an die »Westmächte« von 1899: »*Take up the White Man's burden*«[270], in die Routine verwandelt, Probleme der nicht-okzidentalen Welt, die lösbaren wie die unlösbaren, auf das Schuldkonto der Leukosphäre, sprich des euro-amerikanischen Machtbereichs, zu setzen. In realistischer Analyse aufgefaßt, ist er gleichbedeutend mit dem, was nach dem Kollaps des 69 Jahre währenden Komplottsystems namens Sowjetunion – dem es zeitweilig gelang, sich zur »Zweiten Welt«, ja, zur Quelle einer »Weltrevolution«, zu mystifizieren – als die westlich dominierte »Weltordnung« beschrieben wurde, bevor der Aufstieg Chinas und des »globalen Südens« neue Zeichen setzte. Die aktuelle Lage wird vor allem dadurch geprägt, daß die als Staatsmächte agierenden Komplottagenturen der nach-sowjetischen Ära, China an erster Stelle, mit dem immer noch geheimdienstgelenkten russischen Vasallen an seiner Seite, und unter dem Beifall nicht weniger postkolonialer Polizeistaaten und Diktaturen, sich ihren mehr oder weniger synchronisierten Versuchen widmen, den Vorrang des Westens zu ihren Gunsten zu korrigieren.

Wer vom angebrochenen 21. Jahrhundert aus auf die zweite Hälfte des 20. zurückblickt, bemerkt eine Großtendenz, die in der Terminologie von Politologen mit dem Ausdruck »Entkolonialisierung« umschrieben wird. Er ist in der Sache gleichbedeutend mit einer Inflation der Reklamationen von politischer und kultureller Souveränität durch vormals abhängige politische Einheiten. Während der

270 Formuliert angesichts der Philippinenkrise, bei der das Eingreifen der USA zur Debatte stand.

1920 gegründete, 1946 aufgelöste »Völkerbund« (*League of Nations*) die 32 Siegerstaaten des Versailler Vertrags sowie 13 neutrale Mitglieder umfaßte, weist die Liste der Mitgliedsstaaten der nachfolgenden *Vereinten Nationen* im Jahr 2024 nicht weniger als 193 Namen auf – was einer Vervierfachung des Staaten-Pools binnen wenig mehr als eines halben Jahrhunderts gleichkommt. *De facto* läßt sich die Existenz der *Vereinten Nationen* nur als eine Operationalisierung dessen begreifen, was Rudyard Kipling mit *the white man's burden* gemeint hatte. Sie bildet die historische Kulmination einer von Grund auf undankbaren Aufgabe – resümierbar in der Formel: Wo Kolonie war, soll selbständiger Staat werden. Ihre Verlegenheit teilt sie mit anderen europäischen Exportgütern, namentlich Wissenschaft, Technik und Industrie. Deren kritisches Merkmal zeigt sich darin, daß sie, einmal in die Hände nicht-europäischer Anwender geraten – nicht zurückgerufen werden können. An erster Stelle ist hier, neben dem Konzept des Staates, das von zahlreichen staatsunfähigen Größen aufgenommen wurde, die Idee der Universität zu nennen – sie gründete in der mittelalterlichen Einrichtung der *universitas studiorum* (wobei *universitas* anfangs so etwas wie »Sammelstelle« bedeutete) und erfuhr seitens der vom 15. Jahrhundert an im Westen florierenden Akademien eine wichtige Ergänzung. So wie der neuzeitliche Staat ein genuin europäisches Produkt des politischen Maschinenbaus darstellt, der zwischen dem 15. und dem 19. Jahrhundert eine Reihe von mehr oder weniger einfach kopierbaren Modellen hervorbrachte, repräsentiert die Universität beziehungsweise die Hohe Schule als Gebilde der pädagogischen und kognitiven Inventorik ein allenthalben gern eingesetztes Instrument, das eine direkte oder indirekte Europäisierung seiner Benutzer bewirkt. Fast durchwegs wird es als Mittel der Selbstermächtigung eingesetzt – als ob es gälte, die im europäischen 17. Jahrhundert statuierte Gleichung von Wissen und Macht in möglichst vielen nicht-europäischen Agenturen zu implantieren. Wo neuere Agenturen sich staatsförmig organisierten, traten sie – mit dem Privileg der nachholenden Modernisierung ausgerüstet – zumeist auch als Käufer von westlichen Waffensystemen auf – wozu die Souveränitätsfiktionen des Völkerrechts sie zu berechtigen schienen. Indessen legten westliche Waffenhersteller – beflügelt vom Willen zum Staat in den vormaligen Peripherien – oft eine bemerkenswerte Sorglosigkeit an den Tag, wenn es galt, ökonomische Interessen gegen friedenspolitische Ziele abzuwägen. Man könnte meinen, Vorurteilslosigkeit sei weniger eine philosophische als eine waffenhändlerische Tugend.

Wer sich vornimmt, einige Lesezeichen in Werke der europa-kritischen oder unverhohlen europa-feindlichen Bibliothek einzulegen, hat im voraus zu bedenken, daß das neuere Universum der Bücher und *eo ipso* der durch Presse publizierten Ideen *per se* nicht ohne die von Europäern in alle Welt exportierten Medien und ihre Technologien zu denken wäre. McLuhans großer Satz, wonach das Medium die Botschaft ist, impliziert den Hinweis, daß die Botschaft mit Hilfe des Mediums an den Absender zurückgeschickt werden kann. Phänomene wie »Weltliteratur« – um an Goethes Wortprägung zu erinnern – und »Weltpolitik« beziehungsweise »große Politik« im Sinne Nietzsches sind in zivilisationsdynamischer Sicht nur als Effekte von *Exportumkehrungen*, zuweilen auch als *Missionsumkehrungen*, zu begreifen.

Was Europa heute aus dem Konzert der Gegenstimmen entgegenschlägt, sind zumeist Antworten auf die Inkohärenz seiner Botschaften: Es hatte vorgegeben, das Vornehmste zu verbreiten, was es mitzuteilen hatte – die christliche Aufforderung zur Entgrenzung der Liebe und deren Übersetzung in die aufklärerische Inklusion aller in das Reich von reziproker menschlicher Anerkennung und gerechtem Austausch; hingegen hat es nicht selten das Niederträchtigste exportiert, was eine Kultur auf nahe und ferne Zeitgenossen übertragen kann: die gewalttätige Unterwerfung der Anderen unter das Regime der Exporteure. In den anti-okzidentalen Regungen, die sich zur Stunde aus vielen Himmelsrichtungen artikulieren, mit der für reaktive Akte typischen Verspätung, formiert sich ein Ensemble von Initiativen, denen sich ein Element von Wahrheit nicht absprechen läßt. Wenn der Begriff »Widerstand« im politischen Vokabular des 20. und 21. Jahrhunderts einen hohen Stellenwert erlangt hat, so weil er eine produktive Figur auf dem Spielfeld der wirklichkeitsstiftenden Kräfte bezeichnet; dies gilt vor allem in Kontexten, in denen er nicht mehr bloß als reaktionärer Reflex, sondern als spontane Regung des Gegenangriffs und als Geste der Unterwerfungsverweigerung gedeutet werden kann, zumal in Frankreich, wo – vor dem Hintergrund des Mythos der *Résistance* – Ausdrücke wie *insoumission* und *contre-attaque* eine bemerkenswerte Konjunktur erleben. Ist das Medium die Botschaft, und wird die Botschaft mit Gewalt überbracht, hat die Regung der Gegengewalt einen plausiblen Anlaß, mehr noch, ein gutes Recht, ein Medium zu wählen, um ihrerseits die bessere Botschaft zu werden. Die kann naturgemäß auch von Gewalt getragen, begleitet und verdeutlicht werden.

Um diese Überlegungen zum Begriff des Widerstands zu prüfen, legen wir unser vorletztes Lesezeichen ein in ein Dokument, das man inzwischen als einen Klassiker des Anti-Europäismus bezeichnen kann. Unvermeidlich ist hier von Frantz Fanons 1961 bei Maspero, Paris, erschienener Streitschrift *Les damnés de la terre*[271] die Rede. Der Traktat des 1925 auf Martinique geborenen Autors ist inzwischen zu einem Vademecum der peripheren Aufstände geworden; er wollte von Anfang an als antikoloniales Manifest gelesen werden.

271 Dt.: Frantz Fanon, *Die Verdammten dieser Erde*, Frankfurt a. M. 1966.

Tatsächlich erschien er, wenn auch leicht verspätet, zur rechten Zeit, nachdem ein Jahr vor seiner Publikation 18 afrikanische Staaten ihre Unabhängigkeit von den europäischen Kolonialmächten erklärt hatten, an erster Stelle die vierzehn neuen politischen Einheiten, die sich von Frankreich lossagten. Es mußten Jahrzehnte vergehen, bis sich die Sicht über dem Konfliktfeld genügend geklärt hatte, um eine entscheidende kulturtheoretische Einsicht, Fanons Thesen betreffend, ans Licht treten zu lassen: daß sie nur als Produkte eines mentalen Gegenexports, ja einer massiven Gegenmission zu würdigen sind. Die Fanonschen Dogmen zeichnen sich aus durch eine Deutlichkeit, wie sie nur durch das Zu-Ende-Denken eines Axioms erreicht wird.

> Entkolonisierung ist immer ein gewaltsames Phänomen.
>
> […]
>
> Die Dekolonisierung ist die Bewahrheitung des Satzes: »Die letzten werden die ersten sein.«
>
> […] wenn die letzten die ersten sein müssen, so kann dies nur infolge eines entscheidenden und mörderischen Zusammenstoßes [*affrontement*] der beiden Protagonisten [des Kolonisten und des Kolonisierten] geschehen.
>
> […]
>
> Von seiner Geburt an ist für ihn [den Kolonisierten] klar, daß diese geschrumpfte, von Verboten übersäte Welt nur durch die absolute Gewalt infrage gestellt werden kann
>
> […]
>
> In der Phase der Entkolonisierung verspottet die kolonisierte Masse die »Werte der Weißen« [*valeurs blanches*] und kotzt sie aus vollem Rachen aus.
>
> […]
>
> [In der Periode der Kolonisierung] hört der Siedler nie auf,

> der Feind, der Gegenspieler, genau eben der Mann zum Abschlachten zu sein.[272]

Jean-Paul Sartres Vorwort zu Fanons Schrift verriet schon im Augenblick des Erscheinens, wie sehr die Vorsprecher europäischer Selbstkritik bereit waren, noch den radikalsten Figuren antikolonialer Gegenmisssion zuvorzukommen.[273] Nimmt man Sartres politisches Feuilleton von 1961 zum Buchstabenwert hin, muß man an ihm eine pikante Nuance hervorheben. Der französische Philosoph suggerierte eine Analogie zwischen der afrikanischen Revolte gegen die Kolonisatoren und der Abschaffung des Adels in der Französischen Revolution – die eine für ihn so legitim wie die andere. Das formlose Erschlagen eines französischen Kolonialherrn, ob in Französisch-Westafrika oder anderswo in der Welt, wäre demnach aus der Perspektive der Revolutionstheorie *mutatis mutandis* gleichwertig mit der Exekution Ludwigs XVI., die im Januar 1793 im Zuge der jakobinischen Verschärfung diskutiert, beschlossen und vollzogen wurde. Ob mit oder ohne Prozeß, die angeforderte Gewalttat der Koloni-

272 Ebd., S. 40ff.

273 Dreißig Jahre nach Sartres Intervention zugunsten von Fanons Kampfschrift hat der Friedensforscher Johan Galtung in seinem Vortrag: »Europa 1492 bis 1992: Gehirn oder Krankheit der Weltgesellschaft?« zu einem Rundumschlag ausgeholt, an dem sich zeigt, wie leicht die europäische Kultur des Geständnisses in den Amoklauf der Selbstbezichtigung übergeht. Der Anlaß der Rede war das 500-jährige Jubiläum der Kolumbusfahrt im Jahr 1992; dessen wurde auch am ÖFSK (Österreichisches Studienzentrum für Frieden und Konfliktlösung) in Stadtschlaining/Burgenland gedacht. Galtung begnügte sich bei der Charakterisierung Europas mit zwei essentialistischen Aussagen: Seine primäre psychologisch-moralische Eigenschaft bestehe in der Synthese von Megalomanie und Paranoia; seine wesentliche Tätigkeit zwischen 1492 und 1992 sei der Genozid gewesen. Vgl. Johan Galtung, *Eurotopia. Die Zukunft eines Kontinents*, Wien 1993.

sierten käme einem notwendigen Mord, ja, einem heiligen Mord gleich. Aus ihm sollten zwei reziproke Befreiungen hervorgehen: Auf der einen Seite könnte ein Kollektiv von Subjekten Gestalt annehmen, die ihre Unterdrückung hinter sich lassen, indem sie sich durch die ausgeübte blutige Gewalt gegen die fremden Herren ihrer Ebenbürtigkeit und Souveränität bewußt würden; auf der anderen Seite dürfte das Staatsvolk der vormaligen Kolonialmacht aufatmen, weil es endlich begriffe, daß es die Unterwerfung anderer für sein eigenes Dasein und Sosein nicht nötig habe.

Ein Einwand gegen das Fanonsche Programm der bewaffneten Revolte und seine Überhöhung durch Sartres dialektische Phantasmen drängt sich gleichwohl auf. Hätte man auf der Seite der zu befreienden neuen »Nationen« – und mit dem Begriff »Nation« verbindet sich für den Autor die Fülle der revolutionären Hoffnungen – sich mit der Geschichte der Französischen Revolution gründlich und ohne Beirrung durch die gewaltfreundliche kommunistische Vulgata befaßt, hätte man aus ihrem Verlauf etwas andere Lehren als die üblichen ziehen müssen. Die Lektion der Franzosen an die politische Mitwelt und Nachwelt – hätte man sie rezipieren wollen – bestand darin, daß sie an den Verläufen von Revolutionen dieses Typs etwas Irritierendes sichtbar werden ließ. Die integrale Umwälzung, wie die Jakobiner sie konzipierten, mußte nicht nur *de facto* unvollendet bleiben, sie war *per se* und *ea ipsa* unvollendbar. Vier Rückfälle in die Monarchie im 19. Jahrhundert (Napoleon I., die bourbonische Restauration, das Bürgerkönigtum von Louis-Philippe, Napoleon III.) und zwei semi-monarchische Rückfälle im 20. Jahrhundert (de Gaulle, Mitterrand) sollten gezeigt haben, daß es nicht ganz abwegig sein konnte, Zweifel an der weltgeschichtlichen Exemplarität der Großen Tage von 1789 bis 1794 zu äußern.[274]

274 François Furet (1927-1997) hat in seinem einschneidenden Werk *Le passé*

Die maßgebliche Lektion bezog sich auf den Einsatz der tödlichen Gewalt, von der man in Kreisen der Radikalen so gern glauben wollte, sie sei die Geburtshelferin des Fortschritts und die Amme der Befreiung. Der revolutionäre Terror, von dessen Heilsamkeit und Unvermeidlichkeit die jakobinischen Aktivisten überzeugt waren – manche verstanden sich als Märtyrer des Guten, die den Gebrauch böser Mittel auf sich nahmen –, entlud sich offensichtlich nur zu einem kleineren Teil gegen die Mitglieder des Adels, dem man – zusammen mit dem glanzvoll absurden Theater von Versailles – nicht ganz zu Unrecht eine Mitschuld an den überkommenen Mißständen zuschreiben konnte. Der Hauptstoß des Terrors richtete sich gegen Rivalen im Kampf um die Vormacht bei der Überwindung des Bestehenden und der Einrichtung des Kommenden – und gegen eine Unzahl von Figuren am Rand, die sich durch einen Mangel an Begeisterung verdächtig machten. Schon bei der Generalprobe der politischen Moderne vollzog sich das Töten im Dienst der besseren Zukunft nur vergleichsweise selten an den Verteidigern der alten Zustände. Es waren in erster Linie die Gemäßigten und die weniger Exzentrischen, die infolge der zunehmenden revolutionären Eile auf der Strecke blieben. Neun Zehntel der Opfer der *terreur* waren keine eingeschworenen Royalisten oder unbelehrbare Verfechter überholter Zustände; sie fielen den Reibungen zum Opfer, die bei den Akzelerationen des revolutionären Gebarens auftreten mußten. Der Unterschied der politischen Tempi wurde erst im Lauf des Rennens sichtbar. Dabei enthüllte sich das Paradoxon des Siegens in Wettbewerben dieser Art: Wer am meisten vorausge-

d'une illusion. Essay sur l'idée communiste au XXe *siècle* (Paris 1995) den Zusammenhang zwischen der jakobinischen Verschärfung in der Französischen Revolution und dem terrorbasierten sowjetischen System aufgezeigt. Dt.: *Das Ende der Illusion. Der Kommunismus im 20. Jahrhundert*, München 1996.

eilt war, mußte früher oder später bloßgestellt werden als einer, der zu weit gegangen war. Verwildernde Gruppendynamik – zusammen mit hypnoidem *group think* – bildete das typische Merkmal der Turbulenzen, die den großen Umbrüchen moderner Zeiten den Zug zur Überhitzung verliehen.[275]

Was sich an der »Mutterrevolution« in Frankreich gezeigt hatte, galt um so mehr für die »Tochterrevolution« in Rußland.[276] Überblickt man das Tableau der gewaltträchtigen Geschehnisse hier wie dort aus größerer Höhe – der Sphäre, die der Eule der Minerva gemäß wäre –, wird ein denkwürdiger Sachverhalt evident: Das Gros der revolutionsbedingten Auslöschungen in den Großen Tagen der französischen Nation ging sichtlich auf das Konto von Rivalitäten zwischen den politischen Sekten sowie auf das von Denunziationen aus trüben Quellen – als ob zu beweisen gewesen wäre, daß man in Zeiten hoher ideologischer Erregung sich auch auf gute Nachbarn

275 Vgl. Ivan Nagel, »Der Intellektuelle als Lump und Märtyrer«, in: ders., *Gedankengänge als Lebenslauf. Versuche über das 18. Jahrhundert*, München 1987. Und: Arno J. Mayer, *The Furies. Violence and Terror in the French and Russian Revolutions*, Princeton 2000.

276 Aus der Sicht von Rosenstock-Huessy ist beiden gemeinsam, daß sie ihre Herkunft aus den drei früheren europäischen Revolutionen: der Papstrevolution Italiens, der »deutschen Revolution« Luthers und der *Glorious Revolution* der Briten, ignorierten; infolgedessen mußten sie einer fatalen Verkürzung der freiheitsgeschichtlichen Perspektive verfallen, einer Verkürzung, die sich in Frankreich als dogmatischer Laizismus, im Sowjetreich als Staatsatheismus äußerte. (Vgl. Lektion zwei: *Out of Revolution*, S. 99-139.) Was die chinesische Revolution angeht, die als asiatischer Klon des leninschen Modells begann, so ist ihr Fortgang nur als Wiederaufnahme des Stalinismus zu verstehen, mit dem Zusatz, daß es in ihr niemals Phänomene wie Glasnost (Offenheit) und Perestroika (Umbau) geben dürfte. Die Hauptidee Xi Jinpings liegt in dem Axiom, daß eine effektive Entmaoisierung um jeden Preis verhindert werden muß, da sie China ein ähnliches Schicksal bereiten würde, wie die Entstalinisierung es der Sowjetunion bereitet hat.

und Mitstreiter von gestern nicht mehr verlassen kann. In Staaten mit jakobinischen Ideologien an der Macht blieb die Denunziation eine alltägliche Realität, auch wenn die extreme Erregung abgeklungen war, wie es die Zustände in der Sowjetunion, in der Deutschen Demokratischen Republik und in anderen Regimen bewiesen, in denen es den Regierenden gelang, ihre Bevölkerungen zu Geiseln zu nehmen und zu Spitzeln abzurichten. Die historische Analogie ergibt sich aus der Natur der Sache, sofern die Russische Revolution als ein mimetisch am französischen Modell orientiertes Abenteuer konzipiert war: Auch der bei weitem größte Teil des Terrors, wie er im September 1918 von Lenin logisch begründet[277], von Trotzki im Krieg gegen die Weiße Armee 1918 bis 1922 implementiert, von Stalin ab 1936 auf die Spitze getrieben wurde, ging auf das Konto von Spaltungen innerhalb der Träger der umwälzenden Bewegungen auf russischem Boden – hierin *summa summarum* dem Verlauf der Dinge in Frankreich nach 1789 verpflichtet.

Um so mehr bleibt verwunderlich, wie Fanon, der Analytiker der komplexen psychodynamischen Verhältnisse zwischen weißem Herrn und schwarzem Knecht, es fertigbrachte, von den erwartbaren Komplikationen der entfesselten Gewalt, zu der er die Schlagworte lieferte, so unzureichend Kenntnis zu nehmen. Hätte nicht gerade er wissen müssen, daß es keinen gefährlicheren Augenblick gibt als den, in dem die Verdammten dieser Erde erwachen? Würden nicht auch sie viel eher sich untereinander mißhandeln als auf die Kolonialherren losgehen? Oder um auf die Ebene der allgemeinen Revolutionstheorie überzugehen: Würden nicht auch sie die Marxsche Suggestion Lügen strafen, wonach es im »letzten Gefecht« nur noch eine einzige

277 Im Dekret über den Roten Terror vom 5. September 1918 wurde verfügt, Kulaken, Popen und Weißgardisten seien zu liquidieren, »zwielichtige Elemente« in Konzentrationslagern einzusperren.

scharf gezogene Frontlinie geben werde: die zwischen Kapital und Proletariat? Würden sie nicht der Welt vor Augen führen, wie tödlich der Irrtum ist, zu behaupten, es gebe auch am Ende des kolonialen Dramas nur noch die eine klare Front – jene, an der Kolonialherren und Kolonisierte aufeinanderstoßen?[278] In diesem Punkt ist die Statistik deutlicher als die politische Theorie: Im Lauf der innerafrikanischen Konflikte, die auf den Rückzug der Kolonialmächte nach 1960 folgten, kamen fast doppelt so viele Menschen ums Leben, wie durch den Sklavenhandel zwischen 1519 und 1867 nach Amerika deportiert worden waren – das sollen nach jüngeren präzisierten Schätzungen elf Millionen gewesen sein.

Das letzte Lesezeichen in diesem den Gegenstimmen gewidmeten Kapitel des Buchs Europa wird, wie angekündigt, in ein in unseren Breiten relativ wenig bekanntes Dokument eingelegt – eine in Südamerika ideenpolitisch folgenreiche kleine Schrift, im Original kaum zwölf Seiten umfassend, die sich durch ihre eigenwillige Logik der so bekannten wie frustrierenden Dialektik von kolonisatorischer Gewalt und revolutionär intendierter Gegengewalt entzieht. Die Rede ist von dem im Jahr 1928 in São Paulo publizierten »Anthropophagen Manifest«[279] aus der Feder des brasilianischen Autors Oswald de Andrade (1890-1954), eines Dichters und Essayisten, der noch immer zu

278 Fanon hatte eine gewisse Gewaltneigung der Kolonisierten auf einer vorpolitischen Ebene konstatiert: »Kollektive Selbstzerstörung in Stammeskämpfen ist […] einer der Wege, durch die sich die muskuläre Spannung des Kolonisierten entlädt.« (*Die Verdammten dieser Erde*, a. a. O., S. 55).

279 »Manifesto antropófago«, zuerst veröffentlicht in der von de Andrade mitgegründeten *Revista de Antropofagia*, von der nur die Jahrgänge 1928 und 1929 erschienen sind (genannt *dentiçõe* – Zahnreihen, Zahnungen). Dt. in: Oswald de Andrade, »Manifesto Antropófago. Anthropophages Manifest«, in: ders., *Manifeste*, Wien 2016.

den meistbeachteten Stimmen des »peripheren Surrealismus«, ja, der »peripheren Literatur« überhaupt, gehört. Durch die Wahl der Manifest-Form griff der Autor eine von europäischen Avantgardekünstlern der Ära vor dem Ersten Weltkrieg eingeübte Prozedur auf, die darin bestand, das Genre des Pamphlets oder der Programmschrift von der parteipolitischen Sphäre in die kulturpolitische und künstlerische Arena zu übertragen – exemplarisch vorgeführt im »*Futuristischen Manifest*« Filippo Tommaso Marinettis, das am 3. Februar 1909 in der Pariser Tageszeitung *Le Figaro* erschienen war. Mit der Wendung zur Anthropophagie verließ der europakritische Impuls den Boden der üblichen Konfliktliteratur, in der durchwegs von Gewalt und Gegengewalt, von Angriff und Gegenangriff, von Unterworfensein und aufständischem Streben nach Souveränität die Rede ist.

Oswald de Andrades Manifest gibt auf der Stelle zu erkennen, daß es mit den herkömmlichen Figuren des »Zusammenstoßes« – ob von Klassen, Parteien oder Zivilisationen – nichts zu tun haben möchte. Daher lautet sein erster Satz: »Nur die Anthropophagie vereint uns.«[280] Die Eröffnungsthese wird erweitert durch die folgende:

> Das einzige Gesetz der Welt. Verborgener Ausdruck aller Individualismen, aller Kollektivismen. Aller Religionen. Aller Friedensverträge.[281]

Wie präzis de Andrade die Regeln des modernistischen Genres erfaßt hatte, zeigt sich von Anfang an in seinem Gebrauch der für das Manifest charakteristischen Stilmittel: Übertreibung, Verkürzung, unvollständiger Satz, schwebender Sinn.[282] Seine Einsicht in die

280 Ebd., S. 35.
281 Ebd.
282 Technisch: Hyperbel, Ellipse, Anakoluth, Ironie.

Kunst des Verfassens von Manifesten reichte über die Verwendung von formalen Stilmitteln hinaus, indem er sich an die unausgesprochene Vorschrift hielt, wonach ein Manifest nur so viel taugt, wie es ihm gelingt, frühere Manifeste zu überbieten.

Dieser Anspruch kündigt sich in dem dritten Satz des »Anthropophagen Manifests« an:

> Tupi, or not tupi that is the question.[283]

Was zunächst wie ein mediokres Wortspiel oder wie ein kalauerndes Zitat des Hamlet-Monologs klingt, verrät sich bei längerem Verweilen an der anstößigen Stelle als eine unvermutete Anwendung des anthropophagen Schemas. Um das nachzuvollziehen, muß man wissen, daß »Tupi« der abkürzende Name eines indigenen an der Atlantikküste lebenden brasilianischen Stammes ist, der Tupinambá, zu dessen Mythos seine »kannibalischen« Bräuche gehörten.[284] Seine Nachkommen verloren sich mehr oder weniger in den Jahrhunderten nach der Ankunft der Portugiesen, indes Reste der Tupi-Sprache am Leben blieben. De Andrade machte sich die Shakespeare-Parodie zunutze, um zu signalisieren, für ihn und die Seinen gehe es nicht um die Differenz von Sein und Nicht-Sein, sprich: von Leben im Diesseits und Leben »danach«. Was zur Wahl stand, war die Zugehörigkeit zu der Welt der brasilianischen Eingeborenen oder die zur Sphäre der portugiesisch-europäischen Kolonisatoren. Indem er sich für die indigene, die anthropophage Seite aussprach, machte der Autor deutlich, aus seiner Sicht könne eine brasilianische Gegenwartskultur nur gedeihen, wenn sie sich darauf verstünde, ihre archaischen

283 Ebd.

284 Karl-Heinz Kohl, *Neun Stämme. Das Erbe der Indigenen und die Wurzeln der Moderne*, München 2024, S. 15-34.

Gebärden gegen die überwältigenden Einflüsse der importierten Moderne geltend zu machen. Auch das Zitieren eines westlichen Klassikers kann sich als anthropophager Akt erweisen. Zugleich war de Andrade jederzeit bewußt, wie sehr seine eigenen Regungen durch Importe bedingt waren. Dennoch: Seiner Intuition zufolge hatte Brasiliens Selbstbehauptung es nicht länger nötig, im Modus der symmetrischen Revolte, des Gegenexports, des Gegenangriffs zu geschehen. Sobald die Opposition gegen die Übermacht westlicher Kolonisatoren sich im »Modus Tupi« vollzieht, somit als Kannibalisierung des fremden Herrn, verlagert sich die Auseinandersetzung zwischen dem Eigenen und dem Fremden auf eine im buchstäblichen Sinn innerliche Ebene. Das Schlachtfeld des Anthropophagen liegt in den Eingeweiden. Durch den vierten Satz wird das ganz deutlich:

> Mich interessiert nur das, was mir nicht eigen ist. Gesetz des Menschen. Gesetz des Anthropophagen.[285]

An die Stelle der Konfrontation tritt die Einverleibung – wo Polemik war, soll Verschlingung werden.

Daß die einverleibende Auseinandersetzung mit dem äußeren Herrn nicht ohne den Anspruch auf Überbietung des aufgefressenen Anderen bleibt, zumindest nicht in der Sphäre der rhetorischen Gebärden, zeigt sich in der zehnten Satzfolge aus de Andrades Schrift:

> Wir wollen die karibische Revolution. Größer als die französische Revolution. Die Vereinigung aller Revolten, die dem Menschen dienen. Ohne uns hätte Europa nichts als seine armselige Erklärung der Menschenrechte.

285 »Manifesto Antropófago«, a.a.O., S. 35.

> Das von Amerika verkündete goldene Zeitalter. Das goldene Zeitalter. Und all die girls.[286]

Mit dem Wort »Amerika« ist hier der Halbkontinent bezeichnet, der sich heute dem »globalen Süden« zurechnet. Zugleich verliert der anthropophagische Akt in de Andrades Darstellung seine barbarische Qualität; er wird in dem *Manifest* geradezu als ein sakraler Akt verherrlicht, durch den der Widerstand in die Aneignung übergeht:

> Den heiligen Feind in sich aufnehmen. Um ihn in ein Totem zu verwandeln. Das menschliche Abenteuer. Der irdische Endzweck.[287]

Jedoch: Nur »die reinen Eliten« brächten es fertig, jene Art von Anthropophagie zu verwirklichen, »die den höchsten Sinn des Lebens in sich trägt«. In diesen Zeilen deutet sich eine anthropophagische Utopie an: Erst durch totale Verschlingung des Menschen durch den Menschen könne das Hyper-Totem »Menschheit« entstehen. Wo echte Eliten des Verschlingens am Werk sind, kann sich jene allseitig aneignende Libido verwirklichen, die sich in einer weiten und hohen »Wärmeskala« äußert; sie kann zu Freundschaft, zu Liebe, zu Wissenschaft werden. Was es zu meiden gilt, sind die niederen Auswüchse des fressenden Triebs: Neid, Wucher, Verleumdung, Mord – mithin all die Sünden, die sich als die »Pest der sogenannten gebildeten [*cultos*] und christianisierten Völker«[288] weltweit verbreitet hatten. Mit verächtlicher Geste überläßt man deren Inventar

286 Ebd., S. 39.
287 Ebd., S. 55.
288 Ebd., S. 57.

dem Doktor Freud im fernen Wien. Von den portugiesischen Eroberern als Europäern habe man ohnedies nichts Gutes zu erwarten gehabt.

> [Es] waren keine Kreuzfahrer, die kamen. Es waren Geflüchtete einer Zivilisation, die wir dabei sind aufzuessen, weil wir stark und rachsüchtig sind, wie der Jabuti [so heißt die von den Einheimischen verehrte Schildkröte, P. Sl.].[289]

De Andrade macht nicht halt bei dem Versuch, die europäischen Revolutionen, die Französische an erster Stelle, durch die Karibische Revolution[290] zu überbieten; er erhebt den Anspruch, durch seine Lehre von der allgemeinen Anthropophagie die europäischen Traditionen des Gott-Essens zu übertreffen, wie sie sich in der christlichen Eucharistie darstellten.[291] Der Streit der Kulturen verlagert sich auf das Feld, das dem Wettbewerb der Einverleibungen als Spielraum dient. Nach de Andrades Überzeugung hatten die Tupis, die wirklichen oder die imaginären, keine Kolonisierung oder Missionierung nötig:

> Wir hatten schon den Kommunismus. Wir hatten schon die surrealistische Sprache. Das goldene Zeitalter. [...] Bevor die Portugiesen Brasilien entdeckten, hatte Brasilien das Glück entdeckt.[292]

289 Ebd., S. 49.

290 Der Autor schreibt *revolução Caríba* mit großem C, als handle es sich bei dem Postulat um ein in die Geschichte eingegangenes Ereignis.

291 Zu deren Einordnung in einen weiteren anthropologischen Kontext vgl. Jan Kott, »Das Gott-Essen oder *Die Bakchen*«, in: ders., *Gott-Essen. Interpretationen griechischer Tragödien*, Berlin 1991, S. 198-245.

292 »Manifesto Antropófago«, a. a. O., S. 45 und S. 53.

Der anthropophagische Akt läßt sich nur als ein Amalgam aus Eucharistie und Revolte verstehen. Indem er eine Synthese aus Einverleibung und Auslöschung vollzieht, bereitet der luzide Kannibale dem Fremden, dem Importierten, der aufgezwungenen Förmlichkeit und den Artikeln des Katechismus ein Grab in den eigenen Eingeweiden – naturgemäß mit der Aussicht auf spätere Ausscheidung. Wo diese geschähe, käme sie einer gelungenen Immunisierung gegen das Unannehmbare gleich. Der Vorgang, im ganzen genommen, weckt die Vorstellung, das Innere des Menschenfressers werde als ein Klärwerk konzipiert, in dem das Schlechte und Unwillkommene ausgeschieden würde, indessen das Gute und Brauchbare dem Eigenen einverleibt würde. Ebendies bedeutet die These: »Den heiligen Feind in sich aufnehmen. Und ihn in ein Totem zu verwandeln.«

Ganz unzweifelhaft parodiert die brasilianische Anthropophagie die christliche Theophagie, deren Sinn in der symbolischen Einverleibung des geistigen Leibes Christi bestand. Sie sollte zur Vereinigung des Kommunikanten mit dem Aufgenommenen und zu der subtilen Einwohnung des gegessenen Gottes im aufnehmenden Gefäß führen; indessen konnte von Ausscheidung hierbei nie die Rede sein. Die Christen, als diskrete Theophagen, können ihrem Totem, dem gekreuzigten und auferstandenen Gott, zwar untreu werden, sie können seine Lehre dementieren oder sich anderen Idolen zuwenden – die Frage hingegen, was aus ihrem einverleibten Gott nach dem Durchgang durch sie würde, stellt sich für sie in keinem Fall; man begnügt sich mit der Vorstellung, die Hostie werde den Aufnehmenden christusförmig verwandeln. Nach dem anthropophagen Akt hingegen drängt sich die Frage auf, was aus dem Verschlungenen werden wird. Man frißt das Andere auf eigene Gefahr – und auf Kosten eines Verdauungsapparats, der spurlose Auflösung nicht kennt.

Wenn nicht alles täuscht, blieb Oswald de Andrade die Auskunft auf die Erkundigung nach den Schicksalen der Gefressenen im kannibalischen Innenraum schuldig. Mehr noch, er mußte sie schuldig bleiben, weil die weitere Ausführung seines großen Wurfs unweigerlich zu paradoxen Konsequenzen geführt hätte. Sobald man versucht, das anthropophagische Geschehen weiterzudenken, entsteht eine Kaskade von bizarren und obszönen Bildern: Der kritische Surrealismus geht ins intestinale Kabarett über, indessen die karibische Resistance sich ins absurde Theater der Verdauung verwandelt. Man muß ja darauf gefaßt sein, daß nicht jedes Verschlingen eine vollständige Metamorphose des Gefressenen in den rebellischen Eingeweiden der Indigenen bewirkt.

De Andrades kühne Entwürfe münden in etwas, was man kaum anders nennen kann als die Neu-Entdeckung der Unverdaulichkeit. Durch sie kommt es zu einer erneuten Unterscheidung von Geist und Körper, wobei der Geist der Verschlungenen in den Körpern der Anthropophagen zu einem bizarren Nachleben erwacht. Die unverdaulichen – genauer: die durch indigen-intestinale Vorgänge nicht abbaubaren Elemente der verzehrten Kolonialagenten – bleiben in ihren neuen Gefäßen gleichsam gespenstisch am Leben; sie fangen an, aus den Mündern der Teilnehmer an den kannibalischen Kommunionen zu reden. Dies mag den vielfach zu beobachtenden Effekt erklären, daß in allen Regionen, aus denen die ausbeuterischen alten Herren vertrieben wurden, ihre Stimmen aus den inzwischen in eigener Sache sprechenden einheimischen Quellen weiter zu reden scheinen. Die Doktrinen des okzidentalen Universalismus erweisen sich als nicht-biodegradable Figuren, verschluckten Diamanten vergleichbar. Sie ließen sich zwar ideologisch und politisch neu kontextuieren, behielten aber ihren Wahrheitswert und ihre assertive Energie auch dann, wenn sie aufgrund feindlicher Einverleibung in die Selbstaussagen von europa- und nordamerikafeindlichen Sprechern eingefügt wurden.

Mit der kohärenten Entfaltung der Hinweise und Impulse aus dem »Anthropophagen Manifest« ergeben sich Beobachtungen von einiger Ironie. Die post-koloniale Strategie der offensiven Einverleibung (die sich der von Fanon dargestellten Neurose des mit dem Herrn identifizierten Sklaven diametral entgegensetzt) wurde auf breiter Front praktiziert, gleich ob man sie bewußt aufgriff oder sie sich per Nachahmung zu eigen machte. Sie führte zur Entstehung einer ventriloquistischen Ökumene. Aus zahllosen Mündern, die gegen den Westen beziehungsweise seit kurzem auch gegen den Globalen Norden plädieren, reden die nicht ausscheidbaren westlichen Doktrinen zu den Europäern. Die können ihrerseits nicht anders, als den erkennbaren Zügen von Vernunft im Plädoyer der anderen recht zu geben.[293]

Ein gut Teil dessen, was jüngst an den westlichen Universitäten und progressiven Kulturinstituten in aller Welt unter dem Titel von »postkolonialen Studien« zirkuliert, sind Reden ventriloquistischer Qualität. Sie bilden die jüngste Metastase des von der religiösen Geständniskultur präformierten Geistes der europäischen Selbstkritik, nun zur Fremdselbstkritik im bauchrednerischen Modus gewan-

293 Ausgenommen die Predigten der Djihadisten, die sich bei ihrem »Krieg gegen den Westen« auf koranische Motive berufen, um die Tötung von Ungläubigen (*kuffar*) zu legitimieren; vgl. Gilles Kepel, *Holocaustes. Israël, Gaza et la guerre contre l'occident*, Paris 2024. Ausgenommen auch die Doktrinen chinesischer Partei-Ideologen, die das Kernstück des »Okzidentalismus«, die Lehre von den allgemeinen Menschenrechten, frontal verwerfen, als wäre sie eine regionale Ideologie; andererseits kennen sie keine Hemmungen, universalistische Entwürfe, wie sie in europäischen Wissenschaften und europäischer Technik enthalten sind, bei sich massiv zu implantieren. Das spricht dafür, daß China auf dem Weg ist, der okzidentalen Dämonie von gestern zu erliegen: Man nimmt alles ins eigene Arsenal auf, was machterweiternde Wirkungen verspricht, während man machtbegrenzende Prinzipien wie die Menschenrechte diskriminiert.

delt.[294] Ohne Zweifel wird es noch eine Weile dauern, bevor die Betroffenen bemerken werden, daß das, was sie für postkoloniales Denken halten, noch immer ein indirektes europäisches Selbstgespräch darstellt – durch anthropophagische Verfremdung nach außen projiziert und als externe Stimme wiedereingeführt und der moralischen Selbstkritiklust dienstbar gemacht. An die Stelle der *Persischen Briefe* sind die indonesischen, die südafrikanischen, die karibischen Sendungen getreten, zumeist auf Englisch, Französisch oder Spanisch verfaßt. Auch auf der Ebene philosophischer Diskurse hat die Ära des Gegenexports eingesetzt – er macht sich manchmal kaum die Mühe, seine parodistische Pointe zu verschweigen. Eine *Critique de la raison nègre* steht ab sofort bereit, der »Kritik der praktischen Vernunft« den Rang abzulaufen.[295]

Was sich durch Oswald de Andrades Vorstoß in Erfahrung brin-

294 Der postkoloniale »Diskurs« geht auf die vom westlichen Marxismus des 20. Jahrhunderts gelehrte Doktrin vom notwendigen Klassenverrat der bürgerlichen Intelligenz zugunsten des »Proletariats« zurück: Er führt sie weiter zu der These, inzwischen sei – angesichts der avancierten destruktiven Tendenzen der Moderne – bei westlichen Intellektuellen, zwar nicht nur bei ihnen, doch bei ihnen an erster Stelle, nicht weniger als ein Zivilisationsverrat fällig, sprich, ein Überlaufen ins Lager des Globalen Südens, der seit einer Weile aus seinen leukophoben, europhoben, okzidentophoben Tendenzen kein Geheimnis macht. Für eine radikale Linke, die ihre Seele retten möchte, ist der Übergang vom Klassenverrat zum Zivilisationsverrat das Gebot der Stunde. Dabei gerät sie in die Verlegenheit, daß der »globale Süden« ein Phantom ist, in dessen Lager überzulaufen keinen Sinn ergibt: Es gibt dort niemanden, der dich als Kombattanten willkommen hieße; es gibt auch keine evidente gemeinsame Sache, der man lokale Präferenzen unterordnen könnte.

295 Ein auf französisch verfaßtes Buch aus der Feder des kamerunischen, jetzt in Südafrika lehrenden Intellektuellen Achille Mbembe (*1957), das im Jahr 2014 auf deutsch unter dem etwas mutlosen Titel *Kritik der schwarzen Vernunft* erschienen ist.

gen läßt – seine Publikation jährt sich in Kürze zum einhundertsten Mal –, ist die Erhebung des Einverleibungsprinzips zu einem Merkmal der universalen Parodie. In seinem Zeichen entrollt sich vor unseren Augen eine *drôle de guerre mondiale*. Ungewiß bleibt, wie die Alte Welt sich in ihm behaupten wird. Ungewiß ist auch, ob die Europäer – die zumeist noch wie die Phäaken des Planeten ihren posthistorischen Vorlieben frönen – einen Trost in der Erkenntnis finden werden, daß man Europa nicht bekämpfen kann, ohne es zu zitieren, und kaum zitieren kann, ohne auf das weite Feld der Parodie zu geraten. Vor hundert Jahren war in Italien das Bonmot im Umlauf: »Die Zeiten sind hart, aber modern.« Für die kommenden Zeiten könnte ein anderes Wort bezeichnend werden: Die Welt wird voll von Parodien sein, oder sie wird nicht sein.

Dank

Die hier veröffentlichten Stücke entsprechen weitgehend den auf deutsch verfaßten Vorlagen zu den Vorträgen, die ich zwischen dem 4. April und dem 17. Juni 2024 am Collège de France zu Paris auf dem temporären Lehrstuhl *L'invention de l'Europe par les langues et les cultures* auf französisch zu halten die Ehre und das Vergnügen hatte. Mein besonderer Dank gilt meinem Übersetzer Olivier Mannoni, der erneut ein Werk aus meiner Feder auf glänzende Weise in seine Sprache übertrug – diesmal zudem unter dem Druck eines dichten Zeitplans. Ein besonderer Dank geht an die Mitglieder des Collège de France, namentlich dessen Administrator Thomas Römer sowie William Marx und Philippe Descola, die dem Neuling anläßlich seiner Inauguralrede im April einen freundlichen Empfang bereiteten. Einen sehr herzlichen Dank möchte ich überdies all den Kollegen aussprechen, die bereit waren, als Respondenten an den auf die Vorträge folgenden Kolloquien teilzunehmen: Karlheinz Stierle (Professor emeritus der Universität Konstanz), Johann Chapoutot (Universität Sorbonne, Paris IV), Rémi Brague (Professor emeritus der Universität Paris 1), Gilles Kepel (Science Po), Martin Meyer (vormaliger Leiter des Feuilletons der *Neuen Zürcher Zeitung*) und Robert P. Harrison (Stanford University). Ebenso geht mein Dank an die Projektbeauftragte des Collège de France, Marina de Castro

Cartier, die die administrativen Aspekte der temporären Professur mit ruhiger Hand verwaltete, sowie an die Mitarbeiter der Saaltechnik, die mit unbeirrbarer Freundlichkeit für das technische Gelingen der Vorträge, der Seminare und deren Aufnahmen sorgten. Zuletzt geht ein dankbarer Gruß an die stets zahlreich versammelte Hörerschaft der *Salle Marguérite de Navarre*, die, Montag für Montag, das Unternehmen durch ihre wache Gegenwart und anregende Aufmerksamkeit animierte.

Die Leser der vorliegenden Stücke sollten wissen, daß sie es durchwegs mit den überarbeiteten Langfassungen der Vorlagen auf deutsch zu tun haben. Die einzelnen *conférences* wurden in den real vorgetragenen französischen Versionen mit Rücksicht auf die Zeitvorgabe von 55 Minuten für eine *lectio magistralis* gekürzt, unter Hinweis auf die Möglichkeit, die vollständigen Versionen über die Homepage des Collège de France zu konsultieren.